Johann Sebastian Bachs „Kunst der Fuge“

Hans-Eberhard Dentler

Johann Sebastian Bachs „Kunst der Fuge“

Ein pythagoreisches Werk und seine Verwirklichung

SCHOTT

Mainz · London · Madrid · New York · Paris · Tokyo · Toronto

Meiner lieben Karin gewidmet

Titel der italienischen Erstausgabe:
L'Arte della fuga di Johann Sebastian Bach

Für die deutsche Ausgabe:

Lektorat: Thomas Frenzel

Bestellnummer: ED 9630
Printed in Germany · BSS 5120823
ISBN 3-7957-0490-1

Inhalt

Teil II: Die *Kunst der Fuge* und das Problem ihrer Instrumentalbestimmung aus historischer, künstlerischer und wissenschaftsmethodischer Sicht

Teil IV: Quellen

Bibliographische Abkürzungen

BWV	Bach-Werke-Verzeichnis. Thematisch-systematisches Verzeichnis der musikalischen Werke von Johann Sebastian Bach, hrsg. Wolfgang Schmieder, Breitkopf & Härtel, 2. überarbeitete und erweiterte Ausgabe, Wiesbaden 1990[2]
Dok.	Bach-Dokumente, hrsg. Bach-Archiv Leipzig, Supplement zu NBA
	Band I: Schriftstücke von der Hand Johann Sebastian Bachs, hrsg. Werner Neumann und Hans-Joachim Schulze, Bärenreiter und Deutscher Verlag für Musik, Kassel/Basel/Paris/London/New York und Leipzig 1963
	Band II: Fremdschriftliche und gedruckte Dokumente zur Lebensgeschichte Johann Sebastian Bachs, hrsg. Werner Neumann und Hans-Joachim Schulze, Bärenreiter und Deutscher Verlag für Musik, Kassel/Basel/Paris/London/New York und Leipzig 1969
	Band III: Dokumente zum Nachwirken Johann Sebastian Bachs 1750–1800, hrsg. Hans-Joachim Schulze, Bärenreiter und Deutscher Verlag für Musik, Kassel/Basel/London und Leipzig 1984[2]
	Band IV: Bilddokumente zur Lebensgeschichte Johann Sebastian Bachs, hrsg. Werner Neumann, Bärenreiter und Deutscher Verlag für Musik, Kassel/Basel/Tours/London und Leipzig 1979
KP	Der Kleine Pauly, Lexikon der Antike in 5 Bänden, hrsg. Konrat Ziegler und Walther Sontheimer, Alfred Druckenmüller Verlag (Artemis), München 1975; Deutscher Taschenbuch Verlag, München 1979
Mus. Bibl.	Neu eröffnete Musikalische Bibliothek oder Gründliche Nachricht nebst unpartheyischem Urtheil von musikalischen Schriften und Büchern, hrsg. Lorenz Christoph Mizler, 4 Bände, Leipzig 1736–1754, Reprint Hilversum 1966
NBA	Neue Bach-Ausgabe: Neue Ausgabe sämtlicher Werke, hrsg. Johann-Sebastian-Bach-Institut Göttingen und Bach-Archiv Leipzig, Bärenreiter und Deutscher Verlag für Musik, Kassel/Basel/London und Leipzig 1954 ff.

Die Pythagoräer verstanden unter der „Göttlichkeit“ der Zahlen deren mathematisch oder physikalisch nicht abzumessende oder auszuwiegende Qualität. Sie wird vor allem durch die Musik den Sinnen nahegebracht. Sie kann nur in der Auswirkung „erscheinen“ – so in den Tänzen; die allgemeine, aus dem Tastsinn heraus verfeinerte Empfänglichkeit ist hier von der Materie, ja selbst von ihrer Vorstellung, am weitesten entfernt. Sie galt daher auch immer als Arcanum gegen die Todesfurcht.

Handschriftlicher Eröffnungsbeitrag Ernst Jüngers
(W., 28. IX. 1973) für einen von Hans-Eberhard Dentler
angelegten Sammelband zum Thema Musik

Wir fuhren nach Nemea und lagerten dort unter den drei Säulen, die noch vom Zeustempel stehen. ... Hans-Eberhard spielte unter einem Baum. Die Griechen, die dort im Dienst der University of California gruben, ließen Hacken und Schaufeln liegen und näherten sich, vom Euphon gelockt. Das könnte ich mir auch im großen vorstellen. So Hölderlin:

> *Und du, der aufgeht über den Ikarischen Wassern,*
> *König Apollon ...*

Des Dädalus wächsernes Kunstwerk zerschmilzt im göttlichen Strahl.

Aus Ernst Jüngers Tagebuch *Siebzig verweht II* (1971–1980)

Geleitwort
von Alberto Basso

In der Geschichte der Musik gibt es Werke von überragender Bedeutung, die Rätsel aufgeben, aber nicht, weil dies ihr Schicksal wäre oder zu ihren Eigenschaften gehörte. Das Rätselhafte steht signalhaft am Beginn ihrer Verbreitung und leitet im weiteren den Akt ihrer Interpretation. Hauptwerke wie die *Kunst der Fuge* oder die *Zauberflöte* werden nie aufhören, uns zu überraschen, nicht nur aufgrund der außerordentlichen Qualität ihrer Musik, sondern auch, weil sie uns eine unbekannte Welt eröffnen, eine Welt des Geheimnisvollen, des Mysteriösen, des Unsagbaren, das sie verkörpern und das uns entgeht, weil wir an ihrer geheimnisvollen Natur nicht teilhaben.

Paradoxerweise liegt es in der widersprüchlichen Vielfalt von Deutungen, die diese Hauptwerke ermöglichen, begründet, daß sie wie herausragende Monumente vor uns stehen, unerschütterlich und unverletzbar. Sie lassen sich aufbrechen, lassen jegliche Operation über sich ergehen, die dazu dient, ihre Existenz als exklusive Werke zu ergründen und den ihrer Struktur innewohnenden Aspekt des schwer Verständlichen, ja Esoterischen, des Einzigartigen und Unwiederholbaren zu enthüllen.

Die *Kunst der Fuge* – dieser Titel ist bekanntlich nicht original und entspricht auch nicht den Intentionen Bachs, der seinem Werk aus guten Gründen keinen Namen gegeben hat – hinterließ seit ihrem posthumen Erscheinen im Jahre 1751 bei denen, die sich mit ihr – mehr lesend und aus theoretischem denn aus praktischem Interesse – befaßten, einen zwielichtigen, durch ein grundlegendes Vorurteil gewissermaßen entstellten Eindruck: Da jegliche Besetzungsangabe fehlt, glaubte man, das Werk sei eigentlich und in erster Linie für ein Tasteninstrument bestimmt; die Einrichtungen für Instrumentalensemble verschiedener Zusammensetzung und Größe hätten demnach nichts anderes dargestellt als eine Art Alternative – in jedem Fall den Ausdruck des Wunsches, ein Werk, das dazu „berufen“ schien, auf einer Tastatur realisiert zu werden, als ein von seinem Gehalt her der *Musica theorica* zuzurechnendes Exercitium auf das Niveau der *Musica practica* zu hieven.

Über den Versuch hinaus, Beweise für diese von Vorurteilen geleitete Überzeugung zu finden, stützten sich Untersuchungen der *Kunst der Fuge* vor allem auf Analysen der einzelnen Fugen (oder besser „Contrapuncte“), auf die Frage, in welcher Reihenfolge sie stehen und gespielt werden müssen, auf die Unterschiede, die zwischen den beiden Versionen bestehen, dem Autograph einerseits und dem von Bachs zweitem Sohn Carl Philipp Emanuel herausgegebenen Druck andererseits, auf den Gesamtplan der monumentalen Komposition, die man als unvollendet bezeichnete und deshalb zu „vollenden“ suchte, sowie schließlich auf die Chronologie ihrer Entstehung: Nach den aktuellsten philologischen Erkenntnissen handelt es sich mit Sicherheit nicht um Bachs letztes Werk, vielmehr wurde es zum größten Teil in den Jahren 1740 bis 1742 komponiert, als der Thomaskantor noch nicht der von seinem Schüler Lorenz Christoph Mizler 1738 gegründeten „Correspondierenden Societät der musikalischen Wissenschaften“ angehörte, für die es bestimmt sein sollte – Bach trat ihr erst 1747 bei.

Wesentlich weniger ist die Forschung dagegen dem Entwurf beziehungsweise dem Plan nachgegangen, von dem sich Bach in der Realisierung eines derart rätselhaften und schwer verständlichen Werkes leiten ließ, der Bedeutung dieses Planes und den Methoden seiner Umsetzung. Daß die *Kunst der Fuge* höchster Ausdruck der Kenntnis des „Geheimwissens“ sei, das Bach in seinem letzten Lebensjahrzehnt derart konditioniert hat, daß er sich von der Kunstmusik seiner Zeit entfernte, davon war auch ich überzeugt, ja ich war sehr bemüht, den letzten Zeitabschnitt des Bachschen Schaffens in den Kontext der deutschen „Geheimgesellschaften“ zu stellen – in erster Linie ist hier an die Freimaurer zu denken, aber auch an andere Zusammenschlüsse wie die von Mizler gegründete oder die „Societas Alethophilorum“ des Grafen Ernst Christoph von Manteuffel –, denen in jener Zeit gerade in Leipzig größte Bedeutung zukam.

Hans-Eberhard Dentlers Untersuchung lüftet eine ganze Reihe jener Schleier des Geheimnisses, die Bachs Hauptwerk bislang verhüllten. Dabei kommt ihr vor allem das Verdienst zu, den Spuren der pythagoreischen Lehre gefolgt zu sein und frappierende Verbindungen zwischen Bachs Freundeskreis und der antiken griechischen Philosophie aufgedeckt zu haben. Ich bin sicher, daß es sich hier um den ersten, gleichwohl entscheidenden Schritt zu einer völlig neuen kritischen Bewertung der letzten Schaffenszeit des Thomaskantors handelt.

Bei der Lektüre der klugen Argumentationen Dentlers ist man immer wieder überrascht zu sehen, wie selbstverständlich die klassischen Denker beim Namen genannt werden, diejenigen pythagoreischer Tradition (Platon, Aristoteles, Diogenes Laertios, Cicero, Plutarch, Porphyrios, Iamblichos, Plotin) über die Vermittler des antiken Musikdenkens in der Neuzeit (Athanasius Kircher, John Wallis und Marcus Meibom) bis hin zu Leibniz, Ludovico Antonio Muratori, Johann Matthias Gesner und Mizler. Ähnlich Ursula Kirkendale, die 1980 das *Musikalische Opfer* in seiner Struktur auf die *Institutio oratoria* Marcus Fabius Quintilians zurückgeführt hat, jenes Werk, das ausgerechnet Gesner 1738 mit einem wichtigen Kommentar bedacht hatte, um die Gelegenheit zu nutzen, seinen Freund und Mitarbeiter Bach hervorzuheben, so stellt Dentler das antike Denken dar und unterstreicht dessen Aktualität, indem er die *Kunst der Fuge* durch die Folie der pythagoreischen Lehre analysiert, aufmerksam, mit Tiefblick und Sachkenntnis. Der Autor geht von der Idee des Rätsels aus und schlägt dann eine praktische Lösung für die Aufführung des Werkes vor, ohne dabei der Verführung der Transkription zu erliegen.

Die Musikgeschichte kennt leider von der „höchst reservierten“ Mizlerschen Gesellschaft, die sich nicht vor 1761 auflöste und zu deren 19 Mitgliedern Persönlichkeiten wie Telemann, Stölzel, Händel und Graun gehörten, kaum mehr als die Statuten, denn diese wurden in den vier Jahrgängen der *Musikalischen Bibliothek* veröffentlicht, sowie die Werke, die von Bach ausdrücklich für sie komponiert wurden, die *Canonischen Veraenderungen,* das *Musikalische Opfer* und die *Kunst der Fuge.* Sie stehen als alleinige Zeugen einer aktiven Teilnahme an den Zielen der Vereinigung vor uns, von den Beiträgen von seiten der übrigen Mitglieder ist nichts bekannt.

Dieses Wenige aber reicht Dentler, ein völlig neues Licht auf Bachs spätes Denken zu werfen. Die Arbeit dieses Forschers wird man von heute an nicht mehr übergehen können, ja man wird sie zum Ausgangspunkt machen müssen für jegliche Befassung mit diesem so außerordentlich faszinierenden Thema, das sich eben nicht auf die Persönlichkeit des Thomaskantors begrenzen läßt, sondern notwendigerweise die gesamte Kultur der damaligen Zeit mit einbezieht.

Alberto Basso, im November 2003
Accademia Nazionale di Santa Cecilia, Rom

Aus dem Italienischen von Markus Engelhardt,
Deutsches Historisches Institut in Rom

Einleitung

Was heißt pythagoreisches Denken und in welchem Zusammenhang steht es mit der *Kunst der Fuge*? Erst nach Klärung dieser Frage beginnen wir zu verstehen, warum sich die *Kunst der Fuge* bisher jedem Versuch einer verbindlichen Deutung entziehen mußte. Dies gilt für die theoretische Ebene genauso wie für die praktische, und zwar auch und gerade unter Berücksichtigung neuerer Erkenntnisse, wie sie z. B. hinsichtlich der Chronologie der *Kunst der Fuge* erarbeitet wurden. Was dieses Werk sei, blieb weiter im Dunkeln, ja das Rätselhafte schien sich bisher paradoxerweise mit dem Zuwachs von Teilerkenntnissen zu mehren. Dies ist, wenn wir den von Aristoteles geprägten Wissenschaftsbegriff zugrunde legen, nicht verwunderlich, da die „Ausgangspunkte" (αἱ ἀρχαί) für eine künstlerische und wissenschaftliche Bestimmung der *Kunst der Fuge* bisher nicht wahrgenommen wurden, also in eine verbindliche Deutung nicht mit einbezogen werden konnten.

Wie konnte dies in Anbetracht der Anstrengungen sowohl seitens der Forschung als auch seitens der Praxis geschehen?

Die Gründe hierfür sind vielfältig. Ein erstaunlicher Grund liegt darin, daß sowohl Musiker wie Musikforscher all das, was in der Partitur der *Kunst der Fuge* rätselhaft erscheinen muß, zwar großenteils zur Kenntnis nahmen, dieser Tatsache als solcher aber keinen Eigenwert, keine Schlüsselfunktion für das Ganze zumaßen, d. h. es wurde nicht erkannt, daß das Rätselhafte hier als Symbol, Methode und Träger einer auf Verschwiegenheit bedachten antiken Denkweise in Erscheinung tritt, welche auf der Überlieferung des Pythagoras beruht. Doch um einen solchen Gedanken fassen zu können, ist die Kenntnis pythagoreischer Quellen der Antike unerläßliche Voraussetzung. Da aber der in Frage kommende Schriftenkanon, wie ihn z. B. noch das *Musicalische Lexicon* von Johann Gottfried Walther (Leipzig 1732) – ein Freund und Verwandter Johann Sebastian Bachs – kennt, seit Bachs Zeiten so gut wie in völlige Vergessenheit geraten ist, erfuhr die *Kunst der Fuge* einen weiteren zur Zeit ihrer Entstehung weder beabsichtigten noch für Bach vorhersehbaren Status, den man als das „Maximum des Unzugänglichen" bezeichnen kann, geradeso, als ob aufgrund des Zeitenlaufs ein hoher Gedanke, sich verselbständigend, sich noch reiner hätte erhalten können, als dies durch menschliche Absicht möglich gewesen wäre.

Der heute allgemein verbreitete Mangel an Griechisch- und Lateinkenntnissen verhindert im Normalfall den an der einschlägigen Literatur Interessierten, diese zu konsultieren, da so gut wie keine Übersetzungen in moderne Sprachen vorliegen. Hinzu kommt, daß das pythagoreische Denken nicht durch ein paar Stichworte oder eine Kurzbeschreibung erfaßt werden kann, da es sich dabei um einen philosophischen Denkansatz handelt, der nicht nur sämtliche Lebensbereiche umspannt, sondern diese auch miteinander verflicht.

Die Musik nimmt, ausgehend von der Sphärenharmonie, in dieser „das Ganze der Welt“ bzw. „das ganze Weltgebäude“ (τὸ τοῦ κόσμου σῶμα bzw. rerum naturae corpus) betreffenden Philosophie den höchsten Rang ein – Aristeides Quintilianus nennt sie die „bedeutendste Schicksalsgenossin und Gefährtin“ (μεγίστην σύννομον καὶ ὀπαδόν) der Philosophie –, daher kann und darf sie in einem pythagoreischen Kontext auch nicht isoliert betrachtet werden. Wer diesen Nexus zwischen Philosophie und Musik im pythagoreischen Denken nicht beachtet, verschließt sich einem tieferen Verständnis der *Kunst der Fuge*.

Es kann nicht die Aufgabe einer Einleitung zur *Kunst der Fuge* sein, eine weitverzweigte und vielschichtige Lebensphilosophie abzuhandeln, nur um die philosophischen Voraussetzungen für das im Buch Gesagte zu garantieren. Umgekehrt: Der Leser möge all diejenigen Begriffe, die ihm neu oder wenig vertraut sind, zum Anlaß nehmen, seine philosophischen Grundkenntnisse anhand der *Kunst der Fuge* aufzufrischen und zu erweitern, d. h. die zitierten einschlägigen Quellen neu zu überdenken.

Dies ist ein wesentlicher Teil des sogenannten „Grund Planes“ der *Kunst der Fuge*, freilich in einem anderen Sinne, als ihn der Bach-Schüler Johann Friedrich Agricola (1720–1774) – oder wer sonst als Schreiber dieses Schlüsselwortes in Frage kommt – verstanden haben dürfte. Nicht, daß der „didaktische“ Charakter der *Kunst der Fuge* bisher der Musikwissenschaft verborgen geblieben wäre, was jedoch die *Kunst der Fuge* eigentlich ‚lehrt‘, konnte bisher niemand überzeugend formulieren. Dies gilt sowohl für ihren wissenschaftlich-theoretischen wie ihren künstlerisch-aufführungstechnischen Aspekt. Daß in der *Kunst der Fuge* das Rätselhafte als „didaktisches“ Mittel auftritt, wagte bisher allerdings niemand zu denken. Und doch verbirgt sich hinter der Form des Rätsels in der *Kunst der Fuge* nicht nur eine philosophische Unterweisung, sondern auch eine in musikalischer und philosophischer Hinsicht wohlbegründete Instrumentalbesetzung, die erkannt werden will. Es ist Aufgabe dieses Buches, beide Aspekte Hand in Hand aufzuzeigen.

Dabei ist die *Kunst der Fuge* nicht nur ein musikalisch-philosophisches Lehrwerk, sondern anerkanntermaßen eines der bedeutendsten Kunstwerke europäischer Musik, ein opus miracolorum plenum – für manchen Kenner wie Liebhaber das Höchste, das Bach geschrieben hat –, und dies, obwohl die *Kunst der Fuge* aus den Konzertsälen so gut wie verschwunden war, weil weder Orchester-, Streichquartett- oder Bläserbearbeitungen noch Cembalo-, Orgel- oder Klavieradaptionen der Partitur, d. h. dem ursprünglich beabsichtigten Klangbild, das es erst zu enträtseln gilt, gerecht werden können. Zwar wurde in der 2. Hälfte des 20. Jahrhunderts die Ausführung der *Kunst der Fuge* auf dem Cembalo im internationalen Schrifttum machtvoll begünstigt, ja es wurde sogar eine wissenschaftliche Bestimmung für dieses Tasteninstrument geltend gemacht – im 18. Jahrhundert handelte es sich im Vergleich dazu nur um merkantile Stimmen, die die

Kunst der Fuge den „Clavier-Sachen" zuordneten, wobei die allererste (Berliner Subskriptionsaufruf vom 7. Mai 1751) bezeichnenderweise anonym blieb – allein der Erfolg im Konzertsaal wollte sich trotz vehementer Fürsprache nicht einstellen, wofür dann der unscharfe Begriff des „Kunstbuches" die Verantwortung übernehmen sollte.

Diese und andere Umstände haben manchen Bachverehrer dazu verleitet, in der *Kunst der Fuge* ein musikalisches „Lesewerk" bzw. „Lesebuch" zu vermuten, was nicht nur dem nachweislich auf praktische Ausführungen bedachten Musiziergeist eines Johann Sebastian Bach widerspricht, sondern auch der pythagoreischen Auffassung von der Musik, der zufolge das konkrete Musizieren entweder „auf der Lyra oder rein vokal" (διὰ λύρας ἢ καὶ φωνῆς, Iambl. v. Pyth. 65) essentielle Bedeutung hat, denn der Pythagoreer sah unsere irdische Musik als „Nachahmung" (μίμησις) der kosmischen (vgl. Nicom. Harm. Man. Lib. I, p. 1 Meibom) und ganz allgemein als eine Form der Katharsis (vgl. Iambl. v. Pyth. 65–68) sowie als eine „Zurüstung der Seelen" (κατάρτυσις τῶν ψυχῶν, Iambl. v. Pyth. 68).

Wo liegt die Lösung des sich anscheinend immer komplizierter schürzenden Knotens? In der Handschrift Johann Sebastian Bachs, d. h. im Autograph der *Kunst der Fuge*. Das ist die „Via maestra".

Bachs Autograph der *Kunst der Fuge* muß in jeder auch noch so unscheinbaren Einzelheit ernstgenommen werden, denn es ist die primäre, sakrosankte Quelle und Grundursache (fons et caput). Dieser schließt sich, auf fast gleicher, immer noch primärer Ebene, der Erstdruck der *Kunst der Fuge* dort an, wo Bachs persönliche Beteiligung und Einflußnahme bei der Herstellung des Erstdrucks nachweisbar ist. Bach starb bekanntlich vor Schluß der Redaktion. Alles andere, d. h. der nach Bachs Tod zustandegekommene Teil des Erstdrucks, welcher nicht auf einem Autograph wie z. B. dem der Quadrupelfuge oder auf von Bach selbst geschriebenen Stichvorlagen wie z. B. denen der vier Kanons beruht, ist zwar historisch wichtig, aber von sekundärer Bedeutung.

Nun scheint eine solche Klassifizierung selbstverständlich; dennoch wurde sie bei einem so bedeutenden Problem wie dem Autograph der vierstimmigen Spiegelfugen BWV 1080, 18.1 und 18.2 (eine Bearbeitung der dreistimmigen Spiegelfugen) – bekanntlich soll es sich hierbei um „Werke für zwei Cembali" handeln[1] – nicht beachtet, was weitreichende und gewichtige Folgen hatte: Man akzeptierte und akzeptiert auch heute noch eine nachweislich nicht von Bach geschriebene Überschrift, die zudem die einzige Besetzungsangabe in der ganzen *Kunst der Fuge* darstellt, nämlich „Fuga a 2. Clav:", als ob sie von Bach stamme – diese Überschrift befindet sich aber in jenem Teil des Erstdrucks, der erst nach Bachs Tod zum Druck vorbereitet und gestochen wurde –, in der Meinung, sie sei richtig,

1 vgl. Johann Sebastian Bach, Werke für zwei Cembali. Konzert C-Dur [...] BWV 1061a und 2 Fugen d-Moll [...] BWV 1080/18, hrsg. Christoph Wolff, Frankfurt/New York/London 1987

da vorhanden (die an ein Tasteninstrument erinnernde Notationsart, bestehend aus zwei jeweils zwei Notensysteme zusammenfassenden Akkoladen, schien diese Meinung zu bestätigen), obwohl zweifelsfrei feststeht, daß die Überschrift „Fuga a 2. Clav:“ nicht nur unecht ist, sondern vor allem in jenem Autograph (Beilage 2) fehlt, welches erst nach Bachs Tod als Vorlage für die Druckvorbereitungen diente[2].

Die Überschrift „Fuga a 2. Clav:“ mag künftig als Merkzeichen und Scheidepunkt dafür gelten, ob der Anschein einer Sache (nichtauthentische Überschrift plus Akkoladen, die auf eine Klaviernotation hinzuweisen scheinen) oder die „Via maestra“, das Autograph Bachs, mehr Autorität besitzt. Die autographen Akkoladen der anderen Spiegelfugen XIII und XIV, welche im Erstdruck Contrapunctus 12 und 13 repräsentieren, sind nämlich, wie wir später noch sehen werden, nachweislich symbolischer und nicht praktischer Natur. Dies nur als Beispiel dafür, welches Risiko ein einziges Abweichen von der „Via maestra“ in sich birgt.

Bei unserer Quellenbewertung fehlt noch eine weitere wichtige Kategorie, und zwar das persönliche und sachliche Umfeld Bachs. Es ist seinem Range nach a priori nicht zu definieren und wird erst dann bedeutsam, wenn sich die primäre Quelle, d. h. das Autograph und der Erstdruck, soweit Bach dafür verantwortlich zeichnet, in seinem Umfeld widerspiegelt bzw. umgekehrt. Hier erleben wir Überraschungen, die bisher ganz unvorstellbar waren, nicht zuletzt, weil man verschiedenen Gegebenheiten und Ereignissen in der unmittelbaren Umgebung Bachs bisher kaum Aufmerksamkeit schenkte; dazu gehören: die von dem Bach-Schüler Lorenz Christoph Mizler (1711–1778) gegründete und über 18 Jahre hinweg geleitete *Musikalische Bibliothek* (1736–1754) in vier Bänden – 2041 Seiten ohne Register und Tabellen – sowie die ebenfalls von Mizler gegründete, auf pythagoreischen Prinzipien beruhende *Societät der musikalischen Wissenschaften* (1738–1761), in die nicht nur sein mit ihm freundschaftlich verbundener ehemaliger Lehrer Johann Sebastian Bach, sondern auch Georg Friedrich Händel und Georg Philipp Telemann und andere hervorragende Musikerpersönlichkeiten eintraten. Besondere Beachtung verdient außerdem die im Stadtgeschichtlichen Museum Leipzig befindliche – über den Zweiten Weltkrieg hinweg gerettete – Sozietäts-Medaille Mizlers. Letztere wurde in Band IV der Bach-Dokumente (Bilddokumente zur Lebensgeschichte Johann Sebastian Bachs) nicht aufgenommen. Entweder hat man die Medaille vergessen oder ihr keine Bedeutung zugemessen.

Natürlich genügt es nicht, wenn wir dem Autograph und dem Erstdruck, soweit Bach hierfür verantwortlich zeichnet, den ersten Rang einräumen. Dies ist nur der erste Schritt. Wir haben – und dies gilt ganz besonders für ein Werk, das

2 vgl. Wolfgang Wiemer, Die wiederhergestellte Ordnung in Johann Sebastian Bachs „Kunst der Fuge“, Wiesbaden 1986[2], S. 16, 22, 27.

auf pythagoreischer Philosophie gründet – an die Partitur Fragen zu stellen, wenn uns etwas nicht verständlich ist.

Wie kommt es, daß Bach im Autograph der *Kunst der Fuge* auf Titel, Besetzungsangaben, Tempobezeichnungen, ja auf Angabe seines Namens verzichtet, obwohl es sich nicht um ein Kompositions-Manuskript, sondern um eine Reinschrift handelt? Was mag Bach zu diesem außerordentlichen Verzicht bewegt haben?

Aber nicht nur das Fehlen von selbstverständlichen Angaben, auch das Auftreten von „Merkwürdigkeiten" in der Partitur, wie sie anderswo nicht vorkommen, fordert zu einer tieferen Betrachtung auf. Wie ist es zu erklären und welche Bedeutung muß der Tatsache beigemessen werden, daß Bach im Autograph die Spiegelfugen XIII und XIV untereinander geschrieben hat? Warum hält Bach an einem einzigen Grundthema und an einer einzigen Tonart, nämlich d-Moll, über das Gesamtwerk der *Kunst der Fuge* hinweg fest? Warum weisen im Autograph nur die Kanons Überschriften auf und die anderen Sätze nicht? Welcher Sinn verbirgt sich hinter der rätselhaften, scheinbar durch kein Strukturprinzip zu erklärenden Reihung von Kanons und Fugen nach den ersten acht Fugen im Autograph? Warum schreibt Bach den „Canon in Hypodiapason" sowohl in geschlossener als auch in offener Form, obwohl er den Einsatzabstand in der geschlossenen Notation kennzeichnet? Warum schreibt Bach den „Canon in Hypodiateßeron al roversio e per augmentationem, Perpetuus" in geschlossener Notation und fügt hier eine Überschrift an, nicht aber bei der vorausgegangenen Resolution desselben Kanons? Überschriften stehen bekanntlich an erster Stelle und nicht an zweiter. Diese Fragen sind so noch nie gestellt worden. Es mag überraschen, daß sich alle beantworten lassen, wenn man bereit ist, die pythagoreische Philosophie als Schlüssel zu akzeptieren.

Den gestellten Fragen schließen sich weitere an. Worauf beruht „die eigentümliche Ausführung der Ziffer 1"[3] bei der Überschrift zu Contrapunctus 1 im Erstdruck? Weshalb nimmt Bach für die Drucklegung eine Neuordnung der einzelnen Sätze vor, die auf der Zahl 4 beruht? Welche besondere Bedeutung haben die alten Chorschlüssel, wenn es sich doch erwiesenermaßen um kein Gesangswerk handelt? Von welchem Klangbild ging Bach aus, wenn der Instrumentalsatz in der *Kunst der Fuge* als gesichert gelten kann, ja die *Kunst der Fuge* nach Christoph Wolff sogar „anscheinend als eine Art instrumentales Gegenstück zur h-Moll-Messe" fungiert[4]? Um welchen Stil handelt es sich, wenn die Tasteninstrumente gewichtiger Argumente wegen ausscheiden müssen? Läßt sich aber aufgrund des von Bach gewählten Stils und zeitunabhängiger pythagoreischer Parameter eine

[3] Wolfgang Wiemer, a.a.O., S. 30

[4] vgl. Christoph Wolff, Zur Chronologie und Kompositionsgeschichte von Bachs Kunst der Fuge, in: Beiträge zur Musikwissenschaft 25 (1983), S. 138

im Notentext verborgene instrumentale Besetzungsart entdecken? Auch auf diese und noch weitere Fragen kann mittels des pythagoreischen Ansatzes eine Antwort gefunden werden. Fest steht, daß die *Kunst der Fuge* die Form eines besonders schwierigen Rätsels repräsentiert und damit implizit die Charakteristiken eines wirklichen Rätsels in sich trägt, nämlich Mehrdeutigkeit, Irreführung und Gefahr. Dies gilt es zu bedenken, wenn man sich dem Mysterium *Kunst der Fuge*, einem Rätsel, an dem die Vernunft zunächst zu scheitern scheint, annähern will.

Der Autor dieses Buches ist sich sicher, eine bisher nicht erkannte Besetzung nachweisen zu können, die die *Kunst der Fuge* nicht nur vom Schicksal der Bearbeitung befreit, sondern die aus der Sicht des Verfassers auch die einzig gültige Antwort auf die in Form eines Rätsels gestellte Frage nach der Art der Besetzung in der *Kunst der Fuge* gibt.

Münchens Staatsintendant August Everding kommentierte 1997 sein intuitives Hörerlebnis anläßlich der Erstaufführung der *Kunst der Fuge* mit dem von mir gegründeten *Ensemble Arte della Fuga* im Prinzregententheater folgendermaßen (in einem Brief an den Autor):

„Für das Prinzregententheater, für die Stadt München war es ein Ereignis, als das Ensemble Arte della Fuga sein Konzert im Prinzregententheater gab. Soviele Menschen meinen, sie kennen die ‚Kunst der Fuge'. Bei diesem Konzert wurde bewiesen, sie kennen sie nicht.

Sie kennen nicht die Struktur, sie kennen nicht den Aufbau, sie kennen nicht die Feinheiten, sie kennen nicht die ganz neue Klangwirkung, die von dieser Besetzung ausgeht.

Es war ein Ereignis. Zum ersten Mal hörte ich filigran, wie der Meister aller Meister dieses Werk aufgebaut hat. Zum ersten Mal hörte ich, daß ‚höhere Mathematik' in den Himmel hineinreicht."

Teil I

Die *Kunst der Fuge* und die Antike

Das Rätsel als Leitmotiv

Das Rätsel im Altertum

Als Oidipus den Berg Phikion bei Theben erreicht hatte, gab ihm, nach dem Bericht des Mythographen Apollodor, die Sphinx das berühmte von den Musen stammende Rätsel auf: „Was ist das, hat ein und denselben Namen und ist doch vierfüßig und zweifüßig und dreifüßig?" (τί ἐστι ὃ μίαν ἔχον φωνὴν τετράπουν καὶ δίπουν καὶ τρίπουν γίνεται; Apoll. bibl. III, 5, 8)[1] *(Abb. 1)*

„Oidipus [...] fand die Lösung, indem er erklärte, der Rätselspruch der Sphinx meine den Menschen, denn als Kind sei er vierfüßig, da er sich auf den vier Gliedern bewege, als Erwachsener zweifüßig, als Greis aber nehme er als dritten Fuß den Stock hinzu." (Οἰδίπους [...] ἔλυσεν, εἰπὼν τὸ αἴνιγμα τὸ ὑπὸ τῆς Σφιγγὸς λεγόμενον ἄνθρωπον εἶναι· γίνεσται γὰρ τετράπουν βρέφος ὄντα τοῖς τέτταρσιν ὀχούμενον κώλοις, τελειούμενον δὲ δίπουν, γηρῶντα δὲ τρίτην προσλαμβάνειν βάσιν τὸ βάκτρον. Apoll. bibl. III, 5, 8)[2]

Ein jäher Schrecken erfaßte die Sphinx: Sie warf sich in den Abgrund und zerschellte unten im Tale. Die vom Ungeheuer befreiten Thebaner riefen Oidipus zum König aus.

Obwohl die Sekundärliteratur über Johann Sebastian Bachs *Kunst der Fuge* im Laufe der Zeit beträchtlich angewachsen ist, haben sich die Geheimnisse, die das Werk umgeben, kaum verringert. Geheimnisse, deren Schwierigkeiten einen Vergleich mit dem Rätsel der Sphinx nahelegen. Der Vergleich betrifft nicht nur die Tatsache, daß die in der Frage der Sphinx enthaltenen Zahlen mit denen der *Kunst der Fuge* koinzidieren: Dem „Wesen mit vier, zwei und drei Füßen" entsprechen die drei verschiedenen Besetzungen des Werks, drei- und vierstimmige Contrapuncte sowie zweistimmige Kanons. Mehr noch, in beiden Fällen ist die menschliche Gestalt Kern des Geheimnisses, und bezeichnenderweise hat die Sphinx das Rätsel von den Musen selbst erhalten.

Was ist ein Rätsel? Aristoteles sagt: „Denn die Idee eines Rätsels ist diese: beim Reden Selbstverständliches mit Unmöglichem zu verbinden." (Αἰνίγματός τε γὰρ ἰδέα αὕτη ἐστί· τὸ λέγοντα ὑπάρχοντα ἀδύνατα συνάψαι. Aristot. poet. 22, p. 1458 a 26)[3] Sein Schüler Klearchos bezeichnete das Rätselraten als der Philosophie nicht fremd; außerdem soll es bei den Alten als Erziehungs- bzw. Bildungsnachweis – παιδείας ἀπόδειξις – gegolten haben.[4] Nach Pausanias

1 Apollodoro, I Miti Greci (Biblioteca), edd. Paolo Scarpi, Maria Grazia Ciani, Milano 1997³, bibl. III, 5, 8, S. 216 ff., dt. Übers. Georg Rechenauer

2 ebenda, S. 218 f.

3 Aristoteles, Poetik, ed. Manfred Fuhrmann, Stuttgart 1996³, Kap. 22, p. 1458 a 26, S. 72, dt. Übers. G. Rechenauer; Aristotele, Poetica, ed. Guido Paduano, Bari 1998, S. 48 f.

4 KP 4, 1334, 19–22

„entwickelten diejenigen Griechen, die als weise angesehen wurden, ihre Gespräche seit alten Zeiten anhand von Rätseln, und nicht in geradliniger Weise…“ (Ἑλλήνων τοὺς νομιζομένους σοφοὺς δι' αἰνιγμάτων πάλαι καὶ οὐκ ἐκ τοῦ εὐθέος λέγειν τοὺς λόγους…, Paus. VIII, 8, 3)[5]

Der Zusammenhang von Rätsel und Philosophie wird umso deutlicher, je mehr wir uns ihren Ursprüngen zuwenden. Der Neuplatoniker Proklos stellt zum Beispiel in seinem Kommentar zu Platons *Timaios* fest, daß „die durch Tradition angenommene Lehre Platons nicht in demselben Maße änigmatisch ist, wie die des Pherekydes“. (ἡ Πλάτωνος παράδοσις οὐκ ἔστι τοιαύτη αἰνιγματώδης, οἵα ἡ Φερεκύδου. Procl. in Plat. Tim. 23 c)[6]

Gemeint ist Pherekydes von Syros, 6. Jahrhundert v. Chr., der uns nicht nur als Lehrer des Pythagoras, sondern auch als Autor einer leider nur in Fragmenten überlieferten, eindrucksvollen griechischen Kosmogonie bekannt ist, dessen deutliche Spur sich aber in überraschender Weise in der unmittelbaren Umgebung Bachs nachweisen läßt, nämlich auf der im Stadtgeschichtlichen Museum Leipzig vorhandenen, einzig erhaltenen Medaille der *Correspondierenden Societät der musikalischen Wissenschaften* (1738–1761), in welche Bach 1747 als 14. Mitglied eintrat. Wir kommen darauf noch zurück.

Das Rätsel im Bachbildnis

Was aber hat Bach, und insbesondere die *Kunst der Fuge*, mit einem Rätsel, und zwar mit einem Rätsel im antiken Sinne beziehungsweise einem philosophischen Rätsel zu tun?

Richten wir unser Augenmerk auf das berühmte und in seiner Authentizität nicht anzweifelbare Bach-Bildnis des Leipziger Ratsmalers Elias Gottlob Haußmann (1695–1774) aus dem Jahre 1746[7]: Bach hält dem Betrachter mit der rechten Hand ein Rätsel lesbar vor Augen, nämlich den Rätselkanon, „Canon triplex à 6 Voci“, BWV 1076 *(Abb. 2)*. Dies entspricht einer an jeden Betrachter gerichteten Fragestellung, „obgleich das Räthsel nicht für jeden Mann zu lösen war“ (καίτοι τό γ' αἴνιγμ' οὐχὶ τουπιόντος ἦν ἀνδρὸς διειπεῖν…, Soph. Oed. R. 393–394).[8]

[5] Pausanias, Graeciae descriptio, Liber VIII, 8, 3, recognovit Fridericus Spiro, II, Lipsiae 1903, S. 274

[6] Proklos, in Platons Timaios 23 c, zitiert nach Giorgio Colli, La sapienza greca, Band I, Milano 1992², S. 366 f., 7 [B 3]

[7] Dok. IV, B 1, S. 11 und Kommentar S. 357 f. sowie Dok. IV, 562, 563 und Kommentar S. 391 und Wolfgang Schmieder, Thematisch-systematisches Verzeichnis der musikalischen Werke von Johann Sebastian Bach, Wiesbaden 1990², S. 787

[8] Sophokles, König Oidipus, edd. Wilhelm Willige, Karl Bayer, München 1966, S. 380, Vers 393–394, dt. Übers. Friedrich Hölderlin, in: Hölderlin, Sämtliche Werke, Große Stuttgarter Ausgabe, hrsg. Friedrich Beissner, 5. Band, Stuttgart 1952, S. 140

Hier handelt es sich nicht um intellektuelle Spielerei. Hier bei dem so viel Ernst und Würde ausstrahlenden Porträt erlangt dieses Rätsel Emblem-, Repräsentations- und Symbolcharakter, und zwar in des Wortes ursprünglicher Bedeutung: Symbol kommt von griech. συμβάλλειν, zusammenwerfen. Nur wer das Rätsel löst, sieht den Meister ganz; das fehlende Komplement bezieht sich also auf die richtige Antwort des Betrachters.

Die Form des Rätsels als Schlüssel zur *Kunst der Fuge*

Was jedoch über das Rätsel im Porträt gesagt werden kann, gilt im besonderen und eigentlichen Maße für die *Kunst der Fuge*, Bachs schwierigstes Werk hinsichtlich Deutung und Aufführungspraxis. Daß die Form des Rätsels einen wahren Schlüssel für die *Kunst der Fuge* darstellt, kann aber nur verstanden werden, wenn der historisch-philosophisch-mathematische Zusammenhang dieses Kunstwerkes erkannt wird.

Wenig hilfreich sind hierbei die in der Literatur und praktischen Ausgaben immer wieder angeführten „Tastenmusik-“ und „Kunstbuch“-Theorien. Obwohl ausschließlich auf Analogieschlüssen beruhend, werden beide Thesen nunmehr auch in der Neuen Bach-Ausgabe so präsentiert, als handele es sich um bewiesene Tatsachen.[9]

Pythagoras und pythagoreisches Denken

Pythagoreische Quellen der Antike

Um die Frage nach Ursprung und Bestimmung, Sinn und Bedeutung der *Kunst der Fuge* zu klären, bedarf es einer unmittelbar überzeugenden, tiefgreifenden und umfassenden Idee. Diese Idee ist zu finden in der Überlieferung hinsichtlich der Person des Pythagoras und im pythagoreischen Denken. Um sie in ihrem ganzen Ausmaß nachvollziehen zu können, ist eine vielschichtige, auf Originalquellen beruhende Argumentation erforderlich, die zwar dem Leser wie dem Autor keine Mühe erspart, dafür aber fruchtbringende Erkenntnisse zeitigt. Die Darstellung wird vor allem dadurch erschwert, daß die pythagoreische Lehre von Anfang an als Geheimlehre konzipiert war.[10] Dies ist aber gleichzeitig ihr unverwechselbares Kennzeichen.

[9] NBA VIII, 2.1, hrsg. Klaus Hofmann, S. VI f.
[10] KP 4, 1268, 52 ff.

Pythagoras von Samos *(Abb. 3, 48)*, 2. Hälfte des 6. Jahrhunderts v. Chr., legte keine seiner Lehren schriftlich fest.[11] Wir sind also auf Berichte der älteren und jüngeren Pythagoreer angewiesen, zuvorderst auf diejenigen des Philolaos, 2. Hälfte des 5. Jahrhunderts v. Chr., der nach Platons Zeugnis Lehrvorträge in Theben abhielt (Platon, Phaidon 61 E).[12]

Platons Philosophie selbst enthält einen wichtigen pythagoreischen Ansatz[13], welcher sich am deutlichsten in seinem kosmologischen Werk, dem *Timaios*, zeigt.[14] Dieser Ansatz hinterläßt Spuren bei allen Platonikern und gipfelt in der Tatsache, daß „die Geschichte des Neupythagoreismus unauflösbar verbunden ist mit der des Mittel- und Neuplatonismus und zwar dergestalt, daß es in vielen Fällen unmöglich wird, die Grenzen abzustecken" (Bruno Centrone).[15]

Als unverzichtbare Quelle der Pythagoras-Forschung muß schon der Glaubwürdigkeit wegen das gelten, was Aristoteles über die Pythagoreer gesagt hat, zum Beispiel in seiner Metaphysik. Seine Monographie „Περὶ τῶν Πυθαγορείων" (*Über die Pythagoreer*) ist leider bis auf wenige Fragmente verloren.[16]

Aus der römischen Kaiserzeit des 3. Jahrhunderts sind uns jedoch drei Lebensbeschreibungen des Meisters von Samos erhalten, und zwar von Diogenes Laertios, von Porphyrios und von Iamblichos. Letzterer schrieb eine *Summa pythagorica* in zehn Bänden[17], wobei der I. Band *De vita Pythagorica liber I (Abb. 4)* in erster Linie die pythagoreische Lebenform beschreibt und nur zum kleineren Teil das Leben des Pythagoras.

Pythagoreische Quellen und Hinweise im Umkreis von Bach

Bachs Freund Johann Matthias Gesner

Dieser I. Band interessiert uns außerordentlich, denn er ist nicht nur „die ausführlichste antike Schrift über Pythagoras und seine Schule" (Michael von Albrecht)[18], sondern war auch im unmittelbaren Umkreis von Bach bekannt. Denn Johann Matthias Gesner (1691–1761, *Abb. 5*), Rektor der Thomasschule (1730–1734) und Freund und Bewunderer[19] Johann Sebastian Bachs, muß dieses Werk gelesen und

[11] KP 4, 1265, 16–19

[12] Platone, Fedone, ed. Giovanni Reale, Milano 1997, 61 E 7, S. 100 f.; Zeitangabe bezüglich des Philolaos aufgrund einer persönlichen Mitteilung von Georg Rechenauer

[13] KP 4, 894, 28–29 sowie 897, 57 ff.

[14] KP 5, 834, 24 ff.

[15] Bruno Centrone, I Pitagorici, Roma/Bari 1996, S. 173

[16] KP 1, 585, 41–42, und 586, 4–5

[17] KP 2, 1306, 40 ff., und Giamblicho, Il Numero e Il Divino, ed. Francesco Romano, Milano 1995, S. 15

[18] Iamblichos, Pythagoras, hrsg. Michael von Albrecht, Zürich und Stuttgart 1963, S. 7

[19] Karl Geiringer, Johann Sebastian Bach, München 1971, S. 85 ff.

geschätzt haben, sonst hätte er nicht während seiner Amtszeit in den von ihm neu formulierten Gesetzen der Thomasschule[20] den § 7 in Teil III als verpflichtendes Statut einführen können, dessen Inhalt – im folgenden wörtlich zitiert – nur aus § 164 bis § 166 [XXIX] der *Vita Pythagorica* des Iamblichos stammen kann.

Zunächst der Kernsatz aus § 165, stellvertretend für die die Gedächtnisübung behandelnden §§ 164 bis 166, welcher als Vorlage gedient haben dürfte: „Versuchte er [ein Schüler des Pythagoras] doch alle Ereignisse des ganzen Tages in Gedanken zu wiederholen, in der Absicht, sich an jedes Einzelne in der tatsächlichen Reihenfolge zu erinnern." (Πάντα γὰρ ἐπειρᾶτο ἀναλαμβάνειν τῇ διανοίᾳ τὰ συμβάντα ἐν ὅλῃ τῇ ἡμέρᾳ, οὕτω τῇ τάξει προθυμούμενος ἀναμιμνῄσκεσθαι, ὥς πότε συνέβη γενέσθαι ἕκαστον αὐτῶν. Iambl. v. Pyth. 165)[21]

Sodann zum Vergleich § 7 aus Teil III der Gesnerschen Gesetze: „Wenn sie [die Thomaner] sich niedergelegt haben, so sollen sie, ehe sie noch einschlafen, andächtig beten, und darauf nach dem Exempel des Pythagoras alles wiederhohlen, was sie an dem gantzen Tage gehöret, gesehen, oder selbst gethan haben, damit also das Gedächtniß gestärcket wird, und sie an Klugheit und Gottesfurcht täglich desto mehr zunehmen und wachsen mögen."

Welche Schlußfolgerung können wir aus der Einführung des Pythagoras-Paragraphen ziehen? Handelt es sich um einen Zufall oder verbirgt sich hinter dem Pythagoras-Beispiel mehr? Immerhin befindet sich auch in der Schulordnung von 1634 (Caput V, 12.) ein Hinweis auf pythagoreisches Gedankengut, welcher explizit aus der *Vita Pythagorae* (§ 40) des Porphyrios stammt – allerdings handelt es sich hier um einen anderen Sachzusammenhang, so daß eine Beeinflussung aus dieser Richtung nicht anzunehmen ist. Sicher ist, daß Gesner bei der Neuformulierung der „Gesetze der Schule zu S. Thomae" die Lebensregeln der Thomaner mit denen der Pythagoreer assoziiert. Ein Vergleich beider Regelwerke ergibt in den Grundfragen der Erziehung folgende Übereinstimmung:

In beiden Fällen – Iamblichos, *Vita Pythagorica* § 1 und Gesners Gesetze, Teil 1, § 1 – steht als oberstes Prinzip Gott und das Anstreben wahrer Gotteserkenntnis. Diese kann sich nur einstellen, wenn die geistigen, seelischen und sittlichen Kräfte jedes Einzelnen anhand strenger Regeln geübt, entwickelt und zu immer höherer Vollendung getrieben werden, ohne dabei die Sorge für das körperliche Wohl zu vernachlässigen. Größter Helfer der Erziehung ist sowohl nach pythagoreischer wie nach Gesners Anschauung die Musik. „So wies er [Pythagoras] der Erziehung durch die Musik die erste Stelle zu ..." (τὴν διὰ μουσικῆς παίδευσιν πρώτην κατεστήσατο ..., Iambl. v. Pyth. 64). Dieser Satz mag vorläufig repräsentativ für

20 Gesetze der Schule zu S. Thomae, Leipzig 1733, gedruckt bei Bernhard Christoph Breitkopf; vgl. Fußnote 188

21 Iamblichos, De vita Pythagorica liber, ed. M. v. Albrecht, Zürich und Stuttgart 1963, § 165, S. 168 f.

22 Dok. II, Nr. 432, S. 331 ff.

alle anderen darin vorkommenden Ausführungen bezüglich der Musik als Erzieherin stehen.

Bei den Gesnerschen Schulgesetzen hat die Musik ein eigenes Kapitel (Teil VI); außerdem wird sie über die verpflichtenden Anlässe – wie Gottesdienst, Leichenbegängnisse, „Lectiones“ u. a. – hinaus zum Vergnügen empfohlen (Teil III, § 5). In Teil I, § 5 weist Gesner darauf hin, daß „ein alter Kirchen-Lehrer die heiligen Engel mit Recht λογικὰ ὑμνολογικὰ, d. i. vernünftige Geschöpfe genennet, welche beständig in dem Singen des Lobes Gottes ihre größte Lust finden“. Auch fehlt bei Gesners Gesetzen nicht der Hinweis auf den Wert beständiger Freundschaft (Teil II, § 7), ein Hauptprinzip pythagoreischer Erziehung und Lebensform (Iamblichos, Vita Pythagorica, § 69, § 101, §§ 229–233).

Es erscheint rückblickend ausgeschlossen, daß Gesner bei seiner enthusiastischen Verehrung für Bach – er pries ihn 1738 in seinem Kommentar zu M. Fabius Quintilianus als einen Menschen, der „den Orpheus mehrmals und den Arion zwanzigmal übertrifft“[22] – nicht mit ihm über ein gerade ihn speziell betreffendes Thema, wie es Pythagoras von seiner musikalischen Bedeutung her darstellt, gesprochen haben soll – die Wohnung des Rektors und des Kantors befanden sich übrigens im selben Gebäude (Dok. IV, 419; *Abb. 6*) –, noch dazu im Zusammenhang neu zu formulierender Gesetze, die dem Kantor am allerwenigsten gleichgültig sein konnten.

Hinzu kommt das allseits bekannte Interesse Bachs für die Alte Musik, das nicht besser belohnt werden könnte als durch ein detailliertes Wissen über Pythagoras, die Zentralgestalt abendländischer Musik. Dazu bedurfte es, falls eine solche Information stattfand, zahlreicher Quellen und eines kundigen Philologen wie Gesner – nach seiner Leipziger Amtszeit Professor für Klassische Philologie an der Universität Göttingen –, der dem Freund die nicht alltägliche Literatur erschließt.

Wir müssen uns dabei vor Augen halten, daß sämtliche die Pythagoreer betreffenden Handschriften aus Byzanz, seien sie biographischer, philosophischer, mathematischer oder musiktheoretischer Natur, seit ihrer Überführung nach Italien zur Zeit der Renaissance bis hin ins 18. Jahrhundert entweder in griechischer Originalsprache mit lateinischer Übersetzung oder nur in Latein veröffentlicht wurden und somit lediglich einem begrenzten Leserkreis zugänglich waren. Eine Quellenkritik, wie sie sich im 19. Jahrhundert durchsetzte, existierte noch nicht, was bedeutet, daß antike Texte in ihrer historischen Glaubwürdigkeit unangetastet waren. Dies gilt auch für die *Vita Pythagorica* des Iamblichos, welche sich auf eine einzige Handschrift aus dem 14. Jahrhundert, nämlich den *Codex Laurentianus* 86,3 [= F] zurückführen läßt.

[23] Erwin Rohde, Die Quellen des Iamblichus in seiner Biographie des Pythagoras, in: Rheinisches Museum, 26. Band, Frankfurt am Main 1871, S. 554 ff. und 27. Band, 1872, Fortsetzung und Schluß

Es hat also keinen Sinn, etwa die beißende Kritik von Erwin Rohde an der Pythagoras-Biographie des Iamblichos in den 70er Jahren des 19. Jahrhunderts[23] – eine Kritik, die Jakob Burckhardt „mit großer Betheiligung" las, die Friedrich Nietzsche für „das Beste" hielt, „was über ein so ernstes Capitel [die Entwicklung der Pythagoras-Vorstellung] bis jetzt gesagt worden ist", und von der sogar Richard Wagner informiert wurde[24] – auf den Leser des 18. Jahrhunderts zu übertragen.

Im übrigen erfuhr die *Vita Pythagorica* des Iamblichos seit der 1926 veröffentlichten wissenschaftlichen Arbeit von Isidore Lévy[25] und der 1963 erschienenen, von Michael von Albrecht edierten griechisch-deutschen Textausgabe – die einzige jemals in deutscher Sprache veröffentlichte *Vita Pythagorica* des Iamblichos – bis hin zur griechisch-italienischen Textausgabe aus dem Jahre 1991 von Maurizio Giangiulio[26] eine ständig wachsende Rehabilitation und Wertschätzung.

Lorenz Christoph Mizler: Schüler von Bach und Gesner

Uns interessiert jetzt die Frage, ob über die *Vita Pythagorica* hinaus musiktheoretische Schriften der Pythagoreer in unmittelbarem Umkreis von Bach nachweisbar sind. Ist das der Fall, suchen wir dort auch nach Hinweisen auf pythagoreische Philosophie und Mathematik. Erst dann prüfen wir, ob die Partitur der *Kunst der Fuge* genügend Kennzeichen bietet, die darauf schließen lassen, daß Bach sich pythagoreische Erkenntnisse und Symbole zu eigen machte.

Dabei lohnt es sich, unseren Blick erneut auf Gesner zu lenken. Vor seiner Amtsübernahme des Rektorats der Thomasschule war Gesner von 1729 bis 1730 Rektor des Ansbacher Gymnasiums.[27] Ein Schüler eben dieses Institutes, Lorenz Christoph Mizler, genoß offenbar die besondere Wertschätzung Gesners, denn als Mizler am 30. April 1731 an der Universität Leipzig immatrikuliert wurde, konnte er schon eine Woche später ein exzellentes Empfehlungsschreiben Gesners von 7. Mai vorweisen. Unter anderem ist darin zu lesen, daß Mizler mit „einem großen und für viele Dinge empfänglichen Geist ausgestattet" (ingenio [...] magno [...] et multarum rerum capaci praeditus) sei, und der Zeugnisaus-

24 Nietzsche Briefwechsel, hrsg. Giorgio Colli und Mazzino Montinari, Band II, 1, Berlin/New York 1977, Nr. 177, S. 257, 67–71; Band II, 2, Berlin/New York 1977, Nr. 240, S. 467, 66–68

25 Isidore Lévy, Recherches sur les sources de la légende de Pythagore, Paris 1926

26 Giamblicho, La vita pitagorica, introduzione, traduzione e note di Maurizio Giangiulio, testo greco a fronte, Milano 1991

27 Franz Wöhlke, Lorenz Christoph Mizler. Ein Beitrag zur musikalischen Gelehrtengeschichte des 18. Jahrhunderts, in: Musik und Geistesgeschichte, Berliner Studien zur Musikwissenschaft, hrsg. Prof. Dr. Arnold Schering, Band III, Konrad Triltsch Verlag, Würzburg-Aumühle 1940, S. 4

steller „von ungefähr niemanden vorzöge“ (praeferam forte neminem).[28] „Da um die gleiche Zeit [...] J. M. Gesner die Leitung des Thomasschule übernahm, war mit Sicherheit er es, der Mizler bei Bach einführte“ (Hans Gunter Hoke).[29]

Die Tatsache aber, Bach und Gesner gleichzeitig zum Lehrer zu haben – Mizler hörte nämlich als Student in Leipzig unter anderem „in den schönen Wissenschaften Gesnern, seinen vormahligen Lehrer“[30] –, dürfte von dem hochbegabten Mizler, der „von Jugend auf eine große Lust zum Studieren“[31] zeigte, nicht nur als besondere Gunst empfunden worden sein, sondern vor allem als Ansporn zur eigenen Leistung. So widmet Mizler 1734 seine Magisterarbeit (*Dissertatio quod musica ars sit pars eruditionis philosophicae*)[32] neben anderen Widmungsempfängern J. S. Bach und habilitiert sich „den 30. Juni desselben Jahres“.[33]

Nach einem Studienaufenthalt in Wittenberg kehrte Mizler um Michaelis 1736 nach Leipzig zurück „und fing an, Collegia daselbst in der Mathesi, Philosophie und Musik zu lesen: von welcher letztern Wissenschaft er ein besonderer Liebhaber ist; indem er nicht nur selbst eine Concertvioline, Concertqueerflöte und hauptsächlich das Clavier spielet; sondern auch verschiedenes von der Musik geschrieben, und sich, vor vielen anderen, um die musikalische Litteratur bekümmert hat: indem sein Hauptabsehen ist, die Musik völlig in die Gestalt einer Wissenschafft zu bringen, die Historie derselben zu untersuchen, und in Ordnung zu setzen“ (Johann Mattheson).[34] Wie der Titel seiner Magisterarbeit zeigt, kam es ihm von Anfang an darauf an, die Musik als Bestandteil der Philosophie zu erweisen.

Mizler war nach „über 150-jähriger Pause“[35] der erste Universitätsdozent, der in Leipzig über Musik las. Dies mußte die Aufmerksamkeit aller Musiker, ganz besonders die seines Lehrers Bach auf sich gezogen haben. Hier war ein umfassend gebildeter junger Mann[36] soeben dabei, an respektablem Ort öffentlich unter Beweis zu stellen, was er im veränderten Titel der 2. Auflage seiner Magisterarbeit (1736) bereits schriftlich zum Ausdruck gebracht hatte, nämlich, daß die Musik eine „Wissenschaft“ (scientia) sei, also gründliche Kenntnisse von dem fordert, der sich mit ihr beschäftigt (*Dissertatio quod musica scientia sit pars eruditionis philosophicae*).[37]

[28] Johann Mattheson, Grundlage einer Ehrenpforte, Hamburg 1740, S. 232

[29] Hans Gunter Hoke, L. C. Mizler, in: Die Musik in Geschichte und Gegenwart, Band IX, Kassel/Basel/London 1961, Sp. 389

[30] J. Mattheson, a.a.O., S. 229

[31] J. Mattheson, a.a.O., S. 228

[32] Dok. II, Nr. 349, S. 247

[33] J. Mattheson, a.a.O., S. 229

[34] J. Mattheson, a.a.O., S. 230

[35] L. C. Mizler, in: Die Musik in Geschichte und Gegenwart, Band IX, Kassel/Basel/London 1961, Sp. 390

[36] Mattheson, a.a.O., S. 229 ff.

[37] Dok. II, Nr. 349, S. 247 f.

Hinzu kam, daß Mizler zu Beginn seiner Dozententätigkeit, also noch im Herbst 1736, in Leipzig den 1. Teil des I. Bandes der von ihm gegründeten, über 18 Jahre lang am Leben erhaltenen *Musikalischen Bibliothek* (1736–1754, *Abb. 7*) publizierte[38], dessen Erscheinen auch die Leipziger *Neuen Zeitungen von Gelehrten Sachen* meldeten.[39] Mizler sagt in seiner Vorrede zur *Musikalischen Bibliothek*, daß er „gelehrten guten Freunden und Musikverständigen" seine zur Veröffentlichung bestimmten Themen und Ausarbeitungen „gezeiget" habe, und daß diese „geglaubet" haben, „ich würde so wohl den Gelehrten, als auch den Liebhabern der Musik einen Gefallen thun, wenn ich diesen Nutzen mit ihnen theilen wolte".[40]

Es ist bestimmt nicht abwegig, unter den „gelehrten guten Freunden und Musikverständigen" auch Bach zu vermuten, schon deshalb, weil bereits in diesem ersten Teil der *Musikalischen Bibliothek* die Kirchenmusik eine erste Verteidigung durch Bachs künftigen „Mitstreiter" Mizler[41] erfährt und Bach im Zusammenhang seiner Konzert- und Dirigententätigkeit mit Namen und Titel genannt wird.[42]

Mizlers *Musikalische Bibliothek*: Quellenindex pythagoreischer Musiktheorien

Die eigentliche Überraschung des ersten Teiles der *Musikalischen Bibliothek* besteht jedoch darin, daß sofort auf Seite 1 die zwei Herausgeber der wichtigsten und ältesten Quellen griechischer Musik stellvertretend für die Gesamtheit der uns aus der Antike überlieferten pythagoreischen Musiktheorien genannt werden. Es handelt sich um Marcus Meibom (1626–1710) und John Wallis (1616–1703).[43] Aus Marcus Meiboms *Antiquae Musicae Auctores Septem, Graece et Latine* (Amsterdam 1652, *Abb. 8*) seien folgende Autoren und Traktate hervorgehoben:

[38] Lorenz Christoph Mizler, Neu eröffnete Musikalische Bibliothek oder Gründliche Nachricht nebst unpartheyischem Urtheil von musikalischen Schriften und Büchern, 4 Bände, Leipzig 1736–1754, Reprint Hilversum 1966

[39] Franz Wöhlke, a.a.O., S. 18

[40] 2. Blatt der nicht paginierten Vorrede zum 1. Teil von Band I der „Musikalischen Bibliothek"

[41] Hans Gunter Hoke, Beilage zu Johann Sebastian Bachs „Die Kunst der Fuge", Autograph und Originaldruck, Leipzig und Mainz 1979, S. 17 viertletzte Zeile und S. 11 letzter Absatz bis S. 12 sechste Zeile

[42] Mus. Bibl. I, 1, S. 63

[43] Marcus Meibom, Antiquae Musicae Auctores Septem, Graece et Latine, Amstelodami 1652, Reprint New York 1977; John Wallis, Opera Mathematica, Tom. III, Oxford 1699, Reprint Hildesheim 1972

– die *Elemente der Harmonik*, 3 Bücher, des Pythagoreers Aristoxenos von Tarent, geboren um 370 v. Chr., Schüler u. a. des Pythagoreers Xenophilos und des Aristoteles[44],

– die unter dem Namen des Eukleides *(Abb. 9)* gehende pythagoreische *Sectio canonis*[45],

– die zwei Handbücher zur Harmonik des um 100 n. Chr. lebenden Neupythagoreers Nikomachos von Gerasa[46] mit dem darin enthaltenen Zitat des Altpythagoreers Philolaos (2. Hälfte des 5. Jahrhunderts v. Chr.) bezüglich der Oktav-Definition, dem vermutlich ältesten musiktheoretischen Zeugnis des Abendlandes[47],

– die drei Bücher des Aristeides Quintilianus, der sich gleich eingangs auf eine pythagoreische Quelle beziehungsweise auf Pythagoras beruft.[48] Seine Lebensdatierung ist stark umstritten: Nach Ulrich von Wilamowitz-Moellendorff lebte er am „Anfang des 4. Jahrhunderts" n. Chr.[49], nach Ingemar Düring sicher früher als Klaudios Ptolemaios[50], also in der 1. Hälfte des 2. Jahrhunderts nach Christus.

Meibom bezieht sich in seinen Erläuterungen oben genannter Autoren häufig auf Platons *Timaios*, auf die mathematischen Instruktionen für die Lektüre Platons des Mittelplatonikers Theon von Smyrna, der zur Zeit Hadrians lebte[51], sowie auf den Timaios- und Euklid-Kommentar des späten Neuplatonikers Proklos (412–485 n. Chr.), der 45 Jahre lang die Platonische Akademie in Athen leitete.[52] Für uns besonders interessant ist der mehrfache Hinweis Meiboms auf die *Vita Pythagorica* des Iamblichos, welche wir im Zusammenhang mit Gesners Einführung des Pythagoras-Paragraphen in die Schulgesetze der Thomaner kennenlernten.[53]

Der von Mizler neben der Meibom-Ausgabe empfohlene dritte Band der *Opera Mathematica* des John Wallis, erschienen 1699 in Oxford, beinhaltet vorwiegend

44 KP 1, 591, 16–19

45 Ingemar Düring, Ptolemaios und Porphyrios, Über die Musik, Göteborg 1934, Reprint Hildesheim 1987, S. 155

46 KP 4, 86, 24, und KP 4, 113, 21 ff.; Zeitangabe bezüglich des Philolaos aufgrund einer persönlichen Mitteilung Georg Rechenauers

47 M. Meibom, a.a.O., Vol. I, Nikomachos von Gerasa, I. Handbuch zur Harmonik, S. 17, und Diels-Kranz I⁶, 409, 10 ff.

48 M. Meibom, a.a.O., Vol. II, Aristeides Quintilianus, I. Buch, S. 3, Zeile 9, und Aristeides Quintilianus, Von der Musik, hrsg. Rudolf Schäfke, Berlin 1937, S. 64

49 Aristeides Quintilianus, Von der Musik, hrsg. Rudolf Schäfke, a.a.O., S. 52

50 Ingemar Düring, Ptolemaios und Porphyrios, a.a.O., S. 8, 9. Zeile von unten

51 KP 5, 714, 15 ff.

52 KP 4, 1160, 21 ff.

53 Hinweise auf die „Vita Pythagorica" des Iamblichos in M. Meibom, a.a.O., Vol. I: nicht paginierte Seite 1 der Vorrede zu Nikomachos' Handbüchern der Harmonik, Erläuterungen zu Nikomachos, S. 46–50, und Vol. II: Erläuterungen zu Aristeides Quintilianus, S. 330

– die bedeutende dreibändige Harmonielehre des in Alexandria bis unter Marc Aurel (161–180) lebenden berühmten Mathematikers und Astronomen Klaudios Ptolemaios. Er berichtet ausführlich über pythagoreische Musiktheorien, die Anhänger des Pythagoras und des Aristoxenos dabei gegenüberstellend. Er zitiert auch den wichtigen Pythagoreer Archytas von Tarent (1. Hälfte 4. Jahrhundert v. Chr.) im Zusammenhang der Einteilung der Tongeschlechter[54];

– den für pythagoreisches Gedankengut besonders aufschlußreichen Kommentar des Neuplatonikers Porphyrios[55] zur Harmonielehre des Ptolemaios.[56]

„Die Quellen selbsten aufschlagen, nemlich die Scribenten von der Musik der Griechen, so Meibom und Wallis herausgegeben", empfiehlt Mizler 1742 in dem 2. Teil des II. Bandes seiner *Musikalischen Bibliothek*[57], nachdem er 1736 sämtliche in Meibom und Wallis enthaltenen Titel und Autoren bereits im 1. Teil des I. Bandes abdrucken[58] ließ und von diesem Zeitpunkt an immer wieder auf „die alten Griechischen Componisten, sonderlich die aus Pythagoras Schule gekommen"[59], aufmerksam machte.[60]

Mizler räumt allerdings ein Jahr später im 2. Teil des I. Bandes der *Musikalischen Bibliothek* (1737) ein, daß die Meibom- und Wallis-Ausgaben „ziemlich rar geworden" und kündigt eine Neuausgabe aller „alten griechischen Scribenten, so Wallis und Meibom nacheinander herausgegeben" mit „vollständigen Anmerckungen sowohl über die alte als neue Musik" an.[61]

Ja, Mizler schreibt sogar im April 1738: „... und weil diese Bibliothek die Aufnahme der Musik zum Endzweck hat, so soll iederzeit zu einem Band eine Ueber-

[54] Claudius Ptolemaeus, Die Harmonielehre des Klaudios Ptolemaios, ed. Ingemar Düring, Göteborg 1930, Reprint Hildesheim/Zürich/New York 1982, dt. Übers. Ingemar Düring, Ptolemaios und Porphyrios, a.a.O., Reprint Hildesheim 1987; Gegenüberstellung der Anhänger des Pythagoras und des Aristoxenos: 1. Buch, 2. Kap.; Anhänger des Pythagoras: 1. Buch, 5. und 6. Kap.; Anhänger des Aristoxenos: 1. Buch, 9., 10. und 12. Kap.; Zeugnis des Archytas von Tarent: 1. Buch, 13. Kap.
Zur Editio princeps des griechischen Textes der Harmonielehre: Claudii Ptolemaei Harmonicorum libri tres. Ex codd. MSS. nunc primum Graece editus. Joh. Wallis SS. TH. D. Oxonii Theatro Sheld. An. Dom. 1682. Wiederholt in J. Wallis S. T. D. Operum Mathematicorum vol. tertium, Oxoniae 1699. Zitiert nach I. Düring: Die Harmonielehre des Klaudios Ptolemaios, ed. I. Düring, a.a.O., S. XCIII, Fußnote 3

[55] 233 oder 234 bis 305, oder kurz vorher, n. Chr.; Giuseppe Girgenti, Porfirio, Roma/Bari 1997, S. 10 und S. 26

[56] Porphyrius, Kommentar zur Harmonielehre des Ptolemaios, ed. Ingemar Düring, Göteborg 1932, Reprint Hildesheim/New York 1978

[57] Mus. Bibl. II, 2, S. 163 n

[58] Mus. Bibl. I, 1, S. 36–37

[59] Mus. Bibl. I, 4, S. 10

[60] Mus. Bibl. I, 1, S. 35 n; I, 2, S. 1–27; I, 3, S. 1–6; I, 4, S. 20, 57, 84; I, 6, S. 21 n; II, 2, S. 204 n; III, 2, S. 200 n

[61] Mus. Bibl. I, 2, S. 27

setzung als ein Anhang von einem alten Griechischen musikalischen Scribenten kommen, und bey dem zweyten Band der Anfang mit dem Aristoxen gemacht werden."[62] Es kam leider nicht zu diesen Übersetzungen, und so müssen wir heute mit Bedauern feststellen, daß von allen Autoren, die Meibom und Wallis herausgegeben haben, zur Zeit nur die Harmonielehre des Klaudios Ptolemaios in deutscher Sprache im Buchhandel erhältlich ist.

Wir hatten uns im Zusammenhang der *Vita Pythagorica* des Iamblichos und Gesners Pythagoras-Paragraphen die Frage gestellt, ob in unmittelbarer Nähe Bachs musiktheoretische Schriften der Pythagoeer nachweisbar sind. Diese Frage läßt sich nun beantworten: Bachs Schüler Mizler besaß spätestens seit seiner Rückkehr nach Leipzig, also ab 1736, die seltenen Ausgaben von Meibom und Wallis. Bis auf den heutigen Tag bilden sie mit wenigen Ausnahmen die maßgebliche Textgrundlage – es handelt sich bei beiden, mit Ausnahme der Harmonielehre des Klaudios Ptolemaios, um eine Editio princeps des griechischen Textes – fast sämtlicher Schriften bezüglich pythagoreischer Musiktheorie und Musikphilosophie.

Bachs Beziehung zu Mizler

Die Nähe Bachs zu Mizler und sein Interesse für ihn ist nicht nur durch das einstige Schüler-Lehrer-Verhältnis gegeben, sondern auch durch Mizlers musikwissenschaftliche, eine Neuheit darstellende Lehrtätigkeit an der Universität Leipzig; sodann durch das Erscheinen der *Musikalischen Bibliothek*, in welcher Bach häufig und immer ehrenvoll erwähnt wird[63], und durch das eigene Zeugnis Mizlers: „Bach, den ich unter meine guten Freunde und Gönner zu zehlen die Ehre habe".[64] Auch scheinbare Kleinigkeiten, wie zum Beispiel der Umstand, daß Mizler über den Inhalt eines Briefes, den Bach aus Norwegen erhielt, in seiner *Musikalischen Bibliothek* zu berichten weiß[65], beweisen das freundschaftliche Verhältnis zwischen beiden. Im Nekrolog auf Bachs Tod finden wir erneut eine ausdrückliche Bestätigung für die Freundschaft Bachs mit Mizler; es heißt dort wörtlich, daß Bach „dessen guter Freund" (Dok. III, 666) war.

Bisher hatten wir ausschließlich die Vorbedingungen untersucht, die zur Annahme berechtigen, daß Bach in ganz außergewöhnlicher Weise über alle wichtigen pythagoreischen Quellen unterrichtet war. Nun gilt es den Anlaß zu erkennen, weshalb Bach dieses Wissen in den Entwurf der *Kunst der Fuge* einbezog.

[62] Mus. Bibl. I, 4, S. 84
[63] Dok. II, Nr. 387, 404, 419, 420, 436, 482, 552
[64] Mus. Bibl. I, 4, S. 61
[65] Mus. Bibl. I, 4, S. 83

Mizlers Sozietät und Bachs Mitgliedschaft

Im April 1738 gibt Mizler in der *Musikalischen Bibliothek* die Gründung der *Societet der musikalischen Wissenschaften* bekannt[66], in welche Bach, wie schon eingangs erwähnt, als vierzehntes Mitglied 1747 eintrat (Telemann als sechstes und Händel als elftes)[67]; sie nannte sich mittlerweile *Correspondierende Societät der musikalischen Wissenschaften*. Nach Peter Schleuning verdient sie „besonderes Interesse, da Bach ihr 1747 beitrat und die ‚Kunst der Fuge' eng mit ihr verbunden ist".[68]

Der Bachforscher Hans Gunter Hoke hatte zuvor den Zusammenhang zwischen der *Kunst der Fuge* und der Mizlerschen Sozietät überzeugend nachgewiesen[69], indem er die *Kunst der Fuge* als den letzten „Pflichtbeitrag" Bachs identifizierte, wobei er die Statuten VIII, XXV und XXX der erweiterten, 1746 publizierten Fassung der Sozietätsgesetze[70] glaubhaft in seiner Argumentationskette zur Geltung brachte. Da jedoch das erhaltene Autograph der *Kunst der Fuge*[71] laut Papier- und Schriftbefund nachweislich zum größeren Teil aus den Jahren 1740–1742 stammt[72], muß der Initialgedanke der *Kunst der Fuge*, falls sie wirklich eng mit der Sozietät verbunden ist, konsequenterweise nicht erst in den erweiterten Statuten von 1746, sondern schon in den Absichtserklärungen Mizlers anläßlich der Sozietätsgründung eine Entsprechung finden.

Gründungsstatut der *Societät der musikalischen Wissenschaften*

Mizler fordert in der Prämisse zu den Gründungsstatuten[73] neben der historischen Erkenntnis in der Musik – Pythagoras nannte die Geometrie „Historia" (ἱστορία)[74] – ganz entschieden eine philosophische und, was „bis diese Stunde die wenigsten erkennen", eine mathematische, die „in der Musik schlechterdings mit der philosophischen verbunden werden müsse". Unverkennbar dasselbe Grundanliegen, wie es Mizler in seiner Magisterarbeit schon thematisiert hatte.

Mizler fährt fort: „Es ist solches gar nicht nöthig zu erweisen, die ganze Musik bestehet ja aus lauter Quantitäten. Es hat also die Musik eine große Ausbesserung vonnöthen."

Ohne sich auf eine Autorität zu berufen, verkündet Mizler hier in apodiktischer Sprache inhaltliche Verfügungen. Worauf beruht Mizlers Sicherheit, wenn nicht

[66] Mus. Bibl. I, 4, S. 73–76

[67] Mus. Bibl. III, 2, S. 357, und Mus. Bibl. IV, 1, S. 107

[68] Peter Schleuning, Johann Sebastian Bachs „Kunst der Fuge", Ideologien – Entstehung – Analyse, München und Kassel 1993, S. 24

[69] H. G. Hoke, Beilage zu Johann Sebastian Bachs „Kunst der Fuge", a.a.O., S. 14–18

[70] Mus. Bibl. III, 2, S. 348–356

[71] Mus. ms. Bach P 200 der Staatsbibliothek zu Berlin

[72] Christoph Wolff, Zur Chronologie und Kompositionsgeschichte von Bachs Kunst der Fuge, in: Beiträge zur Musikwissenschaft 25 (1983), S. 134

[73] Mus. Bibl. I, 4, S. 73 ff.

[74] Iamblichos, De vita Pythagorica liber, ed. M. v. Albrecht, a.a.O., § 89, S. 96 f.

auf seiner überragenden Kenntnis antiker Quellen, die noch dazu von „verschiedenen glaubwürdigen Scribenten aufgezeichnet worden" sind?[75] Der Satz, daß die ganze Musik aus lauter Quantitäten bestehe, stammt nicht ursprünglich von ihm, sondern aus Porphyrios' Kommentar zur Harmonielehre des Ptolemaios. Dort heißt es im dritten Kapitel (γ.'): „Die hohen und die tiefen Töne sind nach Ansicht der Pythagoreer nicht Qualitäten, sondern Quantitäten." (Αἱ ὀξύτητες καὶ αἱ βαρύτητες αἱ τῶν ψόφων τοῖς Πυθαγορείοις οὐ ποιότητες εἶναι ἐδόκουν, ἀλλὰ ποσότητες. Porphyr. in Ptolem. Harm. p. 29 Düring)[76]

Aber nicht nur der Quantitäten-Satz ist pythagoreisch. Die ganze Prämisse ist vor allem eine Zusammenfassung pythagoreischer Einsichten bezüglich der Musik bzw. eine Aufzählung pythagoreischer Disziplinen.[77] Hinzu kommt in Übereinstimmung mit pythagoreischen Prinzipien der ethische, gemeinnützige und religiöse Anspruch, den Mizler erhebt: Die Sozietät ist „zur Ehre Gottes" und zum „Nutzen der Republik" gegründet; außerdem heißt es in Statut I: „Man soll bey der Aufnahme der Mitglieder sowohl auf den Carackter, als auf derselben Geschicklichkeit sehen ..."[78]

[75] Mus. Bibl. I., 4, S. 10

[76] Porphyrius, Kommentar zur Harmonielehre des Ptolemaios, ed. Ingemar Düring, a.a.O., S. 29, Z. 27/28

[77] Bruno Centrone, I Pitagorici, a.a.O., Pythagoras als Philosoph, S. 93 ff.; Pythagoras als Wissenschaftler, S. 102 ff.; die Pythagoreer und die Mathematik, S. 135 ff.
Die Miteinbeziehung der Redekunst und Poesie in die Prämisse der Gründungsstatuten beruht auf dem altgriechischen Begriff ἡ μουσική (Musiké), in welchem Musik und Sprache noch eine „unlösbare" Einheit bilden (Thrasybulos Georgiades, Musik und Rhythmus bei den Griechen, Hamburg 1958, S. 7).

[78] Bruno Centrone, I Pitagorici, a.a.O., die Natur einer pythagoreischen Gesellschaft, S. 67 ff.; vgl. des weiteren Iambl. v. Pyth. 134–240 (Pythagoreische Tugendlehre), Iambl. v. Pyth. 122–133 (Politische Leistungen der Pythagoreer), Iambl. v. Pyth. 71, 72, 94 (Bedeutung des Charakters bzw. der Charakterprüfungen in einer pythagoreischen Gesellschaft), Iambl. v. Pyth. 114 (Der Einfluß der Musik auf den Charakter nach pythagoreischer Auffassung), Iambl. v. Pyth. 86 (Gott bzw. Göttliches als Zielpunkt pythagoreischer Philosophie), Porphyr. v. Pyth. 42 (Eine im Rätsel verborgene Anweisung des Pythagoras, die Götter mit Musik zu ehren).
Die Philosophie Christian Wolffs (1679–1754) hat ungeachtet ihrer Nennung in den Gründungsstatuten (Mus. Bibl. I, 4, S. 73) – was zur Verhüllung des pythagoreischen Grundcharakters der „Societät" bis auf den heutigen Tag wesentlich beitrug – an der pythagoreischen Philosophie keinen eigentlichen Anteil. Hingegen können Johannes Kepler (1571–1630), Athanasius Kircher (1602–1680), Erhard Weigel (1625–1699), Gottfried Wilhelm Leibniz (1646–1716) und Ludovico Antonio Muratori (1672–1750) durchaus als Paten der „Societät" gelten, soweit sie an pythagoreisches Gedankengut substantiell oder modifizierend anknüpfen.
Bezüglich des Leibnizschen Einflusses auf Christian Wolff schreibt Raffaele Ciafardone: „Essentielle Teile des Leibnizschen Gedankengutes sind in der Wolffschen Philosophie nicht auffindbar." Dazu gehören nach Ciafardone die Monadologie, der Panpsychismus und das Systema harmoniae praestabilitae in seiner universalen Bedeutung (vgl. Christian Wolff, Metafisica tedesca, ed. Raffaele Ciafardone, Milano 2003, S. XXVIII).
Zur Abgrenzung Mizlers gegenüber der „Wolfischen Weltweisheit" vgl. Franz Wöhlke, a.a.O., S. 15.

Pythagoreische Denk- und Verhaltensweisen

Uns stellt sich jetzt die Frage: Warum nennt Mizler in der Prämisse der Gründungsstatuten Pythagoras nicht bei seinem Namen? In der *Vita Pythagorica* des Iamblichos lesen wir über die Pythagoreer: „scheuten sie sich doch, Pythagoras mit Namen zu nennen…“ (αἰδῶ μὲν ποιουμένων ὀνομάζειν Πυθαγόραν…, Iambl. v. Pyth. 150).[79] Um pythagoreische Denk- und Verhaltensweisen näher verstehen zu lernen, sei neben einem Ausschnitt aus § 246 in Gänze der § 104 der *Vita Pythagorica* des Iamblichos wiedergegeben.

Zunächst aus § 246: „Auch wollte er nicht, daß sie so redeten und schrieben, daß die Gedanken jedem Beliebigen klar seien, vielmehr soll Pythagoras diejenigen, welche sich ihm anschlossen, zu allererst gelehrt haben, rein von aller Unbeherrschtheit im Schweigen die Worte zu bewahren, die sie hörten. Denjenigen, welcher als erster die Natur des Kommensurablen und des Inkommensurablen solchen eröffnete, die nicht würdig waren, an den Lehren teilzuhaben, sollen die Pythagoreer so tief verabscheut haben, daß sie ihn nicht nur aus der Lehr- und Lebensgemeinschaft ausschlossen, sondern ihm auch ein Grabmal errichteten mit der Begründung, ihr einstiger Gefährte sei aus dem Leben unter Menschen ausgeschieden.“

(οὔτε δὲ λέγειν οὔτε συγγράφειν οὕτως ἠξίου, ὡς πᾶσι τοῖς ἐπιτυχοῦσι κατάδηλα εἶναι τὰ νοήματα, ἀλλ’ αὐτὸ δὴ τοῦτο πρῶτον διδάξαι λέγεται Πυθαγόρας τοὺς αὐτῷ προσφοιτῶντας, ὅπως ἀκρασίας ἁπάσης καθαρεύοντες ἐν ἐχερρημοσύνῃ φυλάττωσιν οὓς ἂν ἀκροάσωνται λόγους. τὸν γοῦν πρῶτον ἐκφήναντα τὴν τῆς συμμετρίας καὶ ἀσυμμετρίας φύσιν τοῖς ἀναξίοις μετέχειν τῶν λόγων οὕτως φασὶν ἀποστυγηθῆναι, ὡς μὴ μόνον ἐκ τῆς κοινῆς συνουσίας καὶ διαίτης ἐξορισθῆναι, ἀλλὰ καὶ τάφον αὐτοῦ κατασκευασθῆναι, ὡς δῆτα ἀποιχομένου ἐκ τοῦ μετ’ ἀνθρώπων βίου τοῦ ποτε ἑταίρου γενομένου. Iambl. v. Pyth. 246)[80]

Dann § 104 von Iamblichos: „Denn wer aus dieser Schule hervorging, vor allem die frühesten Anhänger, die in ihrer Jugend noch den greisen Pythagoras erlebt hatten und seine Schüler gewesen waren – Philolaos, Eurytos, Charondas, Zaleukos, Bryson, Archytas der Ältere, Aristaios, Lysis, Empedokles, Zamolxis, Epimenides, Milon, Leukippos, Alkmaion, Hippasos, Thymaridas und alle ihre Altersgenossen, eine große Schar geachteter, überragender Männer – sie alle haben ihre Gespräche, ihre wechselseitigen Unterredungen, ihre Aufzeichnungen und Niederschriften, ihre eigentlichen Werke und alle Veröffentlichungen, die zum größeren Teil heute noch erhalten sind, nicht durch die allgemein verbreitete, volkstümliche und daher allen anderen geläufige Redeweise den Zuhörern auf Anhieb verständlich gemacht, im Bemühen, ihre Gedanken so darzulegen, daß man leicht folgen konnte; vielmehr

[79] Iamblichos, De vita Pythagorica liber, ed. M. v. Albrecht, a.a.O., § 150, S. 152 f.
[80] Iamblichos, De vita Pythagorica, ed. M. v. Albrecht, a.a.O., § 246, S. 236 ff.

wählten sie, treu dem Gebot des Pythagoras, über die göttlichen Mysterien zu schweigen, Redewendungen, deren Sinn den Uneingeweihten verborgen bleiben mußte, und schützten ihre wechselseitigen Gespräche oder ihre Schriften durch den Gebrauch verabredeter Zeichen (Symbola)."

(καὶ γὰρ οἵ ἐκ τοῦ διδασκαλείου τούτου, μάλιστα δὲ οἱ παλαιότατοι καὶ αὐτῷ συγχρονίσαντες καὶ μαθητεύσαντες τῷ Πυθαγόρᾳ πρεσβύτῃ νέοι, Φιλόλαός τε καὶ Εὔρυτος καὶ Χαρώνδας καὶ Ζάλευκος καὶ Βρύσων, Ἀρχύτας τε ὁ πρεσβύτερος καὶ Ἀρισταῖος καὶ Λῦσις καὶ Ἐμπεδοκλῆς καὶ Ζάμολξις καὶ Ἐπιμενίδης καὶ Μίλων, Λεύκιππός τε καὶ Ἀλκμαίων καὶ Ἵππασος καὶ Θυμαρίδας καὶ οἱ κατ' αὐτοὺς ἅπαντες, πλῆθος ἐλλογίμων καὶ ὑπερφυῶν ἀνδρῶν, τάς τε διαλέξεις καὶ τὰς πρὸς ἀλλήλους ὁμιλίας καὶ τοὺς ὑπομνηματισμούς τε καὶ ὑποσημειώσεις καὶ αὐτὰ ἤδη τὰ συγγράμματα καὶ ἐκδόσεις πάσας, ὧν τὰ πλείονα μέχρι καὶ τῶν ἡμετέρων χρόνων διασῴζεται, οὐ τῇ κοινῇ καὶ δημώδει καὶ δὴ καὶ τοῖς ἄλλοις ἅπασιν εἰωθυίᾳ λέξει συνετὰ ἐποιοῦντο ἐξ ἐπιδρομῆς τοῖς ἀκούουσι, πειρώμενοι εὐπαρακολούθητα τὰ φραζόμενα ὑπ' αὐτῶν τίθεσθαι, ἀλλὰ κατὰ τὴν νενομοθετημένην αὐτοῖς ὑπὸ Πυθαγόρου ἐχεμυθίαν θείων μυστηρίων καὶ πρὸς τοὺς ἀτελέστους ἀπορρήτων τρόπων ἥπτοντο καὶ διὰ συμβόλων ἐπέσκεπον τὰς πρὸς ἀλλήλους διαλέξεις ἢ συγγραφάς. Iambl. v. Pyth. 104)[81]

Das hier vorgetragene Denken ist nicht nur ein Schlüssel zu Mizlers pythagoreischer Denkweise und damit zu der von ihm gegründeten Sozietät, sondern auch eine Voraussetzung für das Verständnis der *Kunst der Fuge*.

Die Pseudonyme Mizlers und anderer Sozietäts-Mitglieder

Nun stellt sich die Frage, ob Mizler sich nicht doch einmal deutlich zu erkennen gibt. Dies geschieht erst 1743 im 4. Teil des II. Bandes der *Musikalischen Bibliothek,* also fünf Jahre nach Bekanntgabe der Sozietätsgründung. Mizler nennt sich dort anläßlich einer von der *Societät der musikalischen Wissenschaften* ausgeschriebenen Frage mehrfach „Pythagoras"[82] und folgt damit einer „in anderen gelehrten Gesellschaften und Akademien üblichen Sitte, jedem Mitglied einen auf sein Wesen, seine Anschauung oder seine Neigung hinweisenden Sozietätsnamen zu verleihen" (Franz Wöhlke).[83]

Die uns aus der Mizlerschen Sozietät sonst noch überlieferten „angenommenen Nahmen"[84] gehören ausschließlich dem griechischen Kulturkreis an. Sie lauten: Archimedes, Terpander, Sokrates und Aristobulos. Für Archimedes konnte Bümler, für Terpander Schroeter ermittelt werden. Für Sokrates und Aristobulos

[81] Iamblichos, De vita Pythagorica, ed. M. v. Albrecht, a.a.O., § 104, S. 110 f.
[82] Mus. Bibl. II, 4, S. 13, 29, 42, 65, 79, (88), 89, 95
[83] Franz Wöhlke, a.a.O., S. 103 f.
[84] Mus. Bibl. II. 4, S. 4

kommen Bokemeyer, Telemann und Stölzel in Frage. Eine nähere Zuordnung ist nach Franz Wöhlke aber nicht möglich.[85]

Mizlers Gedicht „Lob der Musik“

Ein eindeutiges Bekenntnis Mizlers zum pythagoreischen Denken finden wir in der 5. und 6. Strophe seines Gedichtes *Lob der Musik*, welches er selbst vertonte und Ostern 1740 unter dem Titel *Sammlungen auserlesener moralischer Oden* in Leipzig im Selbstverlag publizierte:[86]

„Ich stimme nun den Griechen bey,
Die dich besonders hoch gepriesen,
Denn das in dir was Göttlichs sey,
Kann man aus deinem Wesen schließen.
Du kannst so gar Socratens Ohr
In seinem Alter noch beleben,
Drum muß dich Plato, Pythagor
Vor allen Künsten hoch erheben.

Du nimmst den ganzen Weltbau ein
Hast Himmel und die Erde innen.
Sind hier die Töne schon so rein,
Was werd ich dort vor Lust gewinnen?
Hilf Himmel, reiß das Band entzwey
So mich noch an die Erde bindet,
Daß ich im Chor der Geister sey,
Da man die reinsten Stimmen findet.“

Mizler rückte dieses Gedicht erst nach Bachs Tod mit einer leichten Veränderung der ersten, hier nicht abgedruckten Strophe in den 1754 erschienenen letzten Band der *Musikalischen Bibliothek* ein, woraus gefolgert werden kann, daß Mizler diesem Gedicht gleichbleibende Bedeutung zumaß.

Wenn Mizler bei den hier zitierten letzten beiden Strophen ein Modell vor Augen hatte, konnte es sich eigentlich nur um den delphischen Orakelspruch für den Neuplatoniker Plotin (ca. 205–270 n. Chr., *Abb. 10*) handeln, welcher uns durch die *Vita Plotini* des Porphyrios erhalten ist.[87] Zur historischen Orientierung: Plotin gründete 244 n. Chr. eine bedeutende Philosophenschule in Rom, aus welcher wiederum Porphyrios als bevorzugter Schüler und Nachfolger Plotins hervorging.[88]

[85] Franz Wöhlke, a.a.O., S. 103 f., und Albert Basso, L'invenzione della gioia, Milano 1994, S. 271 f.

[86] Lorenz Mizler, Sammlungen auserlesener moralischer Oden, Faksimile-Ausgabe, ed. Dragan Plamenac, Leipzig 1972, S. 34, Nr. 24 sowie Mus. Bibl. IV, 1, S. 21 f.

[87] Porfirio, Vita di Plotino, ed. Giuseppe Faggin, enthalten in Plotino „Enneadi“, edd. Giuseppe Faggin, Giovanni Reale, Roberto Radice, Milano 1996[4], S. 36 ff.: Orakelspruch für Plotin

[88] Margherita Isnardi Parente, Plotino, Roma/Bari 1996[4], S. 175, und Giuseppe Girgenti, Porfirio, a.a.O., S. 127

Wir finden beim Vergleich des Mizlerschen Gedichtes mit dem für Plotin bestimmten Orakelspruch nicht nur die unhistorische Reihenfolge „Plato, Pythagor“ in der *Vita Plotini* (Kap. 22, Vers 55, 56), sondern auch den „Chor der Geister“ in Form eines Musenchores (Kap. 22, Vers 21) und „das Band“, welches ihn „noch an die Erde bindet“ (Kap. 22, Vers 25, 26; ... δεσμὸν ἀνάγκης ἀνδρομέης ..., Porphyr. v. Plotini § 22, 25–26). Die Bezugnahme der Musik auf den „ganzen Weltbau“ erklärt Mizler an anderer Stelle selbst als „pythagorische Weltweisheit“, nämlich in einer Fußnote zu einem griechischen Traktat über die Musik des byzantinischen Gelehrten Michael Psellos, welcher in der *Musikalischen Bibliothek* erschien.[89] Es heißt dort wörtlich:

„Von der Uebereinstimmung und Symmetrie des ganzen Weltgebäudes ist von den alten Weltweisen vieles vorgetragen worden, besonders vom Plato, der in diesem Stücke der pythagorischen Weltweisheit gefolget: imgleichen von der Musik der Weltkörper, wovon Cicero im Traume Scipions, und Macrobius hierüber nachzusehen. Daß es würklich an dem sey, daß nach der Meynung der Alten das ganze Weltgebäude nach der allervollkommensten Proportion zusammengesetzt seyn müsse, kann man daher sicher schließen: Sind in den einzelnen Weltkörpern, als Theilen des Ganzen schon so viele treffliche Uebereinstimmungen und Vollkommenheiten anzutreffen, wie viel Harmonie, Vollkommenheit und Schönheit muß nicht erst im Ganzen, als dem Meisterstück des allervollkommensten Wesens, vorhanden seyn? Da nun die Musik die allerbeste Ordnung, so sich der Verstand der Menschen vorstellen kann, im Kleinen abbildet, so haben die Alten ganz recht gesagt, daß die Musik die Harmonie des ganzen Weltgebäudes vorstelle.“

Mit „Socratens Ohr in seinem Alter“ spielt Mizler auf den in Platons *Phaidon* (60 D–61 C) geschilderten immer wiederkehrenden Traum des den Tod im Gefängnis erwartenden Sokrates an, in welchem dieser aufgefordert wird: „O Sokrates, komponiere und musiziere“ (Ὦ Σώκρατες, ἔφη, μουσικὴν ποίει καὶ ἐργάζου)![90] Auf eine Metapher reduziert findet sich diese Episode im ersten Buch der *Institutio oratoris* des großen Rhetorikers M. Fabius Quintilianus (I, 10, 13)[91], auf welche Mizler eingangs der *Zweyten Sammlung auserlesener moralischer Oden* hinweist.[92]

[89] Mus. Bibl. III, 2, S. 174 n. Weitere Erwähnungen von „Scipios Traum“ in der „Musikalischen Bibliothek“ durch Georg Venzky (Mus. Bibl. II, 3, S. 71) und durch Constantin Bellermann (Mus. Bibl. III, 3, S. 562).

[90] Platone, Fedone, ed. Giovanni Reale, Milano 1997, 60 E, 6–7, S. 96 f.

[91] Quintiliano, Istituzione oratoria, Vol. I, edd. Simone Beta, Elena D'Incerti Amadio, Milano 1997, I, 10, 13, S. 124 f.
Unmittelbar zuvor (Quintilianus, instit. orat. I, 10, 12–13, S. 124 f.): Hinweis auf Pythagoras, die Sphärenharmonie und Platons „Timaios“.

[92] Lorenz Mizler, Sammlung auserlesener moralischer Oden, a.a.O., S. 36

Konklusion: Wie eingangs betont, bedarf es einer komplexen, auf Originalquellen beruhenden Argumentation, um pythagoreisches Denken in der *Kunst der Fuge* sichtbar werden zu lassen. Mizler ist zweifellos ein begeisterer Vermittler dieses Gedankengutes, allerdings in echt pythagoreischer Weise, also verdeckt. Dies kompliziert die ohnehin aufgrund der Vielfalt pythagoreischer Quellen sich schwierig gestaltende Information um einen weiteren Grad. Ein Interesse Bachs für Mizlers Kenntnisse dürfen wir voraussetzen, da sich untrügliche pythagoreische Kennzeichen in der Partitur nachweisen lassen. Dieser Nachweis soll jedoch erst am Schluß unserer Betrachtung erfolgen, ganz einfach deshalb, weil nur die Offenlegung Mizlerschen Denkens und Wissens beim Leser die Voraussetzungen schafft, welche erforderlich sind, um zu verstehen, wie sich antikes pythagoreisches Denken in dem mit Sicherheit anspruchsvollsten Werk J. S. Bachs manifestieren konnte. Deshalb ist unsere weitere Betrachtung noch einmal Mizlers verdeckten und offenen Hinweisen in seiner *Musikalischen Bibliothek* gewidmet, wobei es sich versteht, daß nicht alles, was in der Sozietät verhandelt wurde, auch in der *Musikalischen Bibliothek* geschrieben steht.[93]

Philosophisch-literarische Quellenhinweise auf Pythagoras, die Pythagoreer und den Pythagoreismus in der *Musikalischen Bibliothek*

Die vorwiegend philosophischen und musikphilosophischen Hinweise Mizlers auf den Pythagoreismus lassen sich in zwei Kategorien einteilen: diejenigen, die direkt, und diejenigen, die indirekt an die Antike anknüpfen.

Von den Hinweisen Mizlers, die direkt an die Antike anknüpfen, sind von Bedeutung:

– Aristoxenos habe genau wie Plato „die Seele vor [für] eine Harmonie gehalten". Für den Pythagoreer Aristoxenos gibt Mizler als Beleg Ciceros *Tusculanische Fragen* – so nennt er die *Gespräche in Tuskulum* –, für Plato Plutarchs *Placita philosophorum* an. Mizler präzisiert bezüglich Plato, daß er „die Seele beschrieben [...] durch ein vernünftiges Wesen, so sich nach der Harmonischen Zahl beweget".[94] Diese von Plutarch überlieferte und durch Mizler vorgetragene Definition findet sich dem Inhalt nach original in Platons *Timaios*, 47 A–E.[95] Nach Macrobius (Anfang 5. Jahrhundert n. Chr.) geht die Ansicht, daß die Seele eine Harmonie sei, auf Pythagoras und Philolaos zurück.[96] Der als viertes Mitglied

93 Mus. Bibl. III, 2, S. 361, und Mus. Bibl. IV, 1, S. 111 und S. 119

94 Mus. Bibl. I, 2, S. 77; Mus. Bibl. I, 4, S. 60; Mus. Bibl. II, 4, S. 66

95 Platone, Timeo, ed. Giovanni Reale, Milano 1994, 47 A–E, S. 132 ff.

96 Diels-Kranz I^6, 404, 21–22: Macrob. S. Scip. I, 14, 19 Pythagoras et Philolaus harmoniam [nämlich animam esse dixerunt]

im Jahre 1739 in die Sozietät eingetretene Komponist und Organist Christoph Gottlieb Schröter *(Abb. 11)* nimmt nach Bachs Tod nochmals Bezug auf die „vortrefflichen Gedanken" Mizlers hinsichtlich Seele und Musik, wobei er selbst zuvor den Schluß zieht, daß „das Wesentliche der Musik nur in der Seele eines vollständigen Menschen gegründet sey".[97]

– „Die Griechen hielten davor, daß in der Musik die größte Gelehrsamkeit stecke", schreibt Mizler 1737 im 3. Teil des I. Bandes der *Musikalischen Bibliothek* und gibt als Quelle das 1. Buch aus Ciceros *Tusculanischen Fragen* an.[98] Um es gleich zu sagen: Die *Tusculanae disputationes* Ciceros bieten eine Fülle von Informationen über Pythagoras, die Pythagoreer[99] und die griechische Wertschätzung der Musik.[100] Cicero: „Höchste Bildung lag nach dem Urteil der Griechen in der Beherrschung des Saitenspiels und Gesanges. So soll denn Epameinondas [...] hervorragend die Kithara gespielt haben, und Themistokles, einige Jahre vorher, galt als etwas ungebildet, da er beim Mahle die Kithara zurückwies. Die Folge war, daß in Griechenland die Musiker in Ansehen standen, alle suchten Musik zu lernen, und niemand galt für recht gebildet, der sich nicht auf sie verstand" (summam eruditionem Graeci sitam censebant in nervorum vocumque cantibus; igitur et Epaminondas [...] fidibus praeclare cecinisse dicitur, Themistoclesque aliquot ante annos cum in epulis recusaret lyram, est habitus indoctior. ergo in Graecia musici floruerunt, discebantque id omnes, nec qui nesciebat satis excultus doctrina putabatur; Cicero, Tusc. I, 4). Als gelehrt galten jedoch in Großgriechenland insbesondere die Pythagoreer, und zwar dergestalt, „daß niemand anderes gelehrt schien" (ut nulli alii docti viderentur; Cicero, Tusc. I, 38). Cicero: „Ich glaube sogar, daß wegen der Bewunderung für die Pythagoreer auch der [altrömische] König Numa von den Späteren für einen Pythagoreer gehalten worden ist" (quin etiam arbitror propter Pythagoreorum admirationem Numam quoque regem Pythagoreum a posterioribus exstimatum; Cicero, Tusc. IV, 3). Mizler verweist insgesamt dreimal auf die *Tusculanischen Fragen*.[101]

– „... daß allein ein Musikus ein Weltweiser sey", notiert Mizler im 5. Teil des ersten Bandes der *Musikalischen Bibliothek* und beruft sich auf Plato; in Wirklichkeit stammt der Satz – Mizler zitiert ihn im Original (ὅτι μόνος μουσικὸς ὁ

[97] Mus. Bibl. III, 4, S. 689

[98] Mus. Bibl. I, 3, S. 15

[99] M. Tullius Cicero, Tusculanae disputationes, ed. Karl Büchner, Zürich und Stuttgart 1966², I, 20, 38, 39, 49, 62; III, 36; IV, 2–4; V, 8–10

[100] M. Tullius Cicero, Tusculanae disputationes, a.a.O., I, 4, 19, 62; IV, 2–4

[101] Mus. Bibl. I, 2, S. 77; Mus. Bibl. I, 3, S. 15; Mizler, Sammlung auserlesener moralischen Oden, a.a.O., 3. Sammlung, S. 68. Weitere Erwähnungen der „Tusculanischen Fragen" in der „Musikalischen Bibliothek" durch Constantin Bellermann (Mus. Bibl. III, 3, S. 562) und durch das Sozietätsmitglied Georg Venzky (Mus. Bibl. III, 4, S. 639 n).

φιλόσοφος) – von dem Mittelplatoniker und „Pythagoreer“ (I. Düring) Theon von Smyrna[102] *(Abb. 12)*, den er hier offensichtlich bewußt verschweigt.[103]

Mizler fährt fort: „Wenn man sich unter dem Wort Musikus einen vorstellet, der ein Concert spielet so wäre es freylich lächerlich zu sagen, daß dieser deswegen ein Philosophe sey, weil er spielen kan. Plato meinet einen solchen Gelehrten, der die Natur der besten Verhältnisse erkennet und zu bestimmen weiß“ – zu denken ist hier an das III. Buch aus Platons *Staat*, auf welches Theon von Smyrna ausdrücklich verweist (Theo Smyrn. p. 10, 17 Hill.) –, „mit einem Wort, einen gelehrten Musikum, u. der solche, da er sie in der Musik erlernet, auch in andern Dingen zu bestimmen weiß.“

Theon von Smyrna ist, wie wir noch sehen werden, von fundamentaler Bedeutung für die Überlieferung pythagoreischer Charakteristika. Mizler nennt ihn ein einziges Mal beim Namen, und zwar im Kleindruck – es gehört zu den Eigenheiten Mizlers, wichtige Dinge und Namen auch im Kleindruck mitzuteilen und nicht selten im Register auszulassen –, um erneut die Unentbehrlichkeit der Mathematik für den, „der die Weltweisheit gründlich lernen will“, zu unterstreichen.[104]

– 1738 im April, also zur Zeit der Sozietätsgründung, schreibt Mizler: „Wollen wir von den musikalischen Wahrheiten vollkommen überzeuget seyn, so muß auch die mathematische Erkenntnis, als die höchste Stuffe menschlicher Weisheit, hinzukommen.“ Eine Seite weiter heißt es: „Wo stehet denn geschrieben, daß die Alten durch die mathematische Ration nicht die Musik verbessern wollen? Zeigen nicht die Bemühungen des Archytas, Claudius Ptolomäus und anderer das Gegentheil? Haben nicht die Pythagoreer die Töne zu dem Ende ausgemessen, daß sie sich darnach in der Ausübung der Musik richten können? Wer will die vielen Zeugnisse der Alten leugnen? die Sache ist leicht, wenn man sie nur recht auseinander setzet. Freylich ist es nicht nöthig, wenn ich ein musikalisches Stück verfertigen soll, daß ich erst die Töne zu vor auscirkele, wenn ich aber zuvor überhaupt die Eigenschaften der Töne durch die Mathematik genau erforschet, und vollkommen erkannt habe, so kan ich alsdenn die Töne mit der größten Gewisheit verbinden. Die mathematische Erkenntnis der Töne giebt also einem Componisten mittelbar, nicht unmittelbar ein großes Licht, und ist zur Verfertigung eines musikalischen Stückes gar wohl dienlich. Weil aber die allermeisten Musikverständigen nicht darinnen bewandert sind, so mögen sie es auch nicht glauben. Alle Musiken bestehen ja aus Tönen, und die Töne haben verschiedene Verhältnisse untereinander, in welchen alles was die Musik in uns würket ihren Grund hat. Da nun verschiedene Größen die Verhältnisse ausmachen, die Größen

[102] Theon Smyrnaeus, Expositio rerum mathematicarum ad legendum Platonem utilium, ed. Eduardus Hiller, Lipsiae 1878, Stutgardiae et Lipsiae 1995; S. 10, Z. 17–18; I. Düring, Ptolemaios und Porphyrios, a.a.O., S. 149

[103] Mus. Bibl I, 5, S. 38

[104] Mus. Bibl. II, 1, S. 62

aber ein Gegenwurf der Mathematik sind, so streite man doch um des Himmels willen, nicht mehr wieder die hellscheinende Sonne, und sage die mathematischen Ausmessungen der Töne gehören nicht zur Theorie einer musikalischen Composition."[105]

Die Überzeugtheit, mit der Mizler die Mathematik im Hinblick auf die Musik hervorhebt, läßt darauf schließen, daß er pythagoreische Quellen gründlich studiert hat; zu diesen gehört auch das wegen seiner Authentizität und Ausführlichkeit berühmte *Harmonik*-Fragment des oben genannten Pythagoreers Archytas von Tarent, aus welchem unmißverständlich hervorgeht, daß sowohl die Geometrie und Arithmetik als auch die Sphärik und Musik Gegenstand der Mathematik sind und zusammengehören. Wörtlich: „Denn diese Wissenschaften scheinen verschwistert zu sein" (ταῦτα γὰρ τὰ μαθήματα δοκοῦντι ἦμεν ἀδελφεά. Porphyr. in Ptolem. Harm. p. 56 Düring).[106] Porphyrios zitiert dieses Archytas-Fragment in seinem Kommentar zur Harmonielehre des Klaudios Ptolemaios, welcher wiederum in dem von Mizler empfohlenen Band des schon erwähnten Oxforder Geometrieprofessors John Wallis enthalten ist.

Warum ist dieses Archytas-Fragment so wichtig? In ihm findet sich eine von einem Pythagoreer formulierte Begründung, warum die Mathematik mit der Musik verbunden ist. Die von Archytas aufgestellte Vierergruppe ist identisch mit dem im Mittelalter von der Scholastik erstellten Bildungskanon, dem sogenannten Quadrivium, wozu noch das aus Grammatik, Rhetorik und Dialektik bestehende Trivium tritt. Alle sieben Disziplinen zusammen bilden die Septem artes liberales, welche der aus Karthago stammende Martianus Capella schon im 5. Jahrhundert n. Chr. in *De nuptiis Philologiae et Mercurii* – eine mit neupythagoreischen und neuplatonischen Elementen durchwebte kunstvolle Allegorie – enzyklopädisch zusammengefaßt hat[107]; sein IX. Buch über Musik ist interessanterweise auch in der von Mizler zu Recht hervorgehobenen Ausgabe des Marcus Meibom enthalten.

– Pythagoras wird in der *Musikalischen Bibliothek* häufig auch beim Namen genannt[108], wobei das berühmte Schmiedewerkstatt-Erlebnis mehrfach zitiert

105 Mus. Bibl. I, 4, S. 56 f.

106 Diels-Kranz I[6], 432, 7

107 KP 3, 1054, 53 ff.; vgl. Marziano Capella, Le Nozze di Filologia e Mercurio, ed. Ilaria Ramelli, Milano 2001, Einleitung S. XV, einige Beispiele zum Neupythagoreismus und Neuplatonismus: § 107, S. 60 (Tetraktys und pythagoreische Konsonanzenlehre), § 568, S. 398 (triangulus ignis), § 731, S. 502 (Monadenlehre), § 742, S. 516 (Zehnzahl), § 803, S. 570 (Pythagoras und Platon hinsichtlich der Astronomie)

108 „Pythagoras": Mus. Bibl. I, nicht paginierte Seite 6 der Vorrede; Mus. Bibl. I, 2, S. 11; I, 3, S. 27; I, 4, S. 10 u. S. 20; I, 5, S. 32; II, 2, S. 201 (Schmiedewerkstatt); II, 3, S. 43 u. S. 141; III, 1, S. 63; III, 3, S. 569 (Schmiedewerkstatt); III, 4, S. 633, 640, 648, 649, 674, 679, 728 u. 729 (Schmiedewerkstatt); III, 4, S. 759; IV, 1, S. 5, 12 (Schmiedewerkstatt), 22

wird; Pythagoras soll anläßlich dieses Erlebnisses die Wissenschaft von der Harmonie (τὴν ἁρμονικὴν ἐπιστήμην) und die harmonischen Proportionen (τοὺς ἁρμονικοὺς λόγους) entdeckt haben.[109] Von den in der *Musikalischen Bibliothek* genannten „Pythagoreern" ohne nähere Namensbezeichnung[110] sind diejenigen zu unterscheiden, die zwar mit Namen, jedoch nicht immer mit dem Attribut „Pythagoreer" in Erscheinung treten; es finden Erwähnung: Aristoxenos von Tarent, Archytas von Tarent, Lysis von Tarent, Xenophilos aus Chalkis, Empedokles sowie der Neupythagoreer Nikomachos von Gerasa.[111]

– Die wichtige Pythagoras-Biographie des Diogenes Laertios finden wir im III. Band der *Musikalischen Bibliothek* erwähnt, und zwar vom zehnten Mitglied der Sozietät, D. Georg Venzky, „Rector der Schule zu Prenzlau, im Brandenburgischen"[112] *(Abb. 13)*. Auf diese Biographie soll hier nicht näher eingegangen werden; sie gehört zur Standard-Literatur eines Altphilologen und war Mizler selbstverständlich bekannt; er erwähnt Diogenes Laertios übrigens im Zusammenhang mit Xenokrates.[113]

– Bei der Beantwortung der Frage, ob Musik ein Hindernis oder ein Ansporn im Hinblick auf das Studium anderer Wissenschaften sei, bezieht sich Mizler ausdrücklich auf die Pythagoreer. Er schreibt im 3. Teil des III. Bandes der *Musikalischen Bibliothek*:

„Die klugen alten griechischen Weltweisen hielten die Musik für das beste Mittel einen Studierenden zu den Wissenschaften aufzumuntern, und die Pythagoräer haben solches in der Erfahrung gegründet befunden; zu unseren Zeiten aber, da die Welt mehrentheils aus lauter neumodischer Weisheit überklug geworden, ist nun das Gegentheil wahr. Man wird zu seiner Zeit diese thörigte Meynung mit kräftigen Gründen abweisen."[114]

Pythagoreisch denkende Autoren der Neuzeit in der *Musikalischen Bibliothek*

Von den in pythagoreischer Tradition stehenden Autoren der Neuzeit erwähnt Mizler in der *Musikalischen Bibliothek* Kepler, Leibniz, Weigel und Fludd.

[109] Iamblichos, De vita Pythagorica liber, ed. M. v. Albrecht, a.a.O., § 115, S. 120 ff.

[110] „Pythagoreer": Mus. Bibl. I, 2, S. 16 u. 24; I, 3, S. 55; I, 4, S. 57; II, 3, S. 71 (Sphärenharmonie); III, 1, S. 71 u. S. 72; III, 3, S. 535; III, 4, S. 701 u. S. 724

[111] „Aristoxenos": Mus. Bibl. I, nicht paginierte Seite 6 der Vorrede; Mus. Bibl. I, 1, 36 n; I, 2, S. 1, 14, 15, 18, 20, 21, 23, 38, 39; I, 3, S. 1, 5, 22; II, 2, S. 217; II, 4, S. 73, 74; III, 1, S. 63; III, 4, S. 648; „Archytas": Mus. Bibl. I, 2, S. 15; I, 4, S. 57; „Lysis": Mus. Bibl. I, 1, S. 31 n; „Xenophilos": Mus. Bibl. I, 3, S. 5; III, 4, S. 648; „Empedokles": Mus. Bibl. IV, 1, S. 42; „Nikomachos": Mus. Bibl. I, 1, S. 36 n; I, 2, S. 10; III, 3, S. 569; III, 4, S. 728 (Schmiedewerkstatt-Erlebnis des Pythagoras: Nikomachos von Gerasa, ed. Meibom, a.a.O., Handbücher der Harmonik, Vol. I, S. 10–14, von Iamblichos als Quelle benutzt)

[112] Mus. Bibl. III, 4, S. 679

[113] Mus. Bibl. II, 1, S. 63

[114] Mus. Bibl. III, 3, S. 535

– Zu Johannes Kepler (1571–1630), dem großen Astronomen, bemerkt Mizler im 1. Teil des I. Bandes der *Musikalischen Bibliothek*: „daß aber die Cörper so sich in der Lufft um die Sonne bewegen, ein Harmonisches Verhältniß untereinander haben, hat der vortreffliche Kepler in fünf Büchern von der Harmonie der Welt ausgeführet, welche zu seiner Zeit sollen durchgegangen werden".[115] Auch dieses Vorhaben hat Mizler leider nicht verwirklicht. Andernfalls wäre unter anderem zu Tage getreten, daß Kepler dreien seiner fünf Bücher der *Weltharmonik* (Buch I, III, IV) je ein Zitat des Neuplatonikers Proklos vorausschickt[116], seine *Weltharmonik* (*Harmonices mundi, Abb. 14*) im Vorwort als ein „an Pythagoras und Plato anklingendes Werk" (Pythagoram redolentis & Platonem) bezeichnet[117] und im dritten Buch „als Schüler des Pythagoras" (Johannes Hemleben) spricht.[118]

– Mizler erwähnt Robert Fludd (1574–1637), Arzt und Autor des *Monochordum mundi,* kurz im 6. Teil des I. Bandes der *Musikalischen Bibliothek*.[119] Nach Bruno Cerchio ist er der „letzte Neuplatoniker" und „letzte große Verteidiger der Archaik".[120] Kepler setzt sich mit ihm im Anhang seiner *Weltharmonik* kritisch auseinander.[121]

– Zur Zeit der Sozietätsgründung, also 1738, eröffnet Mizler den 4. Teil des I. Bandes der *Musikalischen Bibliothek* mit dem „dreyzehenden Capitel von der Musik" aus der *Idea der ganzen Mathematik* des Jenaer Mathematikprofessors Erhard Weigel (1625–1699).[122] „Dieser Weigel aber nannte sich Pythagoreer, kannte eine pythagoreische Zahlentafel und wollte eine sittliche Zahlenlehre aufstellen, er fand überdies ein Zahlensystem mit vier Ziffern, das Leibniz zu seiner Dyadik anregte" (Rudolf Haase).[123] Leibniz besuchte im Sommer 1663 die Vorlesungen Weigels. Mizler erwähnt

– Gottfried Wilhelm Leibniz (1646–1716) nicht nur mit Nachdruck in der *Musikalischen Bibliothek*, sondern flicht dessen philosophische Kategorien wie „den Satz des zureichenden Grundes" – Mizler: „ich habe ihn zum ersten in die Musik eingeführt"[124] – und die „Ars combinatoris" fast wie selbstverständlich in

[115] Mus. Bibl. I, 1, S. 42 n

[116] Johannes Kepler, Weltharmonik, hrsg. Max Caspar, München/Wien 1982^4, S. 11, 85, 197

[117] Johannes Kepler, Weltharmonik, hrsg. Max Caspar, a.a.O., S. 5; Ioannis Keppleri, Harmonices mundi, Libri V., Lincii Austriae. Anno M.DC.XIX., S. 2 der nicht paginierten Dedicatio

[118] Johannes Hemleben, Johannes Kepler in Selbstzeugnissen und Bilddokumenten, Hamburg 1971, S. 93

[119] Mus. Bibl. I, 6, S. 94

[120] Bruno Cerchio, Il suono filosofale – musica e alchimia, Lucca 1993, S. 78

[121] Johannes Kepler, Weltharmonik, hrsg. Max Caspar, a.a.O., S. 361 ff.

[122] Mus. Bibl. I, 4, S. 1

[123] Rudolf Haase, Leibniz und die pythagoreisch-harmonikale Tradition, in: Antaios, hrsg. Mircea Eliade und Ernst Jünger, Band IV, Stuttgart 1963, S. 375

[124] Mus. Bibl. II, 1, S. 99

seinen Text ein.[125] Der Leibnizsche Begriff „prästabilierte Harmonie“ hingegen wird von Sozietätsmitglied Georg Venzky in deutscher Form („vorherbestimmte Harmonie“) verwendet.[126]

Natürlich ist in der *Musikalischen Bibliothek* die bekannte Leibnizsche Definition der Musik vertreten, die man wegen ihrer mathematischen Substanz auch pythagoreisch nennen kann; sie wird vorgetragen von Sozietätsmitglied Christoph Gottlieb Schröter: „Musica est exercitium Arithmeticae occultum, nescientis se numerare animi“ (Musik ist eine verborgene Rechenkunst des seines Zählens unbewußten Geistes).[127]

Die *Monadologie*, Leibnizens berühmtestes Werk *(Abb. 15)*, weist schon im Titel auf pythagoreische Terminologie und Philosophie hin.[128] Mizler hat die *Monadologie* mit Sicherheit gekannt, nicht nur weil er sich in der *Musikalischen Bibliothek* als Leibniz-Verehrer zu erkennen gibt[129], sondern auch, weil „der Satz des zureichenden Grundes“, auf den Mizler besonders abhebt, als § 31 in der *Monadologie* erscheint, der Gesamttext 1720 in Leipzig (zugleich in Frankfurt) veröffentlicht wurde, und 1721 eine lateinische Version bei Bernhard Christoph Breitkopf, Bachs Leipziger Verleger zahlreicher Kantaten-Texte, herauskam.[130]

Die deutsche Ausgabe der *Monadologie* von 1720 ist in unserem Zusammenhang unter anderem deshalb so wichtig, da in ihr ein Leibnizscher Text zu einem Medaillen-Projekt enthalten ist, welches Mizler zu seiner Sozietäts-Medaille angeregt haben dürfte.[131] Wir kommen darauf zurück.

Das erweiterte Statut der *Correspondierenden Societät der musikalischen Wissenschaften*

Sichtbarer Ausgangspunkt für eine Erweiterung und Vertiefung der Sozietätsstatuten von 1738 ist jedoch nicht Leibniz, sondern der große italienische Histori-

[125] „Satz des zureichenden Grundes“: Mus. Bibl. I, 3, S. 50; I, 4, S. 78; I, 5, S. 68; II, 1, S. 99, 100; „Ars combinatoris“: Mus. Bibl. II, 1, S. 129 f.; III, 4, S. 627

[126] Mus. Bibl. II, 3, S. 71

[127] Mus. Bibl. III, 4, S. 685

[128] Zum Monadenbegriff: Diogenes Laertios, Leben und Meinung berühmter Philosophen, hrsg. Otto Apelt, Leipzig 1921, 2. Band, Buch VIII, Pythagoras, 25, S. 105; Diogene Laerzio, Vite dei filosofi, ed. Marcello Gigante, Milano 1993², Libro ottavo, Pitagora, 25, S. 328; Diels-Kranz I⁶, 400, 12: Theo Smyrn. 20, 19 Hill. und Diels-Kranz I⁶, 410, 13: Iambl. in Nicom. p. 77, 9

[129] Leibniz in der „Musikalischen Bibliothek“: I, 3, S. 50; I, 4, S. 77, 78, 81; I, 5, S. 68; II, 1, S. 99, 100, 129, 130, 148, 149; II, 3, S. 4; II, 4, S. 6 u. 7; III, 4, S. 627

[130] Leibniz, Monadologia, ed. Salvatore Cariati, Milano 1997; im Anhang: Deutsche Version der Monadologie aus dem Jahre 1720 und lateinische Version der Monadologie aus dem Jahre 1721; Leibniz, Monadologie, hrsg. Hermann Glockner, Stuttgart 1994³

[131] Leibniz, Monadologia, ed. Salvatore Cariati, a.a.O., S. 146: Titelblatt der Monadologie aus dem Jahre 1720; Leibnizscher Text zum Medaillen-Projekt in „Antaios“, Band VIII, a.a.O., 1967, S. 122–127; Abbildung der Medaille: S. 97

ker und Priester Ludovico Antonio Muratori (1672–1750). Mizler veröffentlicht 1742 im 2. Teil des II. Bandes der *Musikalischen Bibliothek* eine „Übersetzung des V. Hauptstückes aus dem III. Buch von des Herrn Muratori vollkommener Ital. Poesie die Opern betreffend".[132] Darin heißt es: „Ungeachtet über dieses die Alten vielleicht die Musik nicht mit so vieler Kunst des Contrapunctes verknüpft haben, so bezeuget doch Cicero in dem 2ten Buche von Gesetzen: daß viele Städte Griechenlandes, weil sie die Majestät und Ernsthafftigkeit der Musik verlassen, und sich auf einen weichlichen und weibischen Wohlklang gelegt hatten, durch dieses Mittel voller Laster und Ueppigkeit geworden wären ..." Nachdem Muratori auf den folgenden Seiten die Zustände der Musik seiner Zeit, insbesondere die „auf der Schaubühne", als „den Sitten des Volckes höchstschädlich" beklagt und zur Verteidigung seiner Haltung auf „Quintilian" und „andere alte Scribenten" hinweist, fährt er wie folgt fort: „Aber es werden, wie ich hoffe, klügere Zeiten kommen, die die Musik wider umgiessen, und ihre alte Majestät, und diese ehrbare Wohlanständigkeit wiedergeben werden, deren sie so benöthiget ist, um ein vernünftiges Vergnugen zuerwecken [sic!]."[133]

Hier greift Mizler mit einer fulminanten Fußnote ein: „Diese klügere Zeiten haben würcklich in Teutschland zuerst angefangen, indem die Mitglieder der Societät der musikalischen Wissenschaften sich nicht nur befleißigen, alles in der Musik auf richtige Gründe zu setzen, sondern auch ihr [...] Gesetz sagt: sie sollen sonderlich darauf dringen, daß die Majestät der alten Musik wieder hergestellet, und so eingerichtet werde, daß sie die Sitten bessert, und die Leidenschafften reiniget."[134]

Das von Hoke und anderen Bachforschern zu Recht in enge Beziehung zur *Kunst der Fuge* gebrachte Statut XXV der erweiterten Fassung der Sozietätsgesetze von 1746 war also im Prinzip schon 1742 geboren.[135] Nur: Der darin enthaltene zentrale Gedanke „Majestät der alten Musik" ist nicht begrenzt auf den Stylus antiquus des von Johann Joseph Fux (1660–1741) in seinem Lehrwerk *Gradus ad Parnassum* (1725) bewunderten Vorbildes Giovanni Pierluigi da Palestrina (1525–1594) – Mizler legte 1742 eine bis auf den heutigen Tag bedeutende Übersetzung des *Gradus ad Parnassum* vor[136] –, sondern läßt sich ebenso auf die griechische Musik der Antike beziehen. Denn sowohl Muratoris Begriff „Majestät und Ernsthafftigkeit der Musik" und „alte Majestät der Musik", als auch der von Mizler sogleich modifiziert übernommene Ausdruck „Majestät der alten Musik" stellt eine gelungene Paraphrase Muratoris zu Ciceros II. Buch *De*

132 Mus. Bibl. II, 2, S. 161 ff.; Lodovico Antonio Muratori, Della Perfetta Poesia Italiana, 2 voll., ed. Ada Ruschioni, Milano 1972, Libro terzo, Capitolo quinto, S. 573 ff.

133 Mus. Bibl. II, 2, S. 166 u. S. 171

134 Mus. Bibl. II, 2, S. 172 n

135 H. G. Hoke, Beilage zu Johann Sebastian Bachs „Kunst der Fuge", a.a.O., S. 14 f.

136 Mus. Bibl. II, 4, S. 118 ff.; Peter Schleuning, Johann Sebastian Bachs „Kunst der Fuge", München und Kassel 1993, S. 26

legibus, Kap. XV, dar, und zwar die zweite Hälfte des darin enthaltenen XV. Kapitels betreffend, in welchem von Erhalt bzw. Niedergang der alten Musik in Griechenland die Rede ist.[137] Das Statut XXV wurzelt also in der Antike.

Daß im selben Statut die Kirchenmusik machtvoll verteidigt wird, ist kein Widerspruch. Sie allein vermochte rückblickend den Muratorischen Begriff „Majestät und Ernsthafftigkeit der Musik“ mit Leben zu erfüllen, was denn auch Bachs eigene Worte in einer Anmerkung seiner dreibändigen Hausbibel bestätigen: „N. B. Bey einer andächtig Musig ist allezeit Gott mit seiner Gnaden Gegenwart.“[138]

Was die im Nachsatz in Statut XXV angefügte Forderung an die „Majestät der alten Musik“ angeht, nämlich daß sie „so eingerichtet werde, daß sie die Sitten bessert und die Leidenschaften reiniget“, so ist uns aus der Antike durch die *Vita Pythagorica* des Iamblichos ein bewegendes Beispiel überliefert, wie Empedokles durch eine Modulation auf seiner Lyra – eine besänftigende Weise anstimmend – nicht nur einen zornigen jungen Mann vor einer Untat bewahrt, sondern auch dadurch seinem Gastgeber das Leben rettet.[139] Diese Episode ist verkürzt im IV. Band der *Musikalischen Bibliothek* wiedergegeben[140], nachdem Mizler eine Seite vorher nochmals auf Ciceros „Lib. II de legibus“ aufmerksam macht.

In der *Musikalischen Bibliothek* findet sich abgewandelt auch noch das durch verschiedene antike Autoren überlieferte Beispiel, wie Pythagoras einen trunkenen Jüngling aus Tauromenion von Gewalttätigkeiten zurückhält, indem er einem anwesenden Aulosspieler empfiehlt, aus dem phrygischen ins spondeische Maß überzuwechseln.[141]

Es ist hier nicht der Ort, auf alle Sozietätsstatuten der erweiterten Fassung von 1746 einzugehen; sie umfassen allein in der *Musikalischen Bibliothek* acht Seiten.[142] Nur was die *Kunst der Fuge* direkt oder indirekt betrifft – und dazu gehört die Beantwortung der Frage, ob die in der Prämisse der Sozietätsstatuten von 1738 nachgewiesene pythagoreische Grundidee weiterhin bestimmend ist –, soll uns interessieren.

Hans Gunter Hoke hält es für möglich, daß Bach an der Neuformulierung der Statuten beteiligt war, und Peter Schleuning folgt ihm in dieser Ansicht.[143] Mit Sicherheit bedurfte das neue Statut X, welches die Gründung einer Sozietätsbibliothek mit Standort Leipzig vorsieht, Bachs Befürwortung und Hilfsbereit-

[137] Marco Tullio Cicerone, Delle Leggi, ed. Anna Resta Barrile, Bologna 1972, De legibus II, Cap. XV, S. 194 ff.

[138] Martin Geck, Johann Sebastian Bach, Hamburg 1993, S. 125 und Dok. IV, Nr. 376, S. 223

[139] Iamblichos, De vita Pythagorica liber, ed. M. v. Albrecht, a.a.O., § 113, S. 118 f.

[140] Mus. Bibl. IV, 1. S. 42

[141] Mus. Bibl. III, 4, S. 640; Iamblichos, De vita Pythagorica liber, ed. M. v. Albrecht, a.a.O., § 112, S. 116 ff.; Quintiliano, Istituzione oratoria, edd. Simone Beta, Elena D'Incerti Amadio, a.a.O., I, 10, 32, S. 130 f.

[142] Mus. Bibl. III, 2, S. 348–356

[143] H. G. Hoke, Beilage zu Johann Sebastian Bachs „Kunst der Fuge“, a.a.O., S. 12; Peter Schleuning, Johann Sebastian Bachs „Kunst der Fuge“, a.a.O., S. 28 ff.

schaft, da Mizler seit Ostern 1743 von Polen aus die Sozietät leitete[144] und Bach das einzige in Leipzig lebende künftige Mitglied war.

Das neue Statut VIII fordert: „jährlich wenigstens eine Abhandlung [...] zu verfertigen, und mag zur Untersuchung in der Musik zum Gegenwurf sich nehmen was es will [...] Auch sollen die Mitglieder sich befleißigen, daß ihre Untersuchung in der Ausübung nützlich sind, und die practische Musik immer höher bringen." Nach Hoke und Schleuning wäre demnach die erste Jahresgabe Bachs nach seinem Eintritt im Juni 1747 in die Sozietät: *Einige canonische Veraenderungen über das Weynacht-Lied: Vom Himmel hoch da komm ich her* (BWV 769)[145]; die zweite für das Jahr 1748: das *Musikalische Opfer* (BWV 1079) und die dritte für das Jahr 1749, wie schon erwähnt, die *Kunst der Fuge* (BWV 1080), welche Bach aus Krankheitsgründen – zwei mißglückte Augenoperationen[146] – nicht zu Ende bringen konnte. Die *Kunst der Fuge* wäre also die letzte Jahresgabe, da Bach mit Vollendung seines 65. Lebensjahres im Jahre 1750 gemäß Statut XXX „von Arbeiten frey" war.

Dem Statut XXI verdanken wir nach aller Wahrscheinlichkeit das eingangs erwähnte Bach-Ölbild des Leipziger Ratsmalers Elias Gottlob Haußmann, welches 1746 gemalt wurde, also ein Jahr vor Bachs Eintritt in die Sozietät, denn in diesem Statut heißt es: „Auch soll ein iedes Mitglied sein Bildniß, gut auf Leinwand gemalet, nach seiner Bequemlichkeit, zur Bibliothek einschicken ..." Der darauf abgebildete Rätselkanon (BWV 1076, *Abb. 16*) wurde von Bach der Sozietät „im fünften Packet [...] zur Auflösung vorgeleget" und – wie erst jetzt bekannt wurde – auch „gewidmet".[147] Ein gestochenes Exemplar dieses Kanons fand sich überdies im Nachlaß des neunten Mitgliedes der Sozietät, und zwar bei Pater Meinrad Spieß *(Abb. 17)*, zeitweiliger Prior und Musikdirektor des Klosters Irrsee bei Kaufbeuren.[148] Die allerletzte Seite der *Musikalischen Bibliothek* enthält übrigens als Notenbeispiel eben diesen Rätselkanon, wohlgemerkt ohne Auflösung.[149]

[144] Franz Wöhlke, a.a.O., S. 26 ff.

[145] Dok. IV, Nr. 564, S. 318

[146] Mus. Bibl. IV, 1, S. 167

[147] Mus. Bibl. IV, 1, S. 108. Aus einem bislang unbekannten Bach-Dokument – ein Brief Mizlers an Meinrad Spieß vom 29. Juni 1748 – geht hervor, daß Bach den sechsstimmigen Rätselkanon BWV 1076 der Sozietät Mizlers nicht nur „vorgeleget", sondern auch „der Societät gewidmet" hat. Durch diesen Passus gewinnt die Hypothese, wonach das Bach-Bildnis Haußmanns aus dem Jahre 1746 für die Sozietät Mizlers gemalt worden sei, weiter an Glaubwürdigkeit (vgl. Hans Rudolf Jung und Hans-Eberhard Dentler, Briefe von Lorenz Mizler [1711–1778] und Zeitgenossen an Meinrad Spieß [1683–1761] mit einigen Konzepten und Notizen, in: Studi Musicali, XXXII, 1, Olschki, Firenze 2003, Dokument 16 und Kommentar, S. 114 ff.).

[148] Dok. II, Nr. 559, S. 438 u. Dok. IV, Nr. 563, S. 318

[149] Mus. Bibl. IV, 1, nicht paginierte letzte Seite: Tabelle IV. Aus dem in Fußnote 147 erwähnten Brief Mizlers an Meinrad Spieß geht weiterhin hervor, daß das Sozietätsmitglied Christoph Gottlieb Schröter den Rätselkanon BWV 1076 „aufgelöst" hat (vgl. Hans Rudolf Jung und Hans-Eberhard Dentler, a.a.O., Dokument 16 und Kommentar).

Wer sich nun die antike Bedeutung des Rätsels in Erinnerung ruft und sowohl den pythagoreischen Charakter der Sozietätsverfassung von 1738 und – wie sich noch erweisen wird – von 1746 als auch die pythagoreische Denkweise Mizlers in Betracht zieht, wird diese letzte Seite *(Abb. 18)* der *Musikalischen Bibliothek* nicht für einen Zufall halten können, selbst wenn für Mizler 1754 noch nicht feststand, daß die *Musikalische Bibliothek* endgültig eingestellt werden würde. Mizler beschließt den letzten Band der *Musikalischen Bibliothek* nicht nur mit Bachs Nekrolog[150] und einem „Singgedicht" Venzkys, in welchem die Sozietätsmitglieder „Brüder" genannt werden[151]; er beendet darüberhinaus die *Musikalische Bibliothek* nach 18jährigem Erscheinen mit einem Rätsel von Bach.

Die deutsche Übertragung von Bachs bekannter Schlußformel „S(oli) D(eo) Gl(oria)"[152], nämlich „Gott allein die Ehre", ist die Überschrift der Prämisse der erweiterten Fassung der Sozietätsstatuten, und Statut I derselbigen beginnt „Im Namen des dreyeinigen Gottes". Zweifellos ist die *Correspondierende Societät der musikalischen Wissenschaften* religiös gesehen christlich ausgerichtet. In einem den Statuten nachfolgenden Kommentar schreibt Mizler: „Da aber die Absicht der Gesellschaft ist, nur der Kirche, und also Gott zu dienen ..."[153]

Dies ist jedoch kein Hindernis, in der für eine musikalische Gesellschaft immerhin ungewöhnlichen zweimaligen Anrufung Gottes eine Anlehnung an die zweimalige Gottesanrufung in Platons *Timaios* (27 CD und 48 D)[154] zu erblicken. Um eine solche Anlehnung zu verstehen, muß man wissen, daß ein christlicher Platoniker wie Calcidius aus Córdoba in Spanien um das Jahr 400 n. Chr. den *Timaios* ins Lateinische neu übersetzen und kommentieren konnte. „Für den lateinischen Westen war dieses Werk bis ins Hochmittelalter hinein eine Hauptquelle platonischer Philosophie" (Olof Gigon).[155]

Zur Eingliederung der Philosophie in Statut IV ist von pythagoreischer Perspektive aus zu ergänzen, daß Pythagoras laut Zeugnis des Herakleides Pontikos, wie uns Cicero in den von Mizler mehrfach zitierten *Tusculanae disputationes* berichtet, als Erfinder der Bezeichnung „Philosoph" (nominis ... inventor) gilt. Zur Eingliederung der Mathematik in dasselbe Statut ist Aristoteles beizuziehen; nach seiner Aussage „beschäftigten sich die sogenannten Pythagoreer als erste mit der Mathematik, bauten sie weiter aus und waren, da sie sich mit ihr sehr auseinandergesetzt hatten, der Meinung, daß in ihren Prinzipien die Prinzipien der

[150] Mus. Bibl. IV, 1, S. 158 ff.

[151] Mus. Bibl. IV, 1, S. 175

[152] Alfred Dürr, Johann Sebastian Bach, Seine Handschrift – Abbild seines Schaffens, Wiesbaden 1984, Blatt 52

[153] Mus. Bibl. III, 2, S. 360

[154] Platone, Timeo, ed. Giovanni Reale, a.a.O., 27 CD: S. 82 f. und 48 D: S. 140 f.

[155] Platon, Spätdialoge, Band II, hrsg. Olof Gigon und Rudolf Rufener, Zürich 1969, S. XXXIII f. und S. XXXVIII

Dinge gelegen seien“ (οἱ καλούμενοι Πυθαγόρειοι τῶν μαθημάτων ἁψάμενοι πρῶτοι ταῦτά τε προήγαγον, καὶ ἐντραφέντες ἐν αὐτοῖς τὰς τούτων ἀρχὰς ᾠήθησαν εἶναι πάντων. Aristot. Metaph. A 4, 985 b 23–26).[156]

In Statut IV heißt es unter anderem: „Die nützlichsten Mitglieder aber sind, welche in der Theorie und Praxis zugleich wohl bewandert. Die Mitglieder müssen also alle studirt und sonderlich in der Philosophie und Mathematik sich wohl umgesehen haben, es mag solches auf Akademien oder zu Hause geschehen seyn.“ Diese Formulierung darf als sicherer Beleg dafür gelten, daß Bach sehr wohl über die von uns im Zusammenhang mit Mizler erwähnten, wichtigen und zum Teil schwer erhältlichen pythagoreischen Quellen Bescheid wußte, seien sie nun musiktheoretischer, philosophischer oder mathematischer Natur.

Zur Frage, ob Bach die Statuten einhielt: „Wie auch immer man Bachs Engagement für diese Sozietät der musikalischen Wissenschaften im einzelnen einschätzen will, fest steht jedenfalls, daß er mit seinem Eintritt wissentlich ganz bestimmte Verpflichtungen übernahm, und ebenso zweifelsfrei kennen wir ihn als einen Mann, der Verpflichtungen vorher genau nachzurechnen pflegte und nachher gewissenhaft zu erfüllen bestrebt war“ (H. G. Hoke).[157]

Der ethisch-moralische Aspekt der Sozietät tritt in den Statuten I, II, VI, XVII, XXII, XXV, XXVII, XXVIII und XXIX deutlich hervor. Nach Statut II hat man „Bey der Aufnahme der Mitglieder [...] so wohl auf den Carackter, als auf desselben Geschicklichkeit zu sehen“ – diese Formulierung entspricht fast wörtlich dem Statut I von 1738 –, nach Statut VI soll der Meinungsaustausch zwischen den Mitgliedern „in Liebe und Freundschaft“ stattfinden, desgleichen nach Statut XXVIII, in welchem Mizler „vollkommenste Harmonie“ unter den Mitgliedern fordert. Dies erinnert stark an das schon erwähnte Freundschaftsprinzip des Pythagoras, welches ausführlich in der *Vita Pythagorica* des Iamblichos beschrieben ist.[158]

Auch die erhobene Beistandspflicht in Statut XXV und XXVIII und das merkwürdige Testamentsstatut XXII, in dem es heißt: „Ein iedes Mitglied wird erinnert, bey Verwechselung des Zeitlichen mit dem Ewigen, etwas, es sey so viel, oder wenig, als es wolle, freywillig in die Casse der Societät zu vermachen“, klingen stark an pythagoreische Freundschaftsprinzipien an, denn was soll das Testamentsstatut in Falle eines Minimalbeitrages anderes bedeuten als ein Symbol, in welchem zum Ausdruck kommt, daß die seelisch-geistige Verbundenheit der Mitglieder durch den Tod nicht unterbrochen wird.

[156] M. Tullius Cicero, Tusculanae disputationes, a.a.O., V, 10, S. 364 f.; Aristoteles, Metaphysik, übers. Franz F. Schwarz, Stuttgart 1993³, A 4, 985 b 23–26, S. 30; Aristotele, Metafisica, ed. Giovanni Reale, Milano 1994², A 4, 985 b 23–26; S. 26 f.

[157] H. G. Hoke, Beilage zu Johann Sebastian Bachs „Kunst der Fuge“, a.a.O., S. 14

[158] Iamblichos, De vita Pythagorica liber, ed. M. v. Albrecht, a.a.O., § 69, § 101, §§ 229–233

Der ethisch-moralische Anspruch wird durch Statut XXVII (Lebenswandel) und Statut XXIX (Gesetzeseinhaltung) nochmals bekräftigt und der spirituelle Rang der Sozietät durch Statut XVII unterstrichen, worin geschrieben steht: „Auf den äusserlichen Rang wird bey den Mitgliedern, als Mitgliedern, gar nicht, sondern lediglich auf die Verdienste gesehen ..." Diese Forderung ist bereits im Titel der Prämisse „Gott allein die Ehre" mit eingeschlossen. Die Verachtung des Ruhmes ist ein typisch pythagoreisches Merkmal.[159]

Die Sozietäts-Medaille

In den Sozietätsnachrichten der *Musikalischen Bibliothek* von 1746, also vor Bachs Eintritt in die Sozietät, lesen wir, daß die Gesellschaft 1744 „einhellig" beschlossen habe, „eine Medaille [...] prägen zu lassen, welche die Stiftung der Gesellschaft vorstellt".[160] Nach dem Tode Bachs wird diese Medaille 1754 im IV. und letzten Band der *Musikalischen Bibliothek* zum zweiten Mal vorgestellt: „Damit aber die musicalischen Wissenschafften zum höchsten Gipfel der Vollkommenheit nach und nach hinan steigen mögen, hat Hr. Mizler die in Deutschland noch fehlende Societät der musicalischen Wissenschaften gestifftet, und durch seinen Fleis in einen solchen Stand gesetzt, daß man die Früchte davon schon gespühret. Ein solcher merkwürdiger Umstand in der Historie der Music hat billig verdienet mit einer Medaille verewigt zu werden, in dem zu unsern Zeiten ein neuer periodus der Music sich angefangen, worauf die Medaille zielet. Nemlich das nackende Kind so gegen Morgen zu hoch flieget, auf den Kopf einen klarleuchtenden Stern und in der rechten Hand eine umgekehrte brennende Fackel hat, neben welcher eine Schwalbe flieget, zeigt das Anbrechen des Tages in der Music an. Der Cirkel der durch die drey Winckel eines gleichseitigen Dreyecks gehet und die musikalischen Zahlen 1. 2. 3. 4. 5. 6. in sich hält, und um welchen Bienen fliegen, ist das Siegel der Societät der musicalischen Wissenschaften, welches den Fleis der Societät, die Musik durch die Mathematic und Weltweißheit zu verbessern, vorstellet. Das übrige hat keiner Erläuterung nöthig. A Vestner, cum Priv. Sac. Caes. Maj."[161] *(Abb. 19, 20)*

Gleichviel, ob „das übrige" eine Erläuterung nötig hat oder nicht, Mizler setzt entweder die Kenntnis pythagoreischer Schriften voraus oder er will ganz einfach keine Erläuterung geben. Daß die „umgekehrte brennende Fackel" das Anbrechen des Tages bedeutet, bestätigt Friedrich Kobler in seinem Artikel „Fackel als Attribut", erschienen im *Reallexikon zur Deutschen Kunstgeschichte*.[162]

[159] Iamblichos, De vita Pythagorica liber, ed. M. v. Albrecht, a.a.O., § 69, § 72, insbesondere § 200

[160] Mus. Bibl. III, 2, S. 360

[161] Mus. Bibl. IV, 1, S. 106–107; bezüglich des Medailleurs Andreas Vestner: Franz Wöhlke, a.a.O., S. 108, Fußnote 37

[162] Reallexikon zur Deutschen Kunstgeschichte, hrsg. Zentralinstitut für Kunstgeschichte, München 1972, 69. Lieferung, Sp. 1012

Weiter erfahren wir in seinem Beitrag: „Für die Darstellungen in Mittelalter und Neuzeit ist die antike Literatur Grundlage. Nur in Ausnahmefällen besteht eine ungebrochene Bildtradition von der Antike über das Mittelalter zur Neuzeit.“[163]

An der Medaille interessiert uns in erster Linie der Bezug zur Antike und die in Frage kommende Textgrundlage. Es bietet sich für die Interpretation des Kreises, „der durch die drey Winkel eines gleichseitigen Dreyecks geht“, ein Passus des Altpythagoreers Petron von Himera an. Die Stelle findet sich bei Plutarch (ca. 45–120 n. Chr.), der im übrigen nicht selten in der *Musikalischen Bibliothek* zitiert wird[164]: „[Petron lehrte,] es gäbe 183 Welten, die in Form eines gleichseitigen Dreiecks geordnet seien, von dem jede Seite 60 Welten umfasse. Von den drei übrigen Welten sei je eine an einem der Winkel gelagert; es berührten aber die in jeder Reihe einander folgenden Welten einander, indem sie wie in einem Reigen ruhig herumkreisten.“ (τρεῖς καὶ ὀγδοήκοντα καὶ ἑκατὸν εἶναι [n. κόσμους] συντεταγμένους κατὰ σχῆμα τριγωνοειδές, οὗ πλευρὰν ἑκάστην ἑξήκοντα κόσμους ἔχειν. τριῶν δὲ τῶν λοιπῶν ἕκαστον ἱδρῦσθαι κατὰ γωνίαν, ἅπτεσθαι δὲ τοὺς ἐφεξῆς ἀλλήλων ἀτρέμα περιιόντας ὥσπερ ἐν χορείαι. Plut. de defect. or. 22 p. 422 B)[165]

Die drei je an einem Winkel vorgelagerten Welten würden demnach durch die aufgrund der durchgehenden Kreislinie zustande gekommenen drei kleinen Dreiecke symbolisiert und der Summe von dreimal 60 Welten hinzuzurechnen sein. Der Bericht Plutarchs ist nach Wilhelm Capelle durchaus glaubwürdig, da er den Weg der Überlieferung angibt.[166] Nun findet sich in einem Augsburger Stich des 17. Jahrhunderts ebenfalls ein Kreis, der durch die Winkel eines Dreiecks geht *(Abb. 21)*[167]. Dieser Stich repräsentiert in einzigartiger Weise eine Verflechtung pythagoreischen und christlichen Gedankengutes. Vielleicht hat ihn Mizler sogar gekannt, denn es gibt noch weitere Übereinstimmungen zwischen dem Stich und der Medaille.

Zunächst: Statt sieben Putten ein „nackend Kind“ auf der Medaille. Dann: Die stilisierte Darstellung eines Tuches im unteren Bezirk der Medaille findet eine Entsprechung in dem von Putten gehaltenen Tuch des Augsburger Stiches, wobei die Verschiedenheit der Ausdrucksmittel in Rechnung gezogen werden muß. Bei beiden Tüchern dürfte es sich um den von mehreren antiken Autoren erwähnten „Weltenmantel“ (Robert Eisler)[168] des eingangs erwähnten Pherekydes von Syros, Lehrer des Pythagoras, handeln.

[163] Reallexikon zur Deutschen Kunstgeschichte, a.a.O., Sp. 998

[164] Mus. Bibl. I, 1, S. 7, 31 n; I, 2, S. 77; II, 2, S. 168, 193; III, 3, S. 567; III, 4, S. 640, 643, 647, 649, 650, 651, 675 n; IV, 1, S. 47

[165] Diels-Kranz I^6, 106, 10–20

[166] Die Vorsokratiker, hrsg. Wilhelm Capelle, Stuttgart 1968, S. 102 f.

[167] Reallexikon zur Deutschen Kunstgeschichte, a.a.O., 40. Lieferung 1955, Sp. 409–410

[168] Robert Eisler, Weltenmantel und Himmelszelt, München 1910

Als mögliche Quelle für Mizler bezüglich des Weltenmantels kommen zunächst diejenigen Autoren in Frage, die in der *Musikalischen Bibliothek* genannt werden: der Mittelplatoniker Maximos von Tyros (ca. 125–185 n. Chr.)[169] und der christliche Philosoph Clemens von Alexandria, um 150 geboren.[170] Als weitere Quelle, die wegen des „πέπλος" (peplos: Tuch, Gewand, Mantel) bzw. des „φᾶρος" (pharos: fast gleich wie peplos) eventuell Mizlers Beachtung fand, kann neben dem Kommentar des Proklos zu Platons *Timaios* (23 D) der Neuplatoniker Porphyrios *(Abb. 22)* gelten, den wir bereits durch seinen Kommentar zur Harmonielehre des Klaudios Ptolemaios kennen.

In seiner vollständig erhaltenen Schrift *Von der Nymphengrotte in der Odyssee* (Περὶ τοῦ ἐν Ὀδυσσείᾳ τῶν Νυμφῶν ἄντρου)[171] heißt es: „So wird auch bei Orpheus Kore [...] als Weberin überliefert, und die Alten sagen auch, daß der Himmel ein Tuch, nämlich das Kleid der himmlischen Götter sei" (οὕτω καὶ παρὰ τῶι Ὀρφεῖ ἡ Κόρη [...] ἱστουργοῦσα παραδέδοται, τῶν παλαιῶν καὶ τὸν οὐρανὸν πέπλον εἰρηκότων οἷον θεῶν οὐρανίων περίβλημα. Porphyr. De antro nymph. 14).[172] Die Anordnung des Tuches im unteren Bereich der Mizlerschen Medaille könnte eine Erklärung in der Tatsache finden, daß es sich bei Kore um eine Unterweltsgöttin handelt.

Die „Nymphengrotte" des Porphyrios ist außerdem der Schlüssel zu den auf der Medaille zahlreich abgebildeten Bienen. Porphyrios interpretiert hier den 13. Gesang der Odyssee „in neuplatonischer Optik" und bezieht sich dabei „ausdrücklich auf [die beiden Neupythagoreer] Numenios von Apamea und Kronios, vielleicht auch auf Maximos von Tyros" (Giuseppe Girgenti).[173] Demnach würden laut Porphyrios – in der Zusammenfassung von Girgenti – die Bienen nicht nur ganz allgemein Seelen symbolisieren, sondern könnten speziell die schon inkarnierten Seelen bezeichnen, die über den Weg der Askese die Rückkehr in ihre wahre Heimat anstreben. Die Bienen würden somit zum Symbol der Rückkehr in den Himmel werden – diese Interpretation gäbe einen tiefen Sinn bezüglich der ersten „Abhandlung" Bachs: *Einige canonische Veraenderungen über das Weynacht-Lied: Vom Himmel hoch da komm ich her* (BWV 769) – und der Bienenfleiß zum Sinnbild der Tugendausübung.[174]

169 Mus. Bibl. III, 3, S. 560; III, 4, S. 674; Passus zum „Weltenmantel": Maxim. Tyr. IV, 4, p. 45, Hobein X, p. 174 Reiske bzw. Diels-Kranz I^6, 46, 26; zu Maximos von Tyros: KP 3, 1115, 42 ff. u. KP 4, 85, 23

170 Mus. Bibl. III, 3, S. 569; Passus zum „Weltenmantel": Clem. Alex. strom. VI 53 (II 459, 4) bzw. Diels-Kranz I^6, 47, 18; zu Clemens von Alexandria: KP 1, 1222, 11

171 Giuseppe Girgenti, Porfirio, a.a.O., S. 42 ff. und S. 154, Nr. 52, und Porfirio, L'Antro delle Ninfe, a cura di L. Simonini, Milano 1986; Porphyrius, Opuscula selecta. De antro nympharum, recognovit Augustus Nauck, Lipsiae 1886, S. 55–81

172 Giorgio Colli, La sapienza greca, Band I, Milano 1992^2, S. 252, 4 (B 41) a, 2–4

173 Giuseppe Girgenti, Porfirio, a.a.O., S. 43

174 Giuseppe Girgenti, Porfirio, a.a.O., S. 45–46

Des Porphyrios „Nymphengrotte“ ist übrigens auch durch den schon erwähnten Michael Psellos überliefert[175], dessen „vollständiger kurzer Inbegriff der Musik“ von Mizler im III. Band der *Musikalischen Bibliothek* sogar im griechischen Urtext abgedruckt wurde *(Abb. 23)*.[176]

Inwieweit Mizler bei seiner Medaille durch die verschiedenen Ausgaben des Leibnizschen Medaillen-Projekts angeregt wurde, können wir nur vermuten[177]; der Anteil der Leibnizschen Beeinflussung sollte dabei jedoch nicht zu gering veranschlagt werden.

Beiden Medaillen gemeinsam ist die Zahl als Sinnbild. Zu der abgebildeten Zahlenreihe „1“ bis „6“ auf der Mizlerschen Medaille – Pythagoras deutet im Frontispiz der *Musurgia universalis* des Athanasius Kircher (Rom 1650) auf eben diese Zahlenreihe *(Abb. 24)* – sagt ein von ihm verfaßter, im II. Band der *Musikalischen Bibliothek* veröffentlichter Kommentar: „Die Töne, woran wir so viel Vergnügen haben, sind der harmonische Dreyklang, deren Verhältnisse in den 6 ersten Stuffen der arithmetischen Fortschreitung, nemlich 1. 2. 3. 4. 5. 6, oder ihnen ähnliche Zahlen, stecket. Je weiter aber die andern Intervalle von diesen abweichen, je unangenehmer sind sie uns zu hören, doch dienen sie ungemein, den harmonischen Dreyklang, indem sie damit vermischet werden, angenehmer zu machen, und zielet diese Vermischung dahin, daß sie die Gemüthsneigungen der Menschen bald erregen bald stillen sollen.“[178]

Zur Zahl Eins: Bei Leibniz wird die Zahl „1“ als Hauptprinzip seiner auf der Medaille abgebildeten „Dyadic“ – SUFFICIT. UNUM – zusammen mit dem im oberen Bereich der Medaille gezeigten Licht zum Sinnbild von Gottes Geist, der „mit seinem Licht zum allmächtigen Eins gehöret“ (Leibniz, *Abb. 25*)[179], während die „1“ auf der Mizlerschen Medaille als Ausgangspunkt der „arithmetischen Fortschreitung“ an der oberen Spitze des gleichseitigen Dreieckes, quasi im Zentrum der Medaille, ebenfalls eine privilegierte Stellung einnimmt.

Das In-den-Mittelpunkt-Rücken der „1“ ist im Prinzip urpythagoreisch. Philolaos: „Die Einheit [Monade] ist der Urgrund von allem …“ (ἡ μὲν μονὰς ὡς ἂν ἀρχὴ οὖσα πάντων κατὰ τὸν Φιλόλαον…, Iambl. in Nicom. p. 77, 9 Pist.)[180], und Theon von Smyrna: „Archytas und Philolaos nennen ohne Unterschied das Eine auch Monade und die Monade Eins“ (᾿Αρχύτας δὲ καὶ Φιλόλαος ἀδιαφόρως

[175] Giuseppe Girgenti, Porfirio, a.a.O., S. 43 Anmerkung

[176] Mus. Bibl. III, 2, S. 171 ff.

[177] Das „Projekt zu einer Medaille“ des „Herrn von Leibnitz“ findet sich zum ersten Mal in der Köhlerschen Ausgabe von 1720 (1. Aufl.), siehe: Leibniz, Monadologia, ed. Salvatore Cariati, Milano 1997, S. 146; bibliographische Hinweise zu den nachfolgenden Ausgaben von 1734, 1737, 1740 etc. in: Antaios, Band VIII, Stuttgart 1967, S. 98 und S. 121.

[178] Mus. Bibl. II, 1, S. 103 f.

[179] Antaios, Band VIII, a.a.O., S. 125

[180] Diels-Kranz I^6, 410, 13–15

τὸ ἓν καὶ μονάδα καλοῦσι καὶ τὴν μονάδα ἕν. Theo Smyrn. 20, 19 Hill.).[181] Die besondere Stellung der „1" erinnert vor allem aber auch an den Neupythagoreismus: „die Eins-Lehre, fundamentales Axiom der Neuplatoniker seit Plotin (oder Ammonios Sakkas), ist von den Neupythagoreern konzipiert und ausgebildet worden."[182]

Mizler wie Leibniz machen zum Hauptthema ihrer Medaille die „Schöpfung". Leibniz bezeichnet ganz offen das „Sinnbild" auf der Medaille als „imago creationis" (Schöpfungsbild), während Mizler durch das „Weltendreieck" bei Petron und das Dreieck überhaupt[183] sowie durch den „Weltenmantel" des Pherekydes von Syros und die pythagoreische Bienensymbolik des Porphyrios auf die Kosmogonie aufmerksam macht.

Augenfälliges gemeinsames Element der beiden Medaillen: die ungewöhnliche und identische Ausformung der „1", eine „1", wie sie Mizler sonst nicht verwendet, wie sie aber in fast identischer Form in der Überschrift „Contrapunctus 1" des Erstdruckes *(Abb. 26)* der *Kunst der Fuge* in Erscheinung tritt. Die Punkte aber hinter 2, 4 und 5 auf der Mizlerschen Medaille sind Hilfspunkte zur Konstruktion von neun kleinen gleichseitigen Dreiecken innerhalb des vorgegebenen großen gleichseitigen Dreiecks, um zu der für die Pythagoreer bedeutsamen 10-Zahl zu gelangen.[184]

Flammendreiecke als Titelvignetten

In Mizlers *Musikalischer Bibliothek* erscheint 1738 im 4. Teil des I. Bandes, in welchem unter anderem die Sozietätsgründung mitgeteilt wird, ein gleichseitiges Dreieck mit drei Flammen als Titelvignette; auch der 5. und 6. Teil des I. Bandes sowie dessen nachträglich verfaßte Vorrede enthalten als Titelvignette das Flammendreieck *(Abb. 27)*.[185]

Rolf Dammann deutet die drei Flammen – innerhalb zweier ineinander verschränkter gleichseitiger Dreiecke – auf dem Titelblatt von „UT, MI, SOL, RE, FA, LA, tota Musica et Harmonia Aeterna" des Johann Heinrich Buttstett, Erfurt (1716), als Symbol der Trinität.[186] Auch Mizler kannte die Buttstettsche Veröffentlichung, erwähnt sie jedoch in ablehnender Weise im 2. Teil des I. Bandes der *Musikalischen Bibliothek*.[187] Das Buttstettsche Titelblatt kommt deshalb kaum als Vorlage für Mizlers Flammendreieck in Frage, eher schon das am Anfang der

[181] Diels-Kranz I^6, 400, 12–13

[182] KP 4, 86, 12–15

[183] Franz Dornseiff, Das Alphabet in Mystik und Magie, Leipzig/Berlin 1925, Foto-Reprint Leipzig 1979, S. 22, Zeile 3–6

[184] Reallexikon zur Deutschen Kunstgeschichte, a.a.O., 40. Lieferung 1955, Sp. 404–406

[185] Mus. Bibl. I, Vorrede zum ersten Band, nicht paginiert; Mus. Bibl. I, 4, S. 1; I, 5, S. 1; I, 6, S. 1

[186] Rolf Dammann, Der Musikbegriff im deutschen Barock, Laaber 1995^3, S. 442 und Bildteil VII

[187] Mus. Bibl. I, 2, S. 30 f.

Schulordnung zu St. Thomae in Leipzig von 1723 abgebildete Flammendreieck oder aber das im *Leipziger Gesang=Buch* in der „Zweyten Auflage“ von 1730 (vgl. Dok. IV, 375) vorhandene – möglicherweise auch beide.[188]

Um den Ursprung des Mizlerschen Flammendreiecks zu verstehen – welches sich später auch in dem Siegel der Wiener Loge „Zu den drei Feuern“ *(Abb. 28)* wiederfindet –, ist es ratsam, erneut Platons *Timaios* zu konsultieren; in Kapitel 58 CD finden wir: „Im weiteren müssen wir nun bedenken, daß es viele Gattungen von Feuer gibt; die Flamme zum Beispiel oder dann das, was von der Flamme ausgeht und zwar nicht brennt, aber den Augen Licht spendet, oder auch das, was von ihm in den glühenden Gegenständen zurückbleibt, wenn die Flamme erloschen ist“ (Μετὰ δὴ ταῦτα δεῖ νοεῖν ὅτι πυρός τε γένη πολλὰ γέγονεν, οἷον φλὸξ τό τε ἀπὸ τῆς φλογὸς ἀπιόν, ὃ κάει μὲν οὔ, φῶς δὲ τοῖς ὄμμασιν παρέχει, τό τε φλογὸς ἀποσβεσθείσης ἐν τοῖς διαπύροις καταλειπόμενον αὐτοῦ· Plato Tim. 58 CD).[189]

Es gibt also drei Arten von Feuer[190], die von Platon ausdrücklich anhand der Flamme (ἡ φλόξ) erläutert werden. Weitere ergänzende Interpretationshilfen zum Verständnis des Flammendreiecks bieten der auf der Spiegelungsidee beruhende

[188] „Schola Thomana“, Die Thomasschule zu Leipzig zur Zeit Joh. Seb. Bachs. Ordnungen und Gesetze 1634, 1723, 1733. Zusammengestellt und mit einem Nachwort von Hans-Joachim Schulze, Leipzig 1985.
Zur Frage der Herkunft des Flammendreiecks: Als zumindest mitverantwortlich für die Publizierung des Flammendreiecks in der Schulordnung zu St. Thomae im Jahre 1723 muß der damals Regierende Bürgermeister von Leipzig Adrian Steger (1662–1741) gelten (zu Stegers Regierungszeiten vgl. Dok. IV, 232, Kommentar). Die Schulordnung von 1723 beginnt auf Seite 1 mit dem Satz: „Wir Bürgermeister und Rath der Stadt Leipzig …“
Bezüglich des „Leipziger Gesang=Buches“ findet sich auf dem Frontispiz unter der Ortsangabe Leipzig folgender Hinweis: „zu finden bey Sebastian Heinrich Barnbeck, unter Herrn Hof=Rath und Bürgermeister D. Stegers Hause am Naschmarckte, 1730.“ Adrian Steger war außerdem von 1730 bis 1731 Regierender Bürgermeister von Leipzig (vgl. Dok. IV, 232, Kommentar). Was jedoch kaum bekannt ist, aber für die Frage nach der Herkunft des Flammendreiecks dienlich sein könnte: Steger wurde 1741 zum ersten Großmeister der ersten Freimaurer-Loge in Leipzig gewählt. Drei Monate nach seiner Wahl gab „Adrian Deodate Steger“ die Statuten zur Leipziger Loge – erst 1747 erhielt sie einen Namen, nämlich „Minerva zu den drei Palmen“ – heraus (vgl. Alberto Basso, L'invenzione della gioia. Musica e massoneria nell'età dei Lumi, Milano 1994, S. 267).
Inwieweit sich pythagoreisches Denken in der Freimaurerei widerspiegelt, kann hier nicht erörtert werden. Bezeichnend ist jedoch, daß bereits auf dem Frontispiz, direkt unter dem Wort „Constitutions“, der im Jahre 1723 – nach dem Text von James Anderson (1679–1739) – erstmals veröffentlichten Freimaurer-Konstitution der berühmte „Pythagoreische Lehrsatz“ mit dem Archimedes zugeschriebenen Ausruf „εὕρηκα“ („Ich habe gefunden“) als Untertitel abgebildet ist (vgl. Alberto Basso, a.a.O., S. 26).

[189] Platon, Spätdialoge, Band II, hrsg. Olof Gigon und Rudolf Rufener, Zürich 1969; Timaios 58 CD, S. 252; Platone, Timeo, ed. Giovanni Reale, Milano 1994, S. 168 f.

[190] Platone, Timeo, ed. Giuseppe Lozza, Milano 1994, S. XX

Drei-Sonnen-Passus des Philolaos[191] und das Feuerprinzip der Chaldäischen Orakel[192], welches auf das von Porphyrios formulierte und später von Proklos erweiterte Triaden-System großen Einfluß ausübte.[193] Bei all diesen Beispielen liegt eine Dreiheit von Feuern zugrunde.

Pythagoras soll sich außer in Ägypten auch bei den Chaldäern aufgehalten haben (Diog. Laert. VIII, 3); dieser Aufenthalt wird in der *Musikalischen Bibliothek* erwähnt.[194]

Pythagoreische Kennzeichen in der *Kunst der Fuge*

I. Das Rätselprinzip

Das Autograph der Partitur der *Kunst der Fuge* – Signatur der Staatsbibliothek zu Berlin: Mus. ms. autogr. Bach P 200 – trägt keinen von Bach geschriebenen Titel, obwohl es sich um eine Reinschrift handelt *(Abb. 29)*. Es fehlen im Autograph außerdem Angaben hinsichtlich der in Frage kommenden Besetzung, Tempobezeichnungen – „nach dem Pythagoreer Paron aber ist die Zeit der größte Ignorant" ([τὸν χρόνον] … ὁ δὲ Πυθαγόρειος Πάρων ἀμαθέστατον …, Aristot. Phys. IV, 13, 222 b 17)[195] – und der Name des Autors. Titel und Angabe des Autors wurden deshalb durch Bachs Schwiegersohn Johann Christoph Altnickol (1719–1759) auf dem Titelblatt nachträglich ergänzt. Das Fehlen dieser sonst bei jeder Komposition selbstverständlichen Angaben entspricht einem mit musikalischen Mitteln formulierten Rätsel.

Dies könnte, wie eingangs erläutert, in Anbetracht äußerer und innerer Übereinstimmung durchaus auf das berühmteste Rätsel der griechischen Mythologie anspielen: das Sphinx-Rätsel. Bach war mit diesem aufgrund seiner humanistischen Schulbildung[196] mit größter Wahrscheinlichkeit vertraut. Gleichzeitig erinnert das Nichtvorhandensein eines Titels, wenn man die Antike in die Argumentation einbezieht, an das Fehlen griechischer Buchtitel zur Zeit des Pythagoras – Bach könnte dies von seinem Freund, dem Philologen Johann Matthias Gesner, erfahren haben –, da diese „wohl erst im letzten Viertel des

[191] Diels-Kranz I^6, 404, 4–9

[192] Oracoli Caldaici, ed. Angelo Tonelli, Milano 1995, insbesondere Fragment 27, S. 52

[193] Giuseppe Girgenti, Porfirio, a.a.O., S. 105 ff.; Giovanni Reale, Proclo, Roma/Bari 1989, S. 63 ff. und S. 73 ff.

[194] Mus. Bibl. III, 4, S. 679

[195] Diels-Kranz I^6, 217, 10–12; Aristotele, Fisica, ed. Luigi Ruggiu, Milano 1995, IV, 13, 222 b 17, S. 230 f.

[196] Karl Geiringer, Johann Sebastian Bach, München 1971: Lateinschule zu Ohrdruf, S. 5, und Lateinschule (Michaelisschule) zu Lüneburg, S. 9

5. vorchristlichen Jahrhunderts (als allgemein notwendig) entstanden“ (Georg Rechenauer).[197]

Das Rätsel als pythagoreisches Kennzeichen finden wir belegt in den Scholien zu Platons *Phaidon* (61 D): „Philolaos lehrte auch durch Rätsel, was bei den Pythagoreern eine Gewohnheit war“ (ὃς καὶ δι᾽ αἰνιγμάτων ἐδίδασκεν, καθάπερ ἦν ἔθος αὐτοῖς. Scholia in Plat. Phaid. 61 D).[198] Weitere Belege für das Rätsel als Lehrmethode bei den Pythagoreern bietet die *Vita Pythagorica* des Iamblichos (§§ 103, 227, 247). Auch die *Vita Pythagorae* des Porphyrios (§§ 12, 42) enthält bedeutende Beispiele bezüglich des pythagoreischen Rätselprinzips.

II. Das Dualismusprinzip

Außer der unvollendet überlieferten Quadrupelfuge BWV 1080.19 und den vierstimmigen Spiegelfugen BWV 1080.18.1 und 18.2 tragen alle vier- und dreistimmigen Fugen des Erstdruckes (1751) die Überschrift „Contrapunctus“.[199]

Über die satztechnische wie historische und damit besonders an den Palestrina-Stil gemahnende Bedeutung hinaus weist der Begriff „Contrapunctus“ – punctus contra punctum – in seiner das dualistische Prinzip repräsentierenden Eigenschaft auf pythagoreisches Denken hin[200], und zwar insofern, als für die Pythagoreer „die Gegenteile die Prinzipien der Dinge darstellen“ (ὅτι τἀναντία ἀρχαὶ τῶν ὄντων· Aristot. Metaph. A 5, 986 b 3). Eine weitere wichtige Belegstelle in der Metaphysik des Aristoteles ist die Gegensatztafel der Pythagoreer (Aristot. Metaph. A 5, 986 a 22–26).[201]

In der *Kunst der Fuge* kommt das dualistische Prinzip des Kontrapunkt-Stiles besonders eindruckvoll durch das Prinzip der Gegenbewegung zur Geltung. Unter diesen Oberbegriff lassen sich neben der Möglichkeit der Stimmführung, zwei Stimmen in entgegengesetzter Richtung fortschreiten zu lassen, folgende spezifische Möglichkeiten einreihen:

[197] Persönliche Mitteilung Georg Rechenauers; darin heißt es weiter: „Der Titel περὶ φύσεως wurde frühestens im 4. Jhdt. endgültig fixiert (im Raum der Akademie und des Peripatos).“ Vgl. E. Schmalzriedt, Peri physeos. Zur Frühgeschichte der Buchtitel, München 1970

[198] Diels-Kranz I[6], 398, 25–26; Giorgio Colli, La sapienza greca, Band I, a.a.O., 7 [B 5], S. 368 f.

[199] Zur Überschriftfrage: Wolfgang Wiemer, Die wiederhergestellte Ordnung in Johann Sebastian Bachs „Kunst der Fuge“, Wiesbaden 1986[2], S. 27; H. G. Hoke, Beilage zu Johann Sebastian Bachs „Kunst der Fuge“, a.a.O., S. 34

[200] KP 4, 1268, 4

[201] Aristotele, Metafisica, ed. Giovanni Reale, Milano 1994[2], A 5, 986 a 22–26, S. 28 ff.

– Das Thema und seine Umkehrung. Beispiel: Contrapunctus 1 (Thema)[202] und Contrapunctus 3 (Umkehrung des Themas);
– Fugen (Contrapunctus 1, 2, 3, 4) und Gegenfugen (Contrapunctus 5, 6, 7);
– Kontrasubjekte in den Doppelfugen (Contrapunctus 9 und 10), Tripelfugen (Contrapunctus 8 und 11) und in der Quadrupelfuge (19).

Unter das Dualismusprinzip fällt auch das in Contrapunctus 7 auftretende Begriffspaar: Augmentation und Diminution.

III. Das Spiegelprinzip

Das Spiegelprinzip ist ein Sonderfall des Dualismusprinzips. Die Spiegelfugen (Umkehrung des gesamten Satzes) 12.1, 12.2, 13.1, 13.2, 18.1 und 18.2 sowie die in Spiegelungsbeziehung stehenden Tripelfugen 8 und 11 könnten insofern die pythagoreische Idee von der von Anfang an im musikalischen Sinne gemeinten Beziehung zwischen Urbild (ἀρχέτυπος) und Abbild (εἰκών) versinnbildlichen.

Nach dem Bericht des Iamblichos hörte und verstand Pythagoras „ganz allein die gesamte Harmonie und den Wettgesang der Sphären und der Gestirne, die sich darin bewegten […] Davon gedachte er seinen Jüngern, so gut es ging, Abbilder zu geben, indem er die Sphärenmusik auf Instrumenten und durch die bloße Stimme nachahmte. Glaubte er doch, ihm allein unter allen Irdischen seien die Weltraumklänge verständlich und hörbar […] die übrigen Menschen müßten sich damit zufrieden geben, im Blick auf ihn und auf die Gaben, die er ihnen bescherte, sich durch Abbilder und Andeutungen fördern und zurechtbringen zu lassen, da sie die ersten, die reinen Urbilder nicht in Wahrheit zu erfassen vermöchten: ganz wie wir ja auch uns bemühen, solchen Menschen, die wegen der übermäßigen Helligkeit der Strahlen nicht imstande sind, unmittelbar in die Sonne zu blicken, in einem tiefen Gewässer oder durch geschmolzenes Pech

[202] Hier und im folgenden bezeichnen die arabischen Zahlen die Numerierung der einzelnen Sätze nach Schmieder (vgl. Konkordanztafel im Anhang). Die Frage nach der Reihenfolge der Sätze der „Kunst der Fuge“ ist eine der vertracktesten in der ganzen Musikgeschichte. Das Autograph umfaßt 15, später von fremder Hand mit römischen Zahlen numerierte Stücke. Im Bachs Nachlaß fanden sich drei autographe Beilagen (1–3), die mit Sicherheit zum Werk gehören. Die erste ist ein Augmentationskanon und stellt eine Stichvorlage (sogenannte Abklatschvorlage) dar, die ganz nahe dem Augmentationskanon Nr. XV steht, welche wiederum eine gänzlich verschiedene zweite Fassung von Nr. XII ist. Die zweite Beilage ist jene, welche C. Ph. E. Bach als „Fuga a 2. Clav:[iere]“ bezeichnet haben dürfte, und die nach meiner Ansicht (wie wir noch sehen werden) eine Ergänzung zur Spiegelfuge Nr. 13 repräsentiert. Die dritte ist die unvollendete Quadrupelfuge, welche hier die Nr. 19 erhält. Im Herbst 1749 wurde nach dem Willen von Bach eine Anzahl von Stücken gestochen, deren Reihenfolge vom Autograph erheblich abweicht und auf eine veränderte, doch mit absoluter Sicherheit nicht mehr festzustellende Konzeption des Ganzen hinweist.

oder auch in einem schwarzglänzenden Spiegel die Sonnenfinsternisse zu zeigen" (... μόνος αὐτὸς καὶ συνιεὶς τῆς καθολικῆς τῶν σφαιρῶν καὶ τῶν κατ' αὐτὰς κινουμένων ἀστέρων ἁρμονίας τε καὶ συνῳδίας [...] εἰκόνας τινὰς τούτων ἐπενόει παρέχειν τοῖς ὁμιληταῖς ὡς δυνατὸν μάλιστα, διά τε ὀργάνων καὶ διὰ ψιλῆς τῆς ἀρτηρίας ἐκμιμούμενος. ἑαυτῷ μὲν γὰρ μόνῳ τῶν ἐπὶ γῆς ἁπάντων συνετὰ καὶ ἐπήκοα τὰ κοσμικὰ φθέγματα ἐνόμιζε [...] ἀγαπητὸν δὲ τοῖς ἄλλοις ἀνθρώποις ὑπελάμβανεν εἰς αὐτὸν ἀφορῶσι καὶ τὰ παρ' αὐτοῦ χαριστήρια δι' εἰκόνων τε καὶ ὑποδειγμάτων ὠφελεῖσθαι καὶ διορθοῦσθαι, μὴ δυναμένοις τῶν πρώτων καὶ εἰλικρινῶν ἀρχετύπων ὡς ἀληθῶς ἀντιλαμβάνεσθαι· 67. καθάπερ ἀμέλει καὶ τοῖς οὐχ οἵοις τε ἀτενὲς ἐνορᾶν τῷ ἡλίῳ διὰ τὴν τῶν ἀκτίνων ὑπερφέγγειαν ἐν βαθείᾳ συστάσει ὕδατος ἢ καὶ διὰ τετηκυίας πίσσης ἢ κατόπτρου τινὸς μελαναυγοῦς δεικνύειν ἐπινοοῦμεν τὰς ἐκλείψεις. Iambl. v. Pyth. 65–67).[203]

Das Spiegelprinzip findet sich auch in der altgriechischen Notenschrift (Tonbuchstabenschrift) wieder. Nach Aristeides Quintilianus (Arist. Quint. De musica Lib. I, p. 28 Meibom) geht die Tonbuchstabenschrift auf Pythagoras selbst zurück *(Abb. 30)*.

Die Art der Entstehung der Spiegelbilder (Timaios 46 A–C) gehört nach Platon „zu den Mitursachen, die der Gott zu Hilfe nimmt, um die Idee des Besten nach Möglichkeit zu verwirklichen" (ταῦτ' οὖν πάντα ἔστιν τῶν συναιτίων οἷς θεὸς ὑπηρετοῦσιν χρῆται τὴν τοῦ ἀρίστου κατὰ τὸ δυνατὸν ἰδέαν ἀποτελῶν. Plato Tim. 46 CD).[204] Weitere Einsichten in die antike Spiegelsymbolik vermitteln uns aus neuplatonischer Sicht Plotin in seinen *Enneaden* und Proklos in seinem *Timaios*-Kommentar.[205]

IV. Die Tetraktys

Die Handschrift der *Kunst der Fuge* bietet einige Beispiele der Tetraktys (τετρακτύς), der bei den Pythagoreern im höchsten Ansehen stehenden „Heiligen Vier", die auf der Zehnzahl (1 + 2 + 3 + 4 = 10) beruht. Der mit Nummer IX bezeichnete Satz ist ein einstimmig geschriebener Oktavkanon „Canon in Hypodiapason" (1), dem die zweistimmige Auflösung „Resolutio Canonis" desselben folgt (2); Nr. X ist eine dreistimmige Tripelfuge (3), Nr. XI eine vierstimmige Tripelfuge (4).

[203] Iamblichos, De vita Pythagorica liber, ed. M. v. Albrecht, a.a.O., §§ 65–67, S. 70 ff.

[204] Platon, Spätdialoge, Band II, hrsg. Olof Gigon und Rudolf Rufener, Zürich 1969; Timaios 46 C 7–D 1, S. 232; Platone, Timeo, ed. Giovanni Reale, Milano 1994, 46 C 7–D 1, S. 130

[205] Plotino, Enneadi, edd. Giuseppe Faggin, Giovanni Reale, Roberto Radice, Milano 1996^4, „Spiegel als Metapher der Materie": III 6, 13, 14, S. 458 ff.; Proklos, in Platons Timaios 33 b, zitiert nach Giorgio Colli, La sapienza greca, Band I, Milano 1992^2, S. 250 f., 4 (B 41) c

Daraus ergibt sich eine vollkommene, auf der Zehnzahl beruhende Tetraktys (arabische Zahlen bezeichnen die Stimmenanzahl, römische die Autograph-Numerierung):

(1) – (2) – (3) – (4)
IX X XI

Bemerkenswert ist hier, daß keine Notwendigkeit bestand, den zweistimmigen Kanon zweimal, d. h. ohne – bei gekennzeichnetem Einsatzabstand – und mit Auflösung zu schreiben. Doch hat Bach gerade das getan, und zwar in äußerst expliziter Weise. In den folgenden Sätzen – auch hier angeführt durch einen Kanon – zeigen sich zwei weitere Anwendungen der Tetraktys. Merkwürdigerweise beginnt Bach mit der Auflösung des die Nummer XII tragenden Augmentationskanons (2); dieser folgen die einstimmig geschriebene, mit der Überschrift „Canon in Hypodiateßeron al roversio [sic!] e per augmentationem, Perpetuus" versehene Version eben desselben Augmentationskanons ohne Finale (1) sowie die vierstimmigen Spiegelfugen Nr. XIII (4) und die dreistimmigen Spiegelfugen Nr. XIV (3):

(4) – (3)
(2) – (1) – (4) – (3)
XII XIII XIV

Welche Einsichten gewinnen wir aus dieser Struktur im Autograph? Zunächst besteht für einen Kanon, dessen Auflösung bereits vorliegt (Canon apertus) noch weniger die Notwendigkeit, ihn in einstimmiger Notierung (Canon clausus) kennenzulernen als im umgekehrten Fall, es sei denn, daß mit dieser Notierung und mit dem weggelassenen Finale etwas über den Kanon Hinausführendes gesagt werden soll. Ein solcher Vorgang muß ernst genommen werden, da es bei Bach keinen Parallelfall gibt. Nur die Tetraktys in ihrer Funktion als Modul mit ihrem Symbolgehalt vermag Licht in diese von Bach gewollte Struktur zu bringen.

Eine letzte Tetraktys könnte sich noch im Autograph verbergen: Alfred Dürr zufolge hat der „Schluß des Berliner Autographs", nämlich der Kanon XV „Canon al roverscio [sic!] et per augmentationem" – eine gründlich verschiedene Fassung des Kanons XII „Canon in Hypodiateßeron al roversio [sic!] e per augmentationem, Perpetuus" – als wahrscheinliche Fortsetzung die vierstimmige Bearbeitung der Spiegelfugen Nr. XIV, welche nach Schmieder als BWV 1080, 18.1 und 18.2 geführt werden[206]:

(4) (3 + 1)
↑ ↓
(2) — (3 + 1) (4)
XV XIV in vierstimmiger Bearbeitung

[206] Alfred Dürr, Johann Sebastian Bach, Seine Handschrift – Abbild seines Schaffens, Wiesbaden 1984, Text zu Blatt 67

Alfred Dürr dürfte mit seiner Vermutung einer Zusammengehörigkeit des Kanons Nr. XV mit dem Autograph der vierstimmigen Spiegelfugen BWV 1080, 18.1 und 18.2 (= Beilage 2) recht behalten, da der Schrift- und Papierbefund eine chronologische Zusammengehörigkeit des Schlußteils des Berliner Autographs P 200 mit der Beilage 2 nahelegt[207] und sich das Tetraktys-Modell im Kontext der zwei vorausgehenden Kanons IX und XII als strukturbestimmend erwiesen hat.

Die Bedeutung der Tetraktys? In der von Porphyrios verfaßten Lebensbeschreibung des Pythagoras *Vita Pythagorae* findet sich folgender wichtiger Passus: „… eines der Geheimnisse, welches bei ihnen [den Pythagoreern] zu den mathematischen Wissenschaften zählte […] die sogenannte Tetraktys …“ (… ἕν τι τῶν παρ' αὐτοῖς ἐν τοῖς μαθήμασιν ἀπορρήτων […] τὴν λεγομένην τετρακτύν …, Porphyr. v. Pyth. 20).[208]

Einen mantischen Aspekt können wir hingegen in einem von Iamblichos überlieferten pythagoreischen Sinnspruch verzeichnen: „Was ist das Orakel von Delphi? Die Tetraktys …“ (τί ἐστι τὸ ἐν Δελφοῖς μαντεῖον; τετρακτύς …, Iambl. v. Pyth. 82).[209] Nach Iamblichos (Vita Pythagorica § 150) galt den Pythagoreern die Tetraktys auch als Eidesformel – ebenso nach Porphyrios (Vita Pythagorae § 20) – und als Bezeichnung ihres Erfinders, denn sie scheuten sich, wie bereits erwähnt, Pythagoras beim Namen zu nennen: „Nein, bei Ihm, der die Heilige Vier unsrer Weisheit erfunden, Quell der Wurzelkräfte des immerströmenden Werdens“ (οὔ, μὰ τὸν ἁμετέρας σοφίας εὑρόντα τετρακτύν, παγὰν ἀενάου φύσεως ῥιζώματ' ἔχουσαν. Iambl. v. Pyth. 150).[210]

Die auf der Zehnzahl beruhende Tetraktys ist jedoch über die eben genannten Bedeutungen hinaus auch Hinweis auf die pythagoreischen Grundintervalle. Denn die Quart-, Quint-, Oktav- und Doppeloktav-Intervalle entstehen nach den Zahlenverhältnissen 1 bis 4 (Theo Smyrn. p. 93, 21–24 Hill.) und können praktisch erfahren werden beim Schwingenlassen einer Saite bzw. deren Teilungen (Sectio Canonis): Die Verhältnisse 3 zu 4 ergeben die Quart, 2 zu 3 die Quinte, 1 zu 2 die Oktave, 1 zu 4 die Doppeloktave.

Theon von Smyrna: „Diese Tetraktys ist nach Art einer Synthese beschaffen, da sich in ihr alle Konsonanzen finden lassen. Aber nicht nur deshalb nimmt sie eine Vorzugsstellung bei allen Pythagoreern ein, sondern weil sie die Natur von allem

[207] Johann Sebastian Bach, Die Kunst der Fuge BWV 1080, Autograph. Originaldruck, Faksimile-Reihe Bachscher Werke und Schriftstücke, hrsg. Bach-Archiv Leipzig, Band 14, Leipzig und Mainz 1979, zweiseitige, nicht paginierte Beilage „Zur Handschrift Mus. ms. autogr. Bach P 200 der Deutschen Staatsbibliothek Berlin“: 1. Seite, 1. Absatz und 2. Seite, 2. Absatz

[208] Porfirio, Vita di Pitagora, edd. Angelo Raffaele Sodano, Giuseppe Girgenti, Milano 1998, § 20, S. 150 f.

[209] Iamblichos, De vita Pythagorica liber, ed. M. v. Albrecht, a.a.O., § 82, S. 88 f.

[210] Iamblichos, De vita Pythagorica liber, ed. M. v. Albrecht, a.a.O., § 150, S. 152 f.

zu enthalten scheint ...“ (τοιαύτη μὲν <ἥ> ἐν μουσικῇ τετρακτὺς κατὰ σύνθεσιν οὖσα, ἐπειδὴ ἐντὸς αὐτῆς πᾶσαι αἱ συμφωνίαι εὑρίσκονται. οὐ διὰ τοῦτο δὲ μόνον πᾶσι τοῖς Πυθαγορικοῖς προτετίμηται, ἀλλ᾽ ἐπεὶ καὶ δοκεῖ τὴν τῶν ὅλων φύσιν συνέχειν ..., Theo Smyrn. p. 93, 25 Hill.).

Theon von Smyrna, den Mizler, wie bereits erwähnt, einmal im II. Band der *Musikalischen Bibliothek*[211] im Zusammenhang mit Platon zitiert, berichtet von elf verschiedenen Tetraktyes[212], wobei die von Bach verwendete Tetraktys bei Theon von Smyrna an erster Stelle genannt wird (Theo Smyrn. p. 93, 17 Hill.).

Die ersten zwei von Theon von Smyrna genannten Tetraktys-Formen (1–2–3–4 und 6–8–9–12) – Werner Schulze nennt die erste „dekadische“ und die andere „kanonische“ Tetraktys[213] – wurden von Raffael in dem 1510–1511 entstandenen Fresko „Die Schule von Athen“ (Vatikan, Stanza della Segnatura, *Abb. 31*) auf der Tafel des Pythagoras so abgebildet, daß ihre enge Beziehung zur musikalischen Intervallbildung aufgrund der angegebenen Zahlenverhältnisse überzeugend in Erscheinung tritt *(Abb. 32)*.[214]

V. Das ordnungsstiftende Prinzip der Zahl 4

Schon die jeweils allerersten Takte der ersten, zweiten und dritten Fuge im Autograph (I–III) weisen eine Gruppe von 4 Halben in einem Takt auf *(Abb. 29)*; sie bezeichnet die auf dem Stylus antiquus der Kirchentöne basierte Musik, und die Kirchentöne ihrerseits gründen auf der nicht ohne Mißverständnisse im Mittelalter rezipierten griechischen Musiktheorie.[215]

Die Anfangsgruppe von 4 Halben des Grundthemas kann als eine direkte Anspielung auf den aus Griechenland stammenden Tetrachord – aufs geregelte Nacheinander von vier Tönen – gelten, wobei sich der Vergleichspunkt – z. B. bei der Umkehrung des Grundthemas – über die Anzahl der Töne hinaus auch auf die Stabilität des Intervallverhältnisses der Rahmentöne bzw. auf die Beweglichkeit der mittleren Töne erstreckt, nicht aber auf die Größe ihrer Intervallabstände.

211 Mus. Bibl. II, 1, S. 62

212 Theon Smyrnaeus, Expositio rerum mathematicarum ad legendum Platonem utilium, ed. Eduardus Hiller, Lipsiae 1878, Stutgardiae et Lipsiae 1995, S. 93, Z. 17 und S. 99, Z. 16

213 Werner Schulze, Tetraktys – Ein vergessenes Wort der Philosophie, Festgabe für Leo Gabriel zum 80. Geburtstag, hrsg. P. Kampits u. a., Berlin 1983, S. 128

214 Julius Schwabe, Arithmetische Tetraktys, Lambdoma und Pythagoras, in: Antaios, hrsg. Mircea Eliade und Ernst Jünger, Band VIII, Stuttgart 1967, S. 421–449 sowie Tafel III, Abb. 1

215 Riemann Musiklexikon, hrsg. W. Gurlitt und H. H. Eggebrecht, Mainz 1967, Sachteil: Kirchentöne, S. 455

4 Halbe in einem Takt repräsentieren rhythmisch gesehen nicht nur den im Alten Stil gebräuchlichen großen Allabreve-Takt (4/2-Takt), sondern bergen in sich den wichtigen Hinweis auf den in der Antike als rhythmische Keimzelle betrachteten χρόνος πρῶτος (erste Zeiteinheit oder Dauer), denn die heutige Halbe Note (𝅗𝅥) bildete sich aus der sogenannten „weißen" Minima (𝅗𝅥) der Mensuralnotation.[216]

Minima (zu ergänzen: nota oder figura) heißt aber bekanntlich die „Kleinste". Das Aneinanderreihen von vier Minimae im ersten Takt des Autographs der *Kunst der Fuge* kann demnach in einem direkten Bezug zu den Ausführungen des Aristeides Quintilianus über den χρόνος πρῶτος stehen: „Bis zur Vierzahl nämlich schritt die rhythmische Dauer fort" (μέχρι γὰρ τετράδος προῆλθεν ὁ ῥυθμικὸς χρόνος. Arist. Quint. De musica Lib. I, p. 33, 16 Meibom).[217] Henri Irénée Marrou: „Im Unterschied zu der unseren ging die musikalische (und poetische) Rhythmik der Griechen nicht von der Teilung und Unterteilung eines Anfangswertes (unserer ganzen Note) aus, sondern von der Addition unteilbarer einheitlicher Werte, der ‚ersten Zeiteinheit' bzw. der ‚kleinsten Zeiteinheit', des χρόνος πρῶτος des Aristoxenos"[218].

Mizler lag eine ausführliche Darstellung der griechischen Rhythmik und Metrik durch Aristeides Quintilianus vor, da dessen drei *Bücher zur Musik* sich in der Meibom-Ausgabe von 1652 befinden, welche Mizler, wie bereits erwähnt, mehrfach den Lesern seiner *Musikalischen Bibliothek* empfahl. Aristeides Quintilianus konnte also Bach nicht unbekannt gewesen sein. Als Indiz könnte neben der Rhythmik auch eine Übereinstimmung nach metrischen Gesichtspunkten in Frage kommen. Denn metrisch gesehen entsprechen die ersten 4 Halben der jeweils ersten drei Fugen des Autographs (I–III) dem aus „vier Längen" (– – – –) bestehenden antiken „Doppel-Spondeus" (… τέσσαρας μακρὰς, διςπονδεῖος, Arist. Quint. De musica Lib. I, p. 48, 18 Meibom), unabhängig davon, ob es sich um einen großen oder kleinen Allabreve-Takt handelt.

Bach wählte nämlich für den Erstdruck dieser drei Fugen den kleinen Allabreve-Takt (2/2-Takt) und ergänzte sie durch eine weitere Fuge, den Contrapunctus 4, worin das Grundthema mit der Anfangsgruppe von 4 Halben ebenfalls im kleinen Allabreve-Takt, jedoch in der Umkehrung, erscheint.

216 Riemann Musiklexikon, a.a.O., Sachteil: Allabreve, S. 26; Chronos protos (χρόνος πρῶτος), S. 173; Minima, S. 573; Mensuralnotation, S. 560

217 Marcus Meibom, Antiquae Musicae Auctores Septem, Graece et Latine, Amstelodami 1652, Reprint New York 1977, Vol. II, Aristeides Quintilianus, I. Buch, S. 33, Zeile 16; dt. Übers. Rudolf Schäfke, in: Aristeides Quintilianus, Von der Musik, hrsg. Rudolf Schäfke, Berlin 1937, S. 213

218 Henri Irénée Marrou, Geschichte der Erziehung im klassischen Altertum, München 1977, S. 344; Titel der französischen Originalausgabe: Histoire de l'education dans l'antiquité, Paris 1948

Das spondeische Maß ist ein von Pythagoras empfohlenes Maß, wie es die bereits geschilderte Episode des trunkenen Jünglings von Tauromenion in der Überlieferung des Iamblichos (Vita Pythagorica § 112) bezeugt.[219] Dabei ist zu beachten, daß sowohl der einfache wie der doppelte Spondeus dem daktylischen Versfußgeschlecht angehören (Arist. Quint. De musica Lib. I, p. 36 Meibom). Dieses ist nach Aristeides Quintilianus „würdiger als alle [anderen], weil es die Länge an erster Stelle stehen hat“ (σεμνότερον γὰρ ἁπάντων, διὰ τὸ τὴν μακρὰν ἀεί ποτε καθηγουμένην ἔχειν. Arist. Quint. De musica Lib. I, p. 51, 17 Meibom).[220]

Bach ordnete für die Drucklegung der *Kunst der Fuge* das Autograph völlig neu; er änderte nicht nur die Reihenfolge der ersten acht Fugen (I–VIII), sondern verließ auch das mit dem Oktavkanon IX beginnende strukturbestimmende Tetraktys-Modell (1 + 2 + 3 + 4 = 10) – siehe hierzu Kapitel IV: Die Tetraktys –, um es weitgehend durch ein auf der Zahl 4 beruhendes Strukturprinzip zu ersetzen:

– die sogenannten Einfachen Fugen (I–III) werden, wie oben erwähnt, durch den wesentlich später nachkomponierten Contrapunctus 4 ergänzt. Zusammen bilden sie eine Gruppe von 4 Einfachen Fugen bzw. Contrapuncten (1–4). Die Einführung des kleinen Allabreve-Taktes (2/2-Takt) bei den Fugen (I–III) entsprechend dem kleinen Allabreve-Takt des Contrapunctus 4, von welchem nur die Druckversion überliefert ist, hat zur Folge, daß der Comes in den ersten 4 Contrapuncten jeweils im Abstand von 4 Takten einsetzt.

– der Oktavkanon IX und die zweite, erneut überarbeitete Fassung des Augmentationskanons XV werden durch Hinzufügung des Dezimenkanons BWV 1080.16 und des Duodezimenkanons BWV 1080.17 zur Vierer-Gruppe erweitert – 4 Grundtypen des Kanons repräsentierend.

– auch hinsichtlich des Fugentypus können wir eine Hinwendung Bachs zur Vierer-Gruppierung beobachten. Die Einfachen Fugen (Contrapunctus 1–4), Doppelfugen (Contrapunctus 9 und 10) und Tripelfugen (Contrapunctus 8 und 11) werden durch die vermutlich in der Zeitspanne 1747–1749 entstandene Quadrupelfuge BWV 1080.19[221] ergänzt. Aus dem in der *Musikalischen Bibliothek* veröffentlichten Nekrolog[222] erfahren wir, daß neben der unvollendet erhaltenen Quadrupelfuge (19) noch eine weitere vierstimmige letzte Quadrupelfuge geplant war, „welche 4 Themata enthalten, und nachgehends in allen 4 Stimmen Note für Note umgekehret werden sollte“.

219 Mus. Bibl. III, 4, S. 640; Iamblichos, De vita Pythagorica liber, ed. M. v. Albrecht, a.a.O., § 112, S. 116 ff.; Quintiliano, Istituzione oratoria, edd. Simone Beta, Elena D'Incerti Amadio, a.a.O., I, 10, 32, S. 130 f.

220 Aristeides Quintilianus, Von der Musik, hrsg. Rudolf Schäfke, Berlin 1937, S. 238

221 Christoph Wolff, Zur Chronologie und Kompositionsgeschichte von Bachs Kunst der Fuge, in: Beiträge zur Musikwissenschaft 25 (1983), S. 134

222 Mus. Bibl. IV, 1, S. 168

Zur Bedeutung der Zahl 4: Die Zahl 4 kann als Hinweis auf die Tetraktys gesehen werden. Die Bestätigung dafür findet sich in den ehemals Iamblichos zugeschriebenen „Theologumena arithmeticae“ (Zahlentheologie), worin die Zahl 4 von Anfang an hauptsächlich mit den Tetraktyes in Verbindung gebracht wird (Theol. arithm. p. 418, 7 ff. Romano = p. 20 De Falco).[223] Ebenso steht in neupythagoreischer Sicht die Zahl 4 für das Prinzip der Ordnung (Theol. arithm. p. 428, 22–24 Romano = p. 28 De Falco), welche in dieser Form, wie oben ausgeführt, Detail und Struktur der *Kunst der Fuge* entscheidend bestimmt.

VI. Das Monadenprinzip

Das Prinzip der „Eins“ bzw. der „Einheit“ – wie bereits erwähnt, sind laut Archytas und Philolaos „Eins“ (ἕν) und „Einheit“ (μονάς) gleichbedeutend (Theo Smyrn. p. 20, 19 Hill.) – zeigt sich in der *Kunst der Fuge* in dreifacher Weise:

– Das ganze Werk wird durch ein Grundthema bestimmt. Johann Nikolaus Forkel (1749–1818): „Das Werk besteht übrigens aus Variationen im Großen. Die Absicht des Verfassers war nehmlich, anschaulich zu machen, was möglicher Weise über ein Fugenthema gemacht werden könne.“[224]

– Die gesamte *Kunst der Fuge* steht in einer Tonart (d-Moll).

– Alle „Contrapuncte“ und „Canons“ unterliegen gleichbleibend dem Dualismus- bzw. Kontrapunktprinzip.

Die Ansicht, daß alle Dinge in der „Eins“ bzw. in der „Einheit“ bzw. in der „Monade“ gründen, ist pythagoreisch. Diogenes Laertios: „Es erzählt aber Alexander in den Philosophenfolgen, er habe auch folgende Angaben in den Aufzeichnungen der Pythagoreer gefunden: Der Anfang von allem sei die Einheit (Monade); aus der Einheit aber stamme die unbestimmte Zweiheit, die gleichsam als Materie der Einheit, ihrer Ursache, zugrunde liege ...“ (φησὶ δὲ καὶ ὁ Ἀλέξανδρος ἐν ταῖς τῶν Φιλοσόφων διαδοχαῖς καὶ ταῦτα εὑρηκέναι ἐν Πυθαγορικοῖς ὑπομνήμασιν· ἀρχὴν μὲν τῶν ἁπάντων μονάδα, ἐκ δὲ τῆς μονάδος ἀόριστον δυάδα ὡς ἂν ὕλην τῆι μονάδι αἰτίωι ὄντι ὑποστῆναι ..., Diog. Laert. VIII 24).[225]

[223] Giamblicho, Il Numero e Il Divino, ed. Francesco Romano, Milano 1995; [Giamblicho], Teologia aritmetica, p. 418, Z. 7 ff.

[224] Johann Nikolaus Forkel, Ueber Johann Sebstian Bachs Leben, Kunst und Kunstwerke. Für patriotische Verehrer echter musikalischer Kunst, Leipzig 1802; Faksimile-Ausgabe, hrsg. Walther Vetter, Berlin und Kassel 1982, S. 94

[225] Diels-Kranz I^6, 448, 33–449, 3

Der bereits zitierte, die Monade als „Urgrund aller Dinge“ (ἀρχὴ οὖσα πάντων) bezeichnende Passus aus Iamblichos’ Einführung in die Nikomachische Arithmetik (Iambl. in Nicom. p. 77, 9 Pist.) bestätigt – unter Berufung auf Philolaos – die pythagoreische Herkunft des Monadenprinzips.

In den Bereich musikalischer Terminologie führt indes die Erläuterung des Aristeides Quintilianus (Arist. Quint. De musica Lib. III, p. 121, 28 Meibom), wonach die Alten die Monade als „Ursache für den Zusammenklang des Weltalls“ (ἀρχὴν τῆς τῶν ὅλων συμφωνίας) ansahen.

VII. Die dorische Tonart

Dorisch ist die von Pythagoras bevorzugte Tonart. Iamblichos: „Metrodoros [...] sagt, [...] Pythagoras halte das Dorische für den besten Dialekt, ebenso wie die gleichnamige musikalische Tonart“ (Μητρόδωρός τε [...] φησι [...] τὸν Πυθαγόραν τῶν διαλέκτων ἀρίστην λαμβάνειν τὴν Δωρίδα, καθάπερ καὶ τὴν ἁρμονίαν τῆς μουσικῆς. Iambl. v. Pyth. 241).[226]

Nun schreibt Mizler im 1. Teil des I. Bandes der *Musikalischen Bibliothek* in einer Fußnote: „Die Dorische Weise ist heut zu Tag unser d moll“.[227] Die ganze *Kunst der Fuge* steht jedoch ohne Ausnahme in der Tonart d-Moll. Diese Wahl kann also mit Recht als Übereinstimmung mit der pythagoreischen Überlieferung angesehen werden.

VIII. Tönende Kreisbahnen: Sphärenmusik

Die Auffassung der Pythagoreer, nach welcher die Gestirne bei ihren Kreisbewegungen Töne hervorbringen, ist bei Aristoteles belegt (Aristot. De caelo B 9. 290 b 12).[228] Nach Iamblichos (Vita Pythagorica §§ 65, 66)[229] und Porphyrios (Vita Pythagorae § 30)[230] war jedoch allein Pythagoras imstande, die Sphärenklänge zu hören.

Eine aufschlußreiche Schilderung der für die Pythagoreer in vielfacher Hinsicht bedeutsamen Sphärenharmonie – siehe hierzu auch Platons *Timaios* 47 A–E – bietet Ciceros berühmte Erzählung *Somnium Scipionis* („Scipios Traum“)[231]; darin heißt es u. a.:

226 Iamblichos, De vita Pythagorica liber, ed. M. v. Albrecht, a.a.O., § 241, S. 232 ff.

227 Mus. Bibl. I, 1, S. 30 n

228 Diels-Kranz I^6, 460, 37 ff.

229 Iamblichos, De vita Pythagorica liber, ed. M. v. Albrecht, a.a.O., §§ 65–66, S. 68 ff.

230 Porfirio, Vita di Pitagora, edd. Angelo Raffaele Sodano, Giuseppe Girgenti, Milano 1998, § 30, S. 158 f.

231 Marco Tullio Cicerone, La Visione (Somnium Scipionis), edd. Gavino Manca, Carlo Carena, Genova 1994; Lesebuch der Antike, Band II, hrsg. Ludwig Voit, München 1980, Scipios Traum, S. 400 ff.

„In neun Kreisen oder besser Kugeln ist alles verbunden. Der eine von ihnen ist der himmlische, der äußerste, der alle übrigen umfaßt, der höchste Gott selber, die übrigen einschließend und umfassend. An ihm sind angeheftet jene ewig kreisenden Bahnen der Sterne. Unter ihm liegen sieben, die sich rückwärts drehen in entgegengesetzter Bewegung zum Himmel. [...]

Jene acht Bahnen aber, von denen zwei dieselbe Kraft besitzen, bewirken sieben durch Zwischenräume unterschiedene Töne, eine Zahl, die der Knoten fast aller Dinge ist; das haben gelehrte Männer mit Saiten und Stimmen nachgeahmt und haben sich damit die Rückkehr zu diesem Ort erschlossen, wie andere, die mit überragender Geisteskraft im menschlichen Leben göttliche Studien gepflegt haben."

(Novem tibi orbibus vel potius globis conexa sunt omnia, quorum unus caelestis est, extumus, qui reliquos omnes complectitur, summus ipse deus arcens et continens ceteros; in quo sunt infixi illi qui volvuntur stellarum cursus sempiterni. Cui subiecti sunt septem qui versantur retro contrario motu atque caelum. [...]

Illi autem octo cursus, in quibus eadem vis est duorum, septem efficiunt distinctos intervallis sonos, qui numerus rerum omnium fere nodus est: quod docti homines nervis imitati atque cantibus aperuerunt sibi reditum in hunc locum, sicut alii qui praestantibus ingeniis in vita humana divina studia coluerunt. Cicero Somn. Scip. 17–18)[232]

Canon in Hypodiateßeron al roversio e per augmentationem, Perpetuus

Die „Zirkelgesänge oder Kreisfugen, sonst Canones genannt" – in der *Musikalischen Bibliothek* von Mizler anhand „Matthesons vollkommenem Capellmeister" ausführlich behandelt[233] – sind durch ihr Kreisen wie keine andere Kompositionsgattung dazu geeignet, jene „ewigen Bahnen bzw. Umläufe" (cursus sempiterni) der Gestirne zu symbolisieren. Freilich hat auch ein „Canon perpetuus" (immerwährender Kanon) zumindest in der Ausführung irgendwann ein Ende, aber gerade die utopische Forderung der Kanonbezeichnung beweist deren symbolischen Gehalt.

Im Autograph der *Kunst der Fuge* findet sich ein solcher Kanon. Es handelt sich um die einstimmig geschriebene Fassung des Augmentationskanons XII mit der handgeschriebenen Überschrift: „Canon in Hypodiateßeron al roversio e per augmentationem, Perpetuus" *(Abb. 33)*; dementsprechend fehlt dieser Fassung im Vergleich zur vorhergehenden aufgelösten Fassung desselben Augmentationskanons (siehe hierzu auch Kapitel IV: Die Tetraktys) konsequenterweise das Finale.

232 Marco Tullio Cicerone, La Visione (Somnium Scipionis), edd. Gavino Manca, Carlo Carena, a.a.O., S. 48 ff. und S. 56 ff.; Lesebuch der Antike, Band II, hrsg. Ludwig Voit, a.a.O., S. 403 f.
233 Mus. Bibl. III, 3, S. 477 ff.

Wenn Cicero in *Scipios Traum* sagt, daß „gelehrte Männer mit Saiten und Stimmen" die von den Himmelsbahnen (cursus) erzeugten Töne „nachgeahmt" haben, dann dürfen wir darin einen legitimen Schlüssel zum Verständnis nicht nur des im Autograph notierten „Canon perpetuus" sehen, sondern der *Kunst der Fuge* überhaupt. Es darf vorausgesetzt werden, daß Bach *Scipios Traum* gekannt hat, nachdem diese Erzählung mehrfach in der *Musikalischen Bibliothek* erwähnt wurde[234], und zwar nicht nur dem Titel, sondern auch dem Inhalt nach.

Der Pythagoreer sah unsere irdische Musik als Nachahmung (μίμησις) der kosmischen. Wörtlich heißt es in der Überschrift zum 3. Kapitel (γ') des I. Handbuches zur Harmonik des Neupythagoreers Nikomachos von Gerasa: „Der Abschnitt, worin die erste im Bereich der Sinneswahrnehmung sich befindliche Musik, nämlich die Planetenmusik, betrachtet wird. Die bei uns übliche Musik ist aber nur eine Nachahmung jener" (Κεφάλια ἐν τῷ πρώτῳ βιβλίῳ [...] γ'. Ὅτι ἡ πρώτη ἐν αἰσθητοῖς μουσικὴ περὶ τοὺς πλάνητας θεωρεῖται. κατὰ μίμησιν δὲ ἐκείνων, ἡ παρ' ἡμῖν. Nicomachus Harmon. Man. Lib. I, p. 1 Meibom).[235]

Pythagoras selbst dürfte der Urheber dieses von Nikomachos geäußerten Gedankenganges gewesen sein, wenn nur im Kern jener Bericht des Iamblichos (Vita Pythagorica §§ 65–67) – auszugsweise nachzulesen in Kapitel III: Das Spiegelprinzip – zutrifft, wonach Pythagoras die Sphärenmusik nachahmte, um seinen Jüngern, so gut es ging, Abbilder (εἰκόνας) zu geben.[236]

Die ersten sieben Contrapuncte (Contrapunctus 1–7) der Druckversion und der Begriff „motus contrarius"

Daß Bach, ausgehend von einer acht Fugen zählenden Anfangsgruppierung des Autographs – wir kommen noch darauf zurück –, vier Einfache Fugen (Contrapunctus 1–4) und drei Gegenfugen (Contrapunctus 5–7) mittels verschiedenster Eingriffe zu einer geschlossenen Siebener-Gruppe in der Druckversion zusammen-

[234] Mus. Bibl. III, 2, S. 174 n. Weitere Erwähnungen von „Scipios Traum" in der „Musikalischen Bibliothek" durch Georg Venzky (Mus. Bibl. II, 3, S. 71) und durch Constantin Bellermann (Mus. Bibl. III, 3, S. 562).

[235] M. Meibom, a.a.O., Vol. I, Nikomachos von Gerasa, I. Handbuch zur Harmonik, S. 1, dt. Übers. Georg Rechenauer

[236] Zum Hintergrund der Pythagoras-Legenden: Rudolf Haase, Neue Forschungen über Pythagoras, in: Antaios, Band VIII, Stuttgart 1967, S. 401 ff.; R. Haase nimmt in seinem Artikel Bezug auf eine nachstehend genannte Veröffentlichung des bekannten Altphilologen Walter Burkert und sagt (S. 402): „Er [Burkert] vertritt nämlich die Überzeugung, daß die vielfach umstrittenen Pythagoraslegenden ernst zu nehmen seien, da sie nicht nur in auffälliger Weise übereinstimmen, sondern vor allem ein Ergebnis liefern, das der heutigen ethnologischen Forschung keineswegs befremdend erscheint. Pythagoras müßte demzufolge genau das gewesen sein, was man heute unter einem Schamanen versteht, ein ‚wandernder, Wunder wirkender Kathartes', der hellsichtige Fähigkeiten besessen hat, und Burkert konzediert daher auch, daß Pythagoras durch Hellsichtigkeit etwas von himmlischer Musik erfahren haben könnte." Vgl. Walter Burkert, Weisheit und Wissenschaft. Studien zu Pythagoras, Philolaos und Platon, Nürnberg 1962

faßt, gibt auch ganz speziell aus der Sicht unseres Cicero-Zitats einen Sinn: „Jene acht Bahnen aber, von denen zwei dieselbe Kraft besitzen, bewirken sieben durch Zwischenräume unterschiedene Töne, eine Zahl, die der Knoten fast aller Dinge ist ...“

Siebenstimmig ist auch der in der *Kunst der Fuge* singuläre Schlußakkord des ehemals an siebter Stelle im Autograph stehenden Contrapunctus 6. „Sieben an der Zahl sind [nach Nikomachos von Gerasa] die Elementartöne, nicht nur der menschlichen, sondern auch der instrumentalen und kosmischen Stimme, ganz einfach der Harmonie, nicht nur weil sie allein und als allererste Töne von den sieben Sternen ausgehen, wie wir es gelernt haben, sondern auch weil das erste Diagramm, welches sich den Musikern präsentiert, ein Septakkord ist.“ (ὅτι οὐ μόνον τῆς ἀνθρωπίνης φωνῆς ἀλλὰ καὶ ὀργανικῆς καὶ κοσμικῆς καὶ ἁπλῶς ἐναρμονίου φωνῆς ζ' ὑπάρχει τὰ στοιχειώδη φθέγματα, οὐ μόνον παρὰ τὸ ὑπὸ τῶν ζ' ἀστέρων ἀφίεσθαι μόνα καὶ πρώτιστα, ὡς ἐμάθομεν, ἀλλ' ὅτι καὶ τὸ πρῶτον διάγραμμα παρὰ τοῖς μουσικοῖς ἑπτάχορδον ὑπέπεσεν. Theol. arithm. p. 482, 7 Romano = p. 71 De Falco).

Aus unserem Cicero-Zitat erfahren wir weiterhin, daß sich diese sieben Sterne „rückwärts drehen in entgegengesetzter Bewegung (contrario motu) zum Himmel“. Der Ausdruck „contrario motu“ erscheint genauso in der Überschrift der dritten Fassung des Augmentationskanons BWV 1080.14: „Canon per Augmentationem in Contrario Motu“.[237]

Das Dualismusprinzip (siehe Kapitel II), verifizierbar in dem Begriff „entgegengesetzte Bewegung“ (motus contrarius), ebenso wie in der von Bach für die drei- und vierstimmigen Fugen gewollten Satzbezeichnung „Contrapunctus“, ist anerkannter Grundbestandteil pythagoreischen Denkens. Den unmittelbaren Anlaß zu der sonst selten vorkommenden Satzbezeichnung bzw. Satzüberschrift „Contrapunctus“[238] haben wir allerdings in jüngerer Vergangenheit zu suchen. Bach dürfte hierbei durch eine Kapitelüberschrift (VII. Kapitel des V. Buches, *Abb. 34*) in Johannes Keplers *Weltharmonik* (*Harmonices mundi*) angeregt worden sein, einmal weil sich bei Kepler der allgemein bekannte musikalische Fachbegriff „Contrapunct“ im satztechnischen Sinne mit der Idee der Sphärenharmonie verbindet[239]

[237] Bezüglich der Authentizität der Kanon-Überschrift siehe: Wolfgang Wiemer, Die wiederhergestellte Ordnung in Johann Sebastian Bachs „Kunst der Fuge“, Wiesbaden 1986², S. 27 f.

[238] Riemann Musiklexikon, hrsg. W. Gurlitt und H. H. Eggebrecht, Mainz 1967, Sachteil: Kontrapunkt, S. 491, erste Spalte

[239] Johannes Kepler, Weltharmonik, hrsg. Max Caspar, München/Wien 1982⁴, Buch V, Kap. VII, S. 310; Ioannis Keppleri, Harmonices mundi, Libri V., Lincii Austriae. Anno M.CD.XIX., S. 207. Die Tatsache, daß Kepler von den Komponisten unbedingt eine sechsstimmige Partitur – siehe hierzu Keplers entsprechende Fußnote auf Seite 207 der Originalausgabe – fordert, darf nicht irritieren, da Kepler über ein neues Weltbild verfügt. Im Gegenteil: Das „Ricercar. à 6“ im „Musikalischen Opfer“ BWV 1079 – Bachs zweite „Abhandlung“ für die Mizlersche Sozietät – kann auch als direkte Antwort Bachs auf Keplers Forderung aufgefaßt werden, unabhängig von seinem Besuch bei Friedrich dem Großen in Potsdam.

– diese aber nach Kepler eine „bewunderungswürdige Übereinstimmung“ (admirabilis congruentia) mit dem vierstimmigen menschlichen Gesang aufweist[240] –, zum anderen weil in dieser Kapitelüberschrift Keplers von „viergestaltigen Contrapuncten“ (Contrapuncta, quadriformia) die Rede ist, für welche die in der *Kunst der Fuge* vorkommenden vier Formen des Fugentypus (Einfache Fuge, Doppelfuge, Tripelfuge, Quadrupelfuge) eine sinnvolle Entsprechung bilden. Wie bereits erwähnt, war es Mizlers Absicht, Keplers fünf Bücher der *Weltharmonik* in der *Musikalischen Bibliothek* zu besprechen.[241]

Noch haben wir eine wichtige Frage in unserem Zusammenhang nicht berührt. Was hat eine „entgegengesetzte Bewegung“ substantiell mit der „Sphärenharmonie“ bzw. mit „Harmonie“ zu tun? Nikomachos von Gerasa gibt eine für das pythagoreische Denken aufschlußreiche Antwort: „Harmonie entsteht jedenfalls aus Gegensätzen …“ (ἁρμονία δὲ πάντως ἐξ ἐναντίων γίνεται …, Nicom. Arithm. II 19 p. 115, 2).[242]

Die ersten acht Fugen des Autographs (I–VIII) und der „Canon in Hypodiapason“

Was den Hintergrund der ebenfalls pythagoreisch interpretierbaren Anfangsgruppe von acht Fugen im Autograph (I–VIII) angeht, kann diese Gruppe genauso auf *Scipios Traum* bezogen werden, und zwar auf die „acht Bahnen“ unseres Cicero-Zitats. Diese, die Erstfassung der *Kunst der Fuge* betreffende Interpretation wird u. a. dadurch bestätigt, daß im Autograph an neunter Stelle – „In neun Kreisen oder besser Kugeln ist alles verbunden“ – ein einstimmig notierter Oktavkanon erscheint, der durch seine Position und durch seine Überschrift „Canon in Hypodiapason“ (Kanon in der Unteroktav) – die ersten von Bach eigenhändig geschriebenen Worte nach 21 Seiten Partitur-Reinschrift *(Abb. 35)* – an einen anderen, noch nicht zitierten Passus aus *Scipios Traum* erinnert, nämlich: „Denn sie, die die Mitte und neunte ist, die Erde, bewegt sich nicht und ist die unterste, und zu ihr streben alle Gewichte durch ihre eigene Schwere“ (Nam ea quae est media et nona, Tellus, neque movetur et infima est, et in eam feruntur omnia nutu suo pondera. Cicero Somn. Scip. 17).

Das Verbindende zwischen den acht Fugen und dem nachfolgenden „Canon in Hypodiapason“ – Bach gibt diesem Kanon in der Druckversion die Überschrift „Canon alla Ottava“ – liegt im Harmonie- und Arithmetikgedanken, und zwar sowohl musikalisch wie sinnbildlich. Nach Aristoteles nahmen die Pythagoreer an, „daß der gesamte Himmel Harmonie und Zahl sei“ (τὸν ὅλον οὐρανὸν

[240] Ioannis Keppleri, Harmonices mundi, a.a.O., S. 213, Zeile 11
[241] Mus. Bibl. I, 1, S. 42 n
[242] Diels-Kranz I[6], 410, 20–21
[243] Aristotele, Metafisica, ed. Giovanni Reale, Milano 1994[2], A 5, 986 a 2–3, S. 26 f.

ἁρμονίαν εἶναι καὶ ἀριθμόν ..., Aristot. Metaph. A 5, 986 a 2–3)[243] – auch deshalb bedarf es keiner Überschrift für die ersten acht Fugen –, und nach Philolaos ist die Harmonie und die Oktav nicht nur synonym – laut Bericht des Nikomachos von Gerasa[244] –, sondern die Harmonie ist auch Begründerin der Weltordnung bzw. des Kosmos, wie durch Stobaios belegt wird.[245]

Auf das Autograph der *Kunst der Fuge* bezogen hieße das, daß der an neunter Stelle stehende, im Autograph die Position der Mitte einnehmende „Canon in Hypodiapason" demselben Oktav- bzw. Harmonieprinzip „unter"-liegt („Hypo" von griech. ὑπό = unten, unterhalb) wie die vorausgegangenen acht Fugen oder, im übertragenen Sinne, daß die Erde demselben Harmoniegesetz unterworfen ist wie die acht Himmelssphären.

Aufschlußreich für das Verständnis des 9 : 8-Verhältnisses ist auch die Bemerkung des Aristeides Quintilianus: „Das [Zahlenverhältnis des Ganztons] 9 : 8 offenbart die Harmonie des Alls." (ὁ μὲν ἐπόγδοος τὴν πάντων δηλῶν ἁρμονίαν. Arist. Quint. De musica Lib. III, p. 135, 22 Meibom)[246] Das von Cicero erwähnte Streben aller Gewichte zur Erde hin findet im übrigen ein aufregendes Abbild in dem wohl innerhalb des gesamten Bach-Werkes einzigartigen Intervallsturzes der Sopranstimme vom a'' (Takt 100) bis hin zum D (Takt 103) am Ende des Oktavkanons.

IX. Die Sequenz „Quarte-Quinte-Quarte-Quinte" nach Philolaos in der Überlieferung des Nikomachos von Gerasa

Der uns interessierende Teil des Philolaos-Fragments lautet: „Der Harmonie [Oktave] Größe umfaßt die Quarte und die Quinte. Die Quinte ist aber um einen Ganzton größer als die Quarte. Denn von der Hypate bis zur Mese ist eine Quarte, von der Mese zur Nete eine Quinte, von der Nete zur Trite eine Quarte, von der Trite zur Hypate eine Quinte." (ἁρμονίας δὲ μέγεθός ἐστι συλλαβὰ καὶ δι' ὀξειᾶν· τὸ δὲ δι' ὀξειᾶν μεῖζον τᾶς συλλαβᾶς ἐπογδόῳι. ἔστι γὰρ ἀπὸ ὑπάτας ἐπὶ μέσσαν συλλαβά, ἀπὸ δὲ μέσσας ἐπὶ νεάταν δι' ὀξειᾶν, ἀπὸ δὲ νεάτας ἐς τρίταν συλλαβά, ἀπὸ δὲ τρίτας ἐς ὑπάταν δι' ὀξειᾶν. Nicom. Harm. Man. Lib. I, p. 17 Meibom)[247]

Die Bezeichnungen der Tonhöhen (Hypate, Mese, Nete) sind nach Thrasybulos Georgiades von Bau und Saitenanordnung der Kithara oder Lyra her zu verste-

[244] M. Meibom, a.a.O., Vol. I, Nikomachos von Gerasa, I. Handbuch zur Harmonik, S. 17, und Diels-Kranz I[6], 409, 10 ff.

[245] Diels-Kranz I[6], 408, 11 ff.

[246] Aristeides Quintilianus, Von der Musik, hrsg. Rudolf Schäfke, Berlin 1937, S. 334

[247] M. Meibom, a.a.O., Vol. I, Nikomachos von Gerasa, I. Handbuch zur Harmonik, S. 17, und Diels-Kranz I[6], 409, 10 ff.

hen.[248] Es dürfte sich dabei um die ersten musikalischen Fachausdrücke überhaupt handeln.

Nun ist im Zusammenhang mit der Partitur der *Kunst der Fuge* interessant, daß sich die Anfänge der Contrapuncte 1–4 in auffälliger Weise mit den Intervallen des Pythagoreers Philolaos decken. In den Contrapuncten 1, 2 und 4 setzen alle Stimmen mit ansteigenden Quint- und Quartintervallen an, was zur Folge hat, daß das Anfangsintervall der jeweils eintretenden zweiten bzw. vierten Stimme, in Verbindung gesetzt mit demjenigen der jeweils eintretenden ersten bzw. dritten Stimme, den ständigen Wechsel von Quarte-Quinte-Quarte-Quinte hervorruft.

In Contrapunctus 3 findet der Wechsel unmittelbar statt: Die erste Stimme setzt mit der Quarte an, die zweite mit der Quinte usw. Auch der Contrapunctus 12, rectus und inversus, und die Quadrupelfuge 19 weisen den gleichen Wechsel wie die Contrapuncte 1, 2 und 4 auf.

War das Philolaos-Fragment, welches über seine musiktheoretische Aussage hinaus auch als Anspielung auf die antike Lyra gelten kann, Bach bekannt? Aufgrund der zahlreichen und zum Teil eindringlichen Empfehlungen Mizlers bezüglich der Meibom-Ausgabe von 1652[249], in welcher das Philolaos-Fragment bei Nikomachos von Gerasa im I. Handbuch zur Harmonik enthalten ist, dürfte dieses Fragment Bach genauso bekannt gewesen sein wie alle anderen in der Meibom-Ausgabe vorkommenden Autoren, ausgehend von dem erwiesenen Interesse Bachs an der Mizlerschen Sozietät. Daß der Quinten-Quarten- bzw. der Quarten-Quinten-Wechsel ganz einfach mit dem Fugenprinzip und der dazugehörigen sogenannten tonalen Beantwortung erklärt werden kann, spricht nicht gegen eine Interpretation im Sinne des Philolaos, denn die Form des Rätsels, welche wir der *Kunst der Fuge* begründeterweise zuerkennen (siehe Kapitel I: Das Rätselprinzip), impliziert per definitionem Rätselfragen, die sich durch Mehrdeutigkeit oder Irreführung auszeichnen.[250]

Hinzu kommt, daß Mizler 1737 im 2. Teil des I. Bandes der *Musikalischen Bibliothek* im Zusammenhang der Geschichte des Tetrachordes eigens auf Nikomachos verweist[251], nachdem er dessen zwei Handbücher zur Harmonik bereits 1736 im 1. Teil des I. Bandes der *Musikalischen Bibliothek* als Teil III des ersten Bandes der Meibom-Ausgabe vorgestellt hatte.[252] Weiterhin ist von Bedeutung, daß Nikomachos unmittelbar vor dem von uns zitierten Philolaos-Fragment Philolaos als „den Nachfolger des Pythagoras“ bezeichnet (… ὁ Πυθαγόρου διάδοχος …, Nicom. Harm. Man. Lib. I, p. 17, 5 Meibom). Nicht von ungefähr

248 Thrasybulos Georgiades, Musik und Rhythmus bei den Griechen, Hamburg 1958, S. 91

249 Mus. Bibl. I, 1, S. 1–9; I, 1, S. 35 n; I, 2, S. 27; I, 3, S. 1; II, 2, S. 204 n; III, 2, S. 200 n

250 Der Große Herder, Band 7, Freiburg 1955, Sp. 850: Rätsel

251 Mus. Bibl. I, 2, S. 10

252 Mus. Bibl. I, 1, S. 36

erwarb Platon laut Diogenes Laertios (III, 9) angeblich für hundert Minen drei pythagoreische Bücher des Philolaos.

Über das Philolaos-Fragment hinaus könnte von Bach in unserem Kontext noch ein anderer pythagoreischer Aspekt beabsichtigt sein. Die Anfangsintervalle aller vier Stimmen vorgenannter Fugen durchmessen zusammen jeweils eine Doppeloktav, die Anfangsintervalle der zwei ersteinsetzenden Stimmen zusammen jeweils eine Oktav. Da die Quart-, Quint-, Oktav- und Doppeloktav-Intervalle aber bekanntlich Zahlenproportionen entsprechen, die sich aus den Zahlen 1 bis 4 herleiten, können diese Intervalle aufgrund ihrer hier in Erscheinung tretenden Beziehungsverflechtung auch als indirekter Hinweis auf die dekadische Tetraktys (siehe Kapitel IV: Die Tetraktys) verstanden werden, in welcher sich nach Theon von Smyrna alle Konsonanzen – nämlich die pythagoreischen Grundintervalle Quarte, Quinte, Oktav, Doppeloktav – finden lassen (Theo Smyrn. p. 94, 2 Hill.).

Die Doppeloktav kommt zudem als Hinweis auf das „Systema teleion" des Klaudios Ptolemaios in Betracht. „Das Systema teleion, welches einzig und allein zwei Oktaven umfasst." (Περὶ συστήματος τελείου καὶ ὅτι μόνον τοιοῦτο τὸ δὶς διὰ πασῶν. Ptolem. Harm. II 4, p. 50, 11 Düring)[253]

X. Die Fuge als Symbol

Das Bestreben Mizlers, die Musik als „Teil philosophischer Unterweisung bzw. philosophischer Gelehrsamkeit" (pars eruditionis philosophicae) zu erweisen – vgl. Arist. Quint. De musica Lib. I, p. 163, 31 Meibom – , ist durch den Titel seiner Magisterarbeit belegt.[254] Diesem Bestreben schließt sich folgerichtig seine Hinwendung zur pythagoreischen Philosophie an, eine Philosophie, in welcher die Musik eine unangefochten zentrale Stellung einnimmt.

Die *Musikalische Bibliothek*, die Gründung der *Correspondierenden Societät der musikalischen Wissenschaften*, das Gründungsstatut mit seiner Prämisse, das erweiterte Statut, die Sozietäts-Medaille, verschiedene Titelvignetten und andere persönliche Dokumente Mizlers, wie zum Beispiel der für Matthesons *Grundlage einer Ehrenpforte*[255] verfaßte Lebenslauf, oder sein Gedicht *Lob der Musik*[256] weisen eindeutig auf einen modernen Pythagoreismus hin, der dem Gesamtver-

[253] Claudius Ptolemaeus, ed. Ingemar Düring, Göteborg 1930, Reprint Hildesheim/Zürich/New York 1982, S. 50, Z. 11; dt. Übers. Ingemar Düring, Ptolemaios und Porphyrios, Über die Musik, Göteborg 1934, Reprint Hildesheim 1987, S. 65

[254] Dok. II, Nr. 349, S. 247

[255] Johann Mattheson, Grundlage einer Ehrenpforte, Hamburg 1740, S. 232

[256] Lorenz Mizler, Sammlungen auserlesener moralischer Oden, Faksimile-Ausgabe, ed. Dragan Plamenac, Leipzig 1972, S. 34, Nr. 24 sowie Mus. Bibl. IV, 1, S. 21 f.

halten Mizlers zufolge – und dieses ist wiederum Teil pythagoreischer Denkart[257/8] – zumindest coram publico nicht ohne weiteres erkannt werden sollte.

Wichtig ist dabei, daß die einmal als solche verstandene Mizlersche Denkart ein völliges Umdenken hinsichtlich der *Musikalischen Bibliothek* und der Sozietät erfordert. Das heißt auf die *Kunst der Fuge* bezogen, daß eine Annäherung an die Partitur – es handelt sich wohlgemerkt um den eigentlichen Beitrag Bachs für die Sozietät – nur dann sinnvoll sein kann, wenn die musikalisch-philosophischen und mathematischen Voraussetzungen dahin führen, daß die Bachsche Symbolsprache speziell dieses Werkes nicht ignoriert wird.

Nur um ein weiteres Sujet aus dem mathematisch-philosophischen Bereich herauszugreifen: Die Wertgrößenveränderung des Themas in Contrapunctus 6 und 7 ist beispielsweise mit „Handwerkerstolz"[259] nicht zu erklären, wohl aber anhand des Quantitätendiskurses von Plotin.[260] Nicht zu vergessen hierbei Mizlers Definition der Musik: „Die ganze Musik bestehet ja aus lauter Quantitäten."[261]

Es versteht sich eigentlich von selbst, daß der Symbolcharakter eines Werkes dort notwendigerweise verstärkt hervortreten muß, wo Standarderläuterungen (siehe Kapitel I: Das Rätselprinzip) und andere mögliche Hinweise inhaltlicher Art vom Autor bewußt vermieden werden. So ist es auch nicht abwegig, das Substrat der *Kunst der Fuge*, die Fuge selbst bzw. das Fugenprinzip, als Symbol in Betracht zu ziehen. Der musikalische Begriff „Fuge" – in der Antike nicht vorhanden – hängt etymologisch mit dem lateinischen Wort fuga (Flucht) und dem griechischen Wort φυγή (Flucht) zusammen. Deshalb kann die Fuge auch ganz allgemein als ein „Fliehen" einer Stimme vor der anderen aufgefaßt werden.

In der seit Mitte des 16. Jahrhunderts bis zum Beginn des 18. Jahrhunderts in Deutschland bestehenden Kompositionslehre, der Musica poetica (auch Melopoetica, Melopoiia oder Melopöie)[262], welche schon vom Namen her auf die Antike Bezug nimmt – siehe die Kapitel „μελοποιία" (Melodiebildung) bei Aristeides Quintilianus (Arist. Quint. De musica Lib. I, p. 28, 29 Meibom) und „De Melopoeia" bei Martianus Capella (Martian. Cap. IX, p. 189, 19 Meibom) –, „gehört die Fuge zu den musikalischen Figuren, die Bildlichkeit annehmen können, und ‚dient dazu, aufeinanderfolgende Handlungen auszudrücken' (servit quoque actionibus successivis exprimendis, Kircher 1650)".[263] Die Fuge als Sinn-

[257] Iamblichos, De vita Pythagorica, ed. M. v. Albrecht, a.a.O., § 246, S. 236 ff.
[258] Iamblichos, De vita Pythagorica, ed. M. v. Albrecht, a.a.O., § 104, S. 110 f.
[259] H. G. Hoke, Beilage zu Johann Sebastian Bachs „Kunst der Fuge", a.a.O., S. 24
[260] Plotino, Enneadi, edd. Giuseppe Faggin, Giovanni Reale, Roberto Radice, Milano 1996⁴, S. 1527: Stellenverzeichnis bezüglich des Quantitätenbegriffes
[261] Mus. Bibl. I, 4, S. 73 ff.
[262] Riemann Musiklexikon, hrsg. W. Gurlitt und H. H. Eggebrecht, Mainz 1967, Sachteil: Musica poetica, S. 599
[263] Riemann Musiklexikon, a.a.O., Sachteil: Fuga, S. 307

bildträger ist also prinzipiell denkbar, zumal Mizler die mit der Musica poetica synonymen Begriffe „Melopöie“ und „μελοποίησις [das Componiren]“ im 2. Teil des II. Bandes der *Musikalischen Bibliothek* erwähnt.[264]

„Flucht“ bedeutet bei Plotin jedoch nichts anderes als die Rückkehr der Seele zu Gott bzw. die Loslösung der Seele von der Materie (vgl. Plato Theaet. 176 B und Porphyrius De regressu animae). Für ihn repräsentiert die Figur des heimwärts strebenden Odysseus die Seele, welche zum „Vater“, zur „Einheit“ zurückkehren will.[265] Schon die Neupythagoreer Numenios und Kronios, deren Werke in Plotins Philosophenschule zu Rom studiert wurden[266], hatten Odysseus als Symbol der Seele interpretiert[267], und Mizler zeigt durch die Gestaltung der Sozietäts-Medaille (siehe Kapitel: Sozietäts-Medaille), daß ihm diese allegorische Interpretation zumindest aus der „Nymphengrotte“ des Porphyrios (Porphyr. De antro nymph. 34, 5–10) bekannt gewesen sein muß. Die entscheidende Stelle in den *Enneaden* Plotins lautet:

„‚So laßt uns fliehen in die geliebte Heimat‘ – so könnte man mit mehr Recht mahnen. Und worin besteht diese Flucht und wie geht sie vor sich? Wir werden in See stechen wie Odysseus von der Zauberin Kirke oder von Kalypso, wie der Dichter sagt und verbindet damit, meine ich, einen geheimen Sinn: er wars nicht zufrieden zu bleiben, obgleich er die Lust hatte, die man mit Augen sieht, und der Fülle wahrnehmbarer Schönheit genoß. Dort nämlich ist unser Vaterland, von wo wir gekommen sind, und dort ist unser Vater. Was ist es denn für eine Reise, diese Flucht? Nicht mit Füßen sollst du sie vollbringen, denn die Füße tragen überall nur von einem Land in ein anderes, du brauchst auch kein Fahrzeug zuzurüsten, das Pferde ziehen oder das auf dem Meer fährt, nein, du mußt dies alles dahinten lassen und nicht blicken, sondern nur gleichsam die Augen schließen und ein anderes Gesicht statt des alten in dir erwecken, welches jeder hat, aber wenige brauchens.“ (‘φεύγωμεν δὴ φίλην ἐς πατρίδα’, ἀληθέστερον ἄν τις παρακελεύοιτο. τίς οὖν ἡ φυγὴ καὶ πῶς; ἀναξόμεθα οἷον ἀπὸ μάγου Κίρκης (φησὶν) ἢ Καλυψοῦς Ὀδυσσεὺς (αἰνιττόμενος, δοκεῖ μοι) μεῖναι οὐκ ἀρεσθείς, καίτοι ἔχων ἡδονὰς δι’ ὀμμάτων καὶ κάλλει πολλῷ αἰσθητῷ συνών. πατρὶς δὴ ἡμῖν, ὅθεν παρήλθομεν, καὶ πατὴρ ἐκεῖ. τίς οὖν ὁ στόλος καὶ ἡ φυγή; οὐ ποσὶ δεῖ διανύσαι· πανταχοῦ γὰρ φέρουσι πόδες ἐπὶ γῆν ἄλλην ἀπ’ ἄλλης· οὐδέ σε δεῖ ἵππων ὄχημα ἤ τι θαλάττιον παρασκευάσαι, ἀλλὰ ταῦτα πάντα ἀφεῖναι δεῖ καὶ μὴ βλέπειν, ἀλλ’ οἷον μύσαντα ὄψιν ἄλλην ἀλλάξασθαι καὶ ἀνεγεῖραι, ἣν ἔχει μὲν πᾶς χρῶνται δὲ ὀλίγοι. Plot. Enn. I 6, 8, 16)[268]

[264] Mus. Bibl. II, 2, S. 201 u. 232

[265] Giuseppe Girgenti, Porfirio, a.a.O., S. 48

[266] Porfirio, Vita di Plotino, ed. Giuseppe Faggin, enthalten in: Plotino, Enneadi, edd. Giuseppe Faggin, Giovanni Reale, Roberto Radice, Milano 1996[4], Porphyrius vita Plotini, § 14, S. 22 f.

[267] Giuseppe Girgenti, Porfirio, a.a.O., S. 43

[268] Plotino, Enneadi, a.a.O., S. 138 ff.; dt. Übers. in: Plotin, Ausgewählte Einzelschriften, ed. Richard Harder, Hamburg 1956 (unveränd. Nachdr. 1986), I 6, 8, 16, S. 22 ff.

Das „Flucht"-Motiv erscheint besonders beeindruckend noch einmal am Ende der *Enneaden*, und es bedarf keiner sonderlichen Anstrengung, aus der gewichtigen Schlußformel dieses überragenden Neuplatonikers eine neue Sinnfälligkeit der *Kunst der Fuge* auch und gerade unter einem religiösen Aspekt zu entdecken, vorausgesetzt, daß der neupythagoreische bzw. neuplatonische Kontext in genügendem Umfang apperzipiert wurde: „Das ist das Leben der Götter und göttlicher, seliger Menschen, Abscheiden von allem andern was hienieden ist, ein Leben, das nicht nach dem Irdischen lüstet, Flucht des Einsamen [Vereinzelten] zum Einsamen [Vereinzelten]." (καὶ οὗτος θεῶν καὶ ἀνθρώπων θείων καὶ εὐδαιμόνων βίος ἀπαλλαγὴ τῶν ἄλλων τῶν τῇδε, βίος ἀνήδονος τῶν τῇδε, φυγὴ μόνου πρὸς μόνον. Plotinus Enn. VI 9, 11, 49)[269]

[269] Plotino, Enneadi, a.a.O., S. 1362 f.; dt. Übers. in: Plotin, Ausgewählte Einzelschriften, a.a.O., VI 9, 11, 49, S. 70 f., modifiziert von Georg Rechenauer

Teil II

Die *Kunst der Fuge* und das Problem ihrer Instrumentalbestimmung aus historischer, künstlerischer und wissenschaftsmethodischer Sicht

Definition des Problems

Das Problem der Instrumentalbestimmung der *Kunst der Fuge* – augenfällig durch fehlende Besetzungsangaben in der autographen Reinschrift, im Erstdruck (1751) und in der Titelauflage (1752) – ist sowohl künstlerischer (musica ars)[1] als auch wissenschaftlicher (musica scientia)[2] Natur. Diese beiden schon im Altertum feststehenden Grundaspekte, nämlich die Geltung von Musik als Kunst (τέχνη) und Musik als Wissenschaft (ἐπιστήμη) – bei Aristeides Quintilianus eine gleichberechtigte Position einnehmend (Arist. Quint. De musica Lib. I, p. 5, 34 Meibom) –, sind nach antiker Auffassung ganz selbstverständlich der Philosophie zugehörig. Dementsprechend war die Instrumentenwahl in der Antike nicht nur eine künstlerische oder praktische, sondern vor allem auch eine philosophisch-ethisch-pädagogische Angelegenheit mit Bezug auf den griechischen Mythos.

Eindringliches Beispiel: Saiteninstrumente (Lyra, Kithara) – ein „reineres und ätherisches Wesen" repräsentierend (... τὴν καθαρωτέραν οὐσίαν καὶ αἰθέριον. Arist. Quint. De musica Lib. II, p. 108, 15 Meibom) – werden Blasinstrumenten (Aulos) unter Berufung auf den Wettstreit zwischen Apollo und Marsyas[3] *(Abb. 36)* ausdrücklich vorgezogen (Plat. De rep. III, 399 c ff.; Arist. Quint. De musica Lib. II, p. 108). Interessanterweise verweist Aristeides Quintilianus in dieser Frage auch auf die angeblich von Pythagoras empfohlene „Kleine Lyra" (τὸ λύριον).[4]

Wenn wir nun die von Mizler erhobene Forderung nach einer „philosophischen Erkenntnis"[5] in der Musik und seine an antiken Vorstellungen orientierte Definition, die Musik sei ein „Teil philosophischer Unterweisung bzw. Gelehrsamkeit" (pars eruditionis philosophicae)[6], ernst nehmen wollen, dann heißt dies in unserem konkreten Fall: Das von Bach gestellte Problem der Instrumentalbestimmung in der *Kunst der Fuge* – es handelt sich bei diesem Werk, wie bereits erwähnt, nach Hoke um die dritte Abhandlung bzw. um den „letzten ‚Pflichtbeitrag'" für die *Correspondierende Societät der musikalischen Wissenschaften*[7], deren Mitglieder sich bekanntlich „sonderlich in der Philosophie" umgesehen haben müssen[8] – ist Bestandteil einer philosophischen Rätselfrage und kann des-

1 Dok. II, Nr. 349, S. 248

2 Dok. II, Nr. 349, S. 248

3 Apollodoro, I Miti Greci (Bilioteca), edd. Paolo Scarpi, Maria Grazia Ciani, Milano 1997[3], bibl. I, 4, 2, S. 18 f.

4 M. Meibom, a.a.O., Vol. II, Aristeides Quintilianus, II. Buch, S. 110, Zeile 5, und Aristeides Quintilianus, Von der Musik, hrsg. Rudolf Schäfke, a.a.O., S. 306

5 Mus. Bibl. I, 4, S. 56, 73 f.

6 Dok. II, Nr. 349, S. 248

7 H. G. Hoke, Beilage zu Johann Sebastian Bachs „Kunst der Fuge", a.a.O., S. 17

8 Mus. Bibl. III, 2, S. 349

halb nur unter Einbindung der Philosophie gelöst werden. Der Begriff Instrumentalbestimmung meint also nicht nur die Instrumentenwahl, sondern auch all die Eigentümlichkeiten und Wertzuordnungen des Instrumentalbereiches.

Die Instrumentalbestimmung als ein der Philosophie rangmäßig untergeordnetes Problem

Bevor wir das Problem der Instrumentalbestimmung im Detail erörtern, ist es sinnvoll, sich darüber zu einigen, was unter wissenschaftlicher Erkenntnis verstanden werden soll. Die nachfolgend ungekürzt wiedergegebene Definition des Aristoteles möge dabei unsere Richtschnur sein:

„Nun, was wissenschaftliche Erkenntnis ist, ergibt sich, wenn es gilt, sich exakt auszudrücken und sich nicht durch bloße Ähnlichkeiten leiten zu lassen, aus folgendem. Wir nehmen alle an, daß das, was wir wissenschaftlich erkennen, die Möglichkeit eines Andersseins ausschließt. Von dem, was anders sein kann, wissen wir nicht, ob es existiert oder nicht, falls es sich unserer unmittelbaren Beobachtung entzogen hat. Der Gegenstand wissenschaftlicher Erkenntnis hat also den Charakter der Notwendigkeit. Das heißt, er ist ewig. Denn alles, was mit uneingeschränkter Notwendigkeit existiert, ist ewig, und das Ewige ist ungeworden und unzerstörbar. Ferner gilt, daß alle wissenschaftliche Erkenntnis an andere weitergegeben und ihr Gegenstand gelernt werden kann. Alles Lehren aber geht von schon Bekanntem aus, wie wir auch in der Analytik sagen, und zwar vollzieht es sich teils durch Induktion, teils durch das syllogistische Verfahren. Die Induktion nun ist Ausgangspunkt auch für die Erkenntnis des Allgemeinen, während der Syllogismus vom Allgemeinen ausgeht. Folglich gibt es Ausgangspunkte, bei denen der Syllogismus einsetzt, die aber nicht ihrerseits durch einen Syllogismus gewonnen werden: da ist dann die Induktion zur Stelle. Das wissenschaftliche Erkennen ist folglich die zu einer Grundhaltung verfestigte Fähigkeit, bündige Schlüsse zu ziehen – und dazu kommt dann alles, was wir außerdem noch in der Analytik zur Begriffserklärung beibringen. Denn wenn jemand eine gewisse Sicherheit hat und ihm die Ausgangspunkte bekannt sind, so hat er wissenschaftliche Erkenntnis. Wenn ihm nämlich die Ausgangspunkte nicht besser bekannt sind als der abgeleitete Schluß, so kann er wissenschaftliche Erkenntnis nur in akzidentellem Sinne haben. So weit unsere Begriffsbestimmung über die wissenschaftliche Erkenntnis."

(ἐπιστήμη μὲν οὖν τί ἐστιν, ἐντεῦθεν φανερόν, εἰ δεῖ ἀκριβολογεῖσθαι καὶ μὴ ἀκολουθεῖν ταῖς ὁμοιότησιν. πάντες γὰρ ὑπολαμβάνομεν, ὃ ἐπιστάμεθα, μηδ' ἐνδέχεσθαι ἄλλως ἔχειν· τὰ δ' ἐνδεχόμενα ἄλλως, ὅταν ἔξω τοῦ θεωρεῖν γένηται, λανθάνει εἰ ἔστιν ἢ μή. ἐξ ἀνάγκης ἄρα ἐστὶ τὸ ἐπιστητόν. ἀίδιον ἄρα· τὰ γὰρ ἐξ ἀνάγκης ὄντα ἁπλῶς πάντα ἀίδια, τὰ δ' ἀίδια ἀγένητα καὶ ἄφθαρτα. ἔτι διδακτὴ ἅπασα ἐπιστήμη δοκεῖ εἶναι, καὶ τὸ ἐπιστητὸν μαθητόν. ἐκ προγινωσκομένων δὲ πᾶσα διδασκαλία, ὥσπερ καὶ ἐν τοῖς ἀναλυτικοῖς λέγομεν· ἣ μὲν γὰρ δι' ἐπαγωγῆς, ἣ δὲ συλλογισμῷ. ἡ μὲν δὴ ἐπαγωγὴ ἀρχή ἐστι καὶ τοῦ καθόλου, ὁ δὲ συλλογισμὸς ἐκ τῶν καθόλου. εἰσὶν ἄρα ἀρχαὶ ἐξ ὧν ὁ συλλογισμός, ὧν οὐκ ἔστι συλλογισμός· ἐπαγωγὴ ἄρα. ἡ μὲν ἄρα ἐπιστήμη ἐστὶν ἕξις ἀποδεικτική, καὶ ὅσα ἄλλα προσδιοριζόμεθα ἐν τοῖς ἀναλυτικοῖς· ὅταν γάρ πως πιστεύῃ καὶ γνώριμοι αὐτῷ ὦσιν αἱ ἀρχαί, ἐπίσταται· εἰ γὰρ μὴ μᾶλλον τοῦ συμπεράσματος, κατὰ συμβεβηκὸς ἕξει τὴν ἐπιστήμην. περὶ μὲν οὖν ἐπιστήμης διωρίσθω τὸν τρόπον τοῦτον. Aristot. Eth. Nic. Z 3. 1139 b 18)[9]

Auf unser Problem der Instrumentalbestimmung angewandt heißt dies: Alle bisher aufgestellten Theorien und Aufführungsvorschläge entbehren der oben geforderten „Ausgangspunkte" – das sind die pythagoreischen Grundprinzipien –, also muß es sich bei den bisherigen Erklärungen streng genommen um eine „wissenschaftliche Erkenntnis nur in akzidentiellem Sinne" handeln. Dennoch wollen wir sorgfältig, auch unter Einbeziehung moderner Erkenntnistheoretiker wie Thomas S. Kuhn und Karl Popper, alle bekannten Argumente bezüglich der Instrumentalbestimmung der *Kunst der Fuge* überprüfen, um dann in einem weiteren, abschließenden Teil eine bisher nicht erkannte gültige Besetzungsform, welche die *Kunst der Fuge* vom Schicksal der Bearbeitung befreit, als Rätselantwort vorzustellen.

Kritische Darstellung wichtiger Theorien und Aufführungspraktiken

Nach dem Erkenntnistheoretiker Thomas S. Kuhn vollzieht sich der Fortschritt in der Wissenschaft nicht durch kontinuierliche Veränderung, sondern durch revolutionäre Prozesse; ein bisher geltendes Erklärungsmodell wird verworfen und durch ein anderes ersetzt. Diesen Vorgang bezeichnet sein berühmt gewordener Terminus „Paradigmenwechsel". Kuhn versteht unter Paradigmata „anerkannte wissenschaftliche Leistungen, die für eine gewisse Zeit einer Gemeinschaft von Fachleuten maßgebende Probleme und Lösungen liefern".[10]

9 Aristotele, Etica Nicomachea, ed. Claudio Mazzarelli, Milano 1998[4], Z 3. 1139 b 18–36, S. 232 f.; dt. Übers. Franz Dirlmeier, in: Aristoteles, Nikomachische Ethik, hrsg. Franz Dirlmeier, Frankfurt am Main und Hamburg 1957, S. 125

10 Thomas S. Kuhn, Die Struktur wissenschaftlicher Revolutionen, Frankfurt am Main 1996[13], S. 10

Die Tastenmusik-These als Paradigma

Als Paradigma kann, zumindest im Sinne eines Erklärungsmodells, die nun seit rund 250 Jahren währende, unterschiedlich prävalente Tastenmusik-These gelten. Die Entwicklung dieses Paradigmas erstreckt sich von der einfachen Behauptung ohne nähere Begründung – zum ersten Mal nachweisbar in einem ein Jahr nach Bachs Tod in Berlin 1751 erschienenen, also von Bach nicht autorisierten Aufruf zur Subskription des Druckes der *Kunst der Fuge*, worin geschrieben steht, daß „alles [...] zum Gebrauch des Claviers und der Orgel ausdrücklich eingerichtet" sei[11] – über Partitur-Ausgaben der *Kunst der Fuge* mit beigefügter Klaviernotation auf zwei Systemen (Hans Georg Nägeli, Zürich 1802) und Ausgaben mit ausschließlicher Klaviernotation (Carl Czerny, Leipzig 1838 und 1839 sowie Paris 1841) bis hin zu den mit wissenschaftlichen Begründungen versehenen Klavier-Ausgaben, welche Christoph Wolff 1987 in Frankfurt herausgab (Christoph Wolff, *Die Kunst der Fuge*, Band I: Frühere Fassung. Erstausgabe, Frankfurt/Leipzig/New York/London 1987; Christoph Wolff, *Die Kunst der Fuge*, Band II: Spätere Fassung, Frankfurt/New York/London 1987). In diesen Ausgaben findet sich – unter anderem unter Bezugnahme auf Veröffentlichungen von H. Husmann (1938) und G. Leonhardt (1952) – folgende Argumentation zugunsten der Klavier-These:

„Daß die Kunst der Fuge meist nicht unter die Klavierwerke Bachs gezählt wird, ist eine Erscheinung der jüngeren Rezeptionsgeschichte seit den 1920er Jahren, die die Anschauung des Werkes als einer zu instrumentierenden oder gar klanglich abstrakten Komposition propagierte. Die tasteninstrumentale Bestimmung der Kunst der Fuge ergibt sich jedoch nicht nur aufgrund ihres historischen Kontextes (Partiturnotation polyphoner Tastenmusik galt seit Scheidt und Frescobaldi als Konvention), sondern insbesondere aus ihrer Faktur, die konsequent auf Manualiter-Spielbarkeit Rücksicht nimmt."[12]

Auch die Edition der *Kunst der Fuge* in der Neuen Bach-Ausgabe aus dem Jahre 1995 vertritt die Tastenmusik-These, gibt jedoch dabei dem Cembalo den Vorzug.[13] Dennoch hat es an „Anomalien" (Thomas S. Kuhn)[14] bezüglich der Tastenmusik-These nicht gefehlt. Denn selbst, wenn die Klavier-These keinen Widerspruch im Schrifttum erführe, bliebe sie doch immer eine Erklärung dafür

11 Neue Bach-Ausgabe VIII, 2.1, hrsg. Klaus Hofmann, Kassel/Basel/London/New York/Prag 1995, S. VI, Fußnote 1; vgl. den Beitrag von Thomas Wilhelmi im Bach-Jahrbuch 1992, S. 101–105

12 Johann Sebastian Bach, Die Kunst der Fuge BWV 1080, hrsg. Christoph Wolff, Band I: Frühere Fassung. Erstausgabe, Frankfurt/Leipzig/New York/London 1987, S. 4; Band II: Spätere Fassung, Frankfurt/New York/London 1987, S. 3

13 NBA VIII. 2.1, a.a.O., Vorwort: S. VI f. sowie Klavierumschrift: S. 108 ff.; NBA VIII, 2.2, a.a.O., Klavierumschrift: S. 78 ff.

14 Thomas S. Kuhn, Die Struktur wissenschaftlicher Revolutionen, a.a.O., S. 65: VI. Anomalien und das Auftauchen wissenschaftlicher Entdeckungen

schuldig, warum Pianisten und Cembalisten von Weltrang im Laufe von 250 Jahren nicht imstande waren, diesem unbestritten einzigartigen Meisterwerk J. S. Bachs einen Ehrenplatz im Konzertsaal zu sichern.

Die Orchesterbearbeitung Wolfgang Graesers als Krisenmoment der Tastenmusik-These

Als ich 1927 in der Thomaskirche die „Kunst der Fuge" in der Gräserschen Bearbeitung uraufführte, war ich mir durchaus darüber im klaren, daß dieser Instrumentierung die letzte Gültigkeit versagt bleiben würde. Ich wollte aber den ersten Schritt tun, um Bachs Wunderwerk von dem Bannfluch der Unaufführbarkeit zu erlösen.

Karl Straube

Im Jahre 1927 gab es für die Klavier-These, erkenntnistheoretisch gesehen, eine deutliche „Krise".[15] Der Thomaskantor Karl Straube führte die *Kunst der Fuge* in einer von dem jungen Wolfgang Graeser 1924 vorgeschlagenen Orchesterbearbeitung am 26. Juni 1927 in der Thomaskirche in Leipzig *(Abb. 37)* auf. Dazu Roswitha Schlötterer-Traimer (1966):

„Diese ‚Uraufführung' der Kunst der Fuge war das Ergebnis der Studien von Wolfgang Graeser (1906–1928), die er ausführlich im Bach-Jahrbuch von 1924 dargelegt hatte. Seiner Neuordnung und Begründung wurde damals solche Bedeutung beigemessen, daß sie 1932, also nach Graesers Tod, als Supplementband den 46 Bänden der längst abgeschlossenen Bach-Gesamtausgabe angefügt wurde, nachdem sie schon 1927 als Ausgabe der Neuen Bachgesellschaft Jg. 28 veröffentlicht worden war. [...] Hinsichtlich der instrumentalen Ausführungsweise aber hat er die partiturmäßige Notation Bachs mißverstanden, indem er sie als Ensemblepartitur ohne Angabe von bestimmten Instrumenten gedeutet hat. Damit war zum ersten Mal das Problem der Instrumentierung der Kunst der Fuge aufgetaucht. Graeser schlug in seiner Ausgabe Streichorchester und Solostreichquartett, Holz- und Blechbläser sowie Cembalo und Orgel vor, die die einzelnen Contrapuncte jeweils in verschiedener Besetzung ausführen sollten. [...] Nach dem Abbrechen der fragmentarischen Quadrupelfuge wurde der Choral gespielt. Die Reaktion aus den Fachkreisen war zum großen Teil begeistert, zum Teil aber auch recht kritisch."[16]

Soweit der unter Einfluß der Klavier-These im Abstand von ca. 40 Jahren geschriebene – hier auszugsweise wiedergegebene – Bericht. Das „Aufsehen"

15 Thomas S. Kuhn, Die Struktur wissenschaftlicher Revolutionen, a.a.O., S. 79: VII. Krisen und das Auftauchen wissenschaftlicher Theorien

16 Roswitha Schlötterer-Traimer, Johann Sebastian Bach. Die Kunst der Fuge (Meisterwerke der Musik, hrsg. Ernst Ludwig Waeltner, Heft 4), München 1966, S. 11 f.

jedoch, welches Graeser mit seiner Erstaufführung der *Kunst der Fuge* erzielt hatte[17], konnte nicht ohne Folgen bleiben.

Die Reaktion auf die Krise

Als Reaktion im erkenntnistheoretischen Sinne können die Arbeiten von Heinrich Husmann (Die Kunst der Fuge als Klavierwerk. Besetzung und Anordnung, Bach-Jahrbuch 35/1938) und Gustav Leonhardt (The Art of Fugue. Bach's Last Harpsichord Work: An Argument, Den Haag 1952) verstanden werden, welche dann in der anläßlich des 61. Bachfestes in Duisburg formulierten Feststellung – „Das gewichtigste Klavierwerk der Spätzeit ist zweifellos die ‚Kunst der Fuge' …"[18] – ihren Höhepunkt gefunden haben dürfte.

Allerdings muß eine solche Feststellung solange als bloße Behauptung gelten, wie man mit Recht die Frage stellen kann, warum dieses Klavierwerk nicht im Konzertsaal zu hören ist bzw. warum man dieses Klavierwerk nicht hören will. Es ist nämlich eine offenkundige Tatsache, daß der weitaus größere Teil ausübender Musiker und Fachgelehrter von der *Kunst der Fuge* als Klavierwerk aller wissenschaftlichen Argumentation zum Trotz ebensowenig überzeugt werden kann wie das Publikum.

Erkenntnistheoretisch heißt dies: Das Klavier-Paradigma bietet im akustischen Bereich, also im ureigenen Medium der Musik, keine Lösung und muß deshalb durch ein anderes ersetzt werden, und zwar durch ein Paradigma, welches „schwierige Rätsel identifiziert, Anhaltspunkte zu ihrer Lösung und Garantien liefert".[19] Damit ist freilich nichts darüber ausgesagt, warum das Klavier nicht zu überzeugen vermag.

Warum die Klavier-Cembalo-These nicht überzeugt

Die Lösung des Problems der Instrumentalbestimmung muß in der Anschauung des Werkes liegen. Denn: Noch wichtiger als die Frage der Instrumentalbestimmung ist die Frage nach der „Wesenheit" (lat. quidditas) des Werkes. Erst wenn diese geklärt ist, findet sich nicht nur die Lösung für die richtige Instrumentierung, sondern auch die Begründung dafür.

[17] Musik im Zeitbewußtsein, 2. Jahrgang Nr. 9, Berlin 3. März 1934, S. 13

[18] Christoph Wolff, Bachs Spätwerk: Versuch einer Definition, in: Johann Sebastian Bach. Spätwerk und Umfeld. Bericht über das wissenschaftliche Symposion anläßlich des 61. Bachfestes der Neuen Bachgesellschaft, Duisburg, 24. Mai bis 5. Juni 1986, hrsg. Chr. Wolff, Kassel etc. 1988, S. 107

[19] Thomas S. Kuhn, Die Struktur wissenschaftlicher Revolutionen, a.a.O., S. 190

Die Frage nach der Wesenheit der *Kunst der Fuge* ist die Frage nach der Idee, nach dem Sinngehalt des Werkes. Diese konnte jedoch nicht beantwortet werden, solange der auf pythagoreischer Philosophie und Musiktheorie beruhende Grundcharakter der *Kunst der Fuge* hinter der Maske eines besonders schwierigen philosophischen Rätsels verborgen blieb.

Die Klavier-These unter dem Aspekt der Logik

Das Außerachtlassen der pythagoreischen Idee in einer allfälligen Argumentation und Diskussion hinsichtlich der *Kunst der Fuge* mußte zu Überlegungen führen, welche nur Teilbezirke des komplexen Werkes zu erhellen vermochten. Eine der Folgen war, daß die historisch vielfach belegbare Partiturnotation polyphoner Tastenmusik – „im ganzen 17. Jahrhundert die gebräuchlichste Schreib- und Druckweise polyphoner Musik für Tasteninstrumente" (H. G. Hoke)[20] – als scheinbar unwiderlegbares Beweismittel für die Tastenmusik-These in Anspruch genommen wurde, und zwar nach dem hier vereinfacht wiedergegebenen Muster:

Girolamo Frescobaldis *Fiori musicali* (Venedig 1635) – ein „Exemplum des strengen Stils in der Klavier-Musik"[21] – sind in Partitur aufgezeichnet und eindeutig für das Tasteninstrument bestimmt.[22] Die *Kunst der Fuge* – ein polyphones Werk mit deutlicher Bezugnahme auf den Stylus antiquus – ist ebenfalls in Partitur geschrieben. Also ist die *Kunst der Fuge*, einer älteren Tradition folgend, für das Tasteninstrument bestimmt, zumal Bach die *Fiori musicali* seit 1714 in einer handschriftlichen Kopie besaß (Dok I, Anh. I: 5).

Soweit der Analogieschluß, welcher allerdings keinerlei Aussagen darüber zuläßt, was Bach dazu veranlaßt haben könnte, in einer Reinschrift auf Titel und Besetzungsangaben zu verzichten. Was hier zu wissen not tut: Ein Analogieschluß ist kein Beweisschluß. „Analogieschlüsse führen nur zu Wahrscheinlichkeiten."[23] Eine Schlußfigur im aristotelischen Sinne kann jedoch nicht erstellt werden, da „die erste Voraussetzung für die Gültigkeit des Schlusses", nämlich „daß der Mittelbegriff [z.B. die Partitur] wirklich einer und derselbe ist", nicht erfüllt werden kann.[24]

Daraus folgt: Der Vergleich der Partitur der *Kunst der Fuge* mit der Partiturnotation des 17. Jahrhunderts rechtfertigt den Status der Klavier-These als eine ernstzunehmende wissenschaftliche Hypothese, verleiht ihr aber nicht das Gewicht eines Dogmas.

20 H. G. Hoke, Beilage zu Johann Sebastian Bachs „Kunst der Fuge", a.a.O., S. 19

21 Riemann Musiklexikon, hrsg. W. Gurlitt und H. H. Eggebrecht, Mainz 1967, Sachteil, S. 467, erste Spalte

22 H. G. Hoke, Beilage zu Johann Sebastian Bachs „Kunst der Fuge", a.a.O., S. 19

23 Philosophisches Wörterbuch, hrsg. H. Schmidt und G. Schischkoff, Stuttgart 1969, S. 19

24 Der Große Herder, Band 10, Freiburg 1953, Sp. 1167 ff.: Der Schluß

Bezüglich der Nachprüfbarkeit jedes wissenschaftlichen Satzes sagt Karl Popper: „Wir fordern ja nicht, daß jeder Satz tatsächlich nach*geprüft* werde, sondern nur, daß jeder Satz nach*prüfbar* sein soll; anders ausgedrückt: daß es in der Wissenschaft keine Sätze geben soll, die einfach hingenommen werden müssen, weil es aus logischen Gründen nicht möglich ist, sie nachzuprüfen".[25]

Weiter folgt: Da das zu Erkennende, nämlich die philosophische und praktische Bestimmung der Partitur, durch das Analogieverfahren nicht erkannt werden konnte, sondern nur das, was sich im Vergleich mit anderen Partituren als ähnlich erwies, mußte das Wesen der *Kunst der Fuge*, insoweit es von den anderen Partituren verschieden ist, notwendigerweise verborgen bleiben.

Noch wichtiger aber als der Stil und die Notationspraxis der zum Vergleich herangezogenen Partituren ist das Unverwechselbare des Bachschen Satzes, denn: „der Styl ist der Mensch selbst ganz und gar" (Johann Georg Hamann, *Magus im Norden*).[26] Deshalb ist es auch nicht möglich, aufgrund einer durch Analogie gewonnenen Hypothese bezüglich der Instrumentalbestimmung auf das Wesen der *Kunst der Fuge* sichere Rückschlüsse zu ziehen, sondern nur Vermutungen anzustellen, wozu auch die Definition „didaktisches Clavierwerk"[27] gezählt werden muß.

Unter dem Aspekt der Logik ist noch ein anderes zugunsten der Klavier-These angeführtes Argument zu prüfen: „Die tasteninstrumentale Bestimmung der Kunst der Fuge ergibt sich jedoch [...] insbesondere aus ihrer Faktur, die konsequent auf Manualiter-Spielbarkeit Rücksicht nimmt".[28]

Grundsätzlich gilt: Beim Definieren von etwas darf das Definierende (Definiens) nicht im zu Definierenden (Definiendum) vorkommen, andernfalls handelt es sich um eine Zirkeldefinition, welche dem Kreis der Beweisfehler angehört. Wenn nun im Falle der Klavier-These als Beweismittel eine „Faktur" angeführt wird, die angeblich „konsequent auf Manualiter-Spielbarkeit Rücksicht nimmt", so handelt es sich nicht um einen Beweis dafür, daß die *Kunst der Fuge* für das Klavier bestimmt ist, sondern um ein „Statement" zugunsten der Spielbarkeit der *Kunst der Fuge* auf dem Klavier, eine Spielbarkeit, mittels welcher sogar eine Rücksichtnahme auf den Klavierspieler präsumiert wird.

Es ist jedoch nicht die Spielbarkeit auf dem Klavier – von welcher Art sie auch sei – zu beweisen, sondern die Instrumentalbestimmung der *Kunst der Fuge* schlechthin. Auch die Sonaten und Partiten für Violino solo (BWV 1001–1006)

[25] Karl Popper, Logik der Forschung, Tübingen 1994[10], S. 21

[26] Vom Magus im Norden und der Verwegenheit des Geistes. Ein Hamann-Brevier, hrsg. Stefan Majetschak, München 1988, S. 176

[27] Christoph Wolff u. a., Die Bach-Familie, Stuttgart/Weimar 1993, S. 186 f.

[28] Johann Sebastian Bach, Die Kunst der Fuge, hrsg. Christoph Wolff, Band I: Frühere Fassung. Erstausgabe, a.a.O., S. 4; Band II: Spätere Fassung, a.a.O., S. 3

und die Suiten für Violoncello solo (BWV 1007–1012) können auf dem Klavier gespielt werden – und sind doch nicht für das Klavier bestimmt. Das Argument der Spielbarkeit ex positivo führt also in gefährliche Nähe eines Zirkelschlusses, denn die Spielbarkeit eines Werkes muß im Sinne der Logik ein selbstverständliches Resultat eines erst noch zu führenden Beweises bezüglich der Instrumentalbestimmung darstellen und nicht ein Beweismittel, da im letzteren Fall die Klavier-These stillschweigend vorausgesetzt wird.

Fest steht, daß allein intersubjektiv nachvollziehbare Begründungen hinsichtlich der Klavier-These eine Rolle spielen dürfen. Jedoch: „… die ‚objektiven' Begründungen müssen grundsätzlich von jedermann nachgeprüft und eingesehen werden können" (Popper).[29] Eine „Faktur, die konsequent auf Manualiter-Spielbarkeit Rücksicht nimmt", ist aber keine objektiv wissenschaftliche Tatsache, sondern die Interpretation einer Partitur-Beschaffenheit. Dies wird besonders deutlich, wenn wir diejenigen Argumente anführen, welche gegen die Spielbestimmung der *Kunst der Fuge* auf dem Klavier sprechen.

Praktische Einwände gegen die Klavier-These

Die anzuführenden Einwände sind manueller, klavierspezifischer und physiologischer Natur. Im Vorwort der von Christoph Wolff herausgegebenen Klavier-Ausgaben werden die Grenzen der Spielbarkeit mit zwei Händen zumindest in Bezug auf mehrere Stellen in den Spiegelfugen – Contrapunctus 12 (Takt 14–15), Contrapunctus 13 rectus (Takt 9, 21, 48 und 58–59), Contrapunctus 13 inversus (Takt 20, 42 und 44) – als „überschritten" bezeichnet; der Herausgeber empfiehlt zur Überwindung der manuellen Schwierigkeiten „entweder arpeggierendes Anschlagen oder die Heranziehung einer dritten Hand durch einen zweiten Spieler". Die Heranziehung eines zweiten Spielers wird mit einer schon im 17. Jahrhundert geübten Praxis begründet.[30]

Nach Wolfgang Wiemer jedoch führen die Spiegelfugen nur „an die Grenze der Ausführbarkeit". Er empfiehlt unter Hinweis auf vier Takte in Contrapunctus 12 (Takt 14, 20, 24, 44) „leichtes Nachschlagen" als legitimen Behelf[31], während Peter Schleuning die mit einer Ausführung auf dem Klavier verbundenen Schwierigkeiten kurzerhand auf die Ebene des „Wohltemperierten Claviers" verlegt: „Das Argument, einige Stellen seien grifftechnisch nicht zu bewältigen, ist keineswegs stichhaltig, da derartiges auch in erklärten Klavierwerken Bachs vorkommt (Fuge a-Moll im ‚Wohltemperierten Clavier', Teil 1), grundsätzlich aber die Ausführ-

[29] Karl Popper, Logik der Forschung, a.a.O., S. 18

[30] Johann Sebastian Bach, Die Kunst der Fuge, hrsg. Christoph Wolff, Band I: Frühere Fassung. Erstausgabe, a.a.O., S. 4; Band II: Spätere Fassung, a.a.O., S. 3 f.

[31] Wolfgang Wiemer, Die wiederhergestellte Ordnung in Johann Sebastian Bachs „Kunst der Fuge", Wiesbaden 1986², S. 57

barkeit des Satzes für Klavier beachtet ist, auch bei größeren kontrapunktischen Komplikationen wie in Fuge VIII".[32]

Schon diese wenigen Bemerkungen zeigen deutlich, daß selbst eine auf rein instrumentaltechnischem Niveau geführte Diskussion nur dann sinnvoll sein kann, wenn „intersubjektiv nachprüfbare" (Popper) Sätze gebildet werden. Wir kommen auf die manuellen Schwierigkeiten bei der Aufstellung einer „falsifizierenden Hypothese" (Popper) zurück.

Von den klavierspezifischen Einwänden seien hervorgehoben:

– Die physikalische Unmöglichkeit der Darstellung von Unisono-Stellen auf einem Manual, und zwar im Baß in Fuge I (Schlußtakt 37) des Autographs und im Sopran in Contrapunctus 11 (Takt 184).

– Die durch das Anschlagprinzip bedingte physikalische Unmöglichkeit, die zahlreichen, nicht nur in der Baßstimme vorkommenden Orgelpunkte entsprechend dem „Vorbericht" des Friedrich Wilhelm Marpurg (1718–1795, *Abb. 38*) zur *Kunst der Fuge* – „und daß alle Stimmen darinnen durchgehends singen"[33] – gleichmäßig singend ertönen zu lassen. Es handelt sich dabei um die nicht geringe Anzahl von rund 100 Takten, verteilt auf: Contrapunctus 1, 2, 3, 4, 6, 8, 11, 12.1, 12.2, 13.1, 13.2 und die vierstimmige Bearbeitung der dreistimmigen Spiegelfugen BWV 1080, 18.1 und 18.2.[34]

– Die durch das Anschlagprinzip bedingte physikalische Unmöglichkeit, das variierte Grundthema der *Kunst der Fuge* und seine Umkehrung in seiner Augmentationsgestalt – Contrapunctus 7: Baß (Takt 5–13), Tenor (Takt 23–31), Alt (Takt 35–43), Sopran (Takt 50–58) – gleichmäßig singend vorzutragen, da die doppelte rhythmische Dauer lang anhaltende, auf dem Klavier oder Cembalo nicht zu realisierende Töne erfordert. Die Folge ist, daß der seiner Substanz nach lineare Augmentationsvorgang akustisch nur punktuell in „Erscheinung" tritt und deshalb vom menschlichen Ohr nicht nachvollzogen werden kann.

Ein ebenso überraschendes wie einleuchtendes Argument gegen die Klavier- und Cembalo-These kommt aus dem Bereich der Physiologie. Georg Rechenauer

32 Peter Schleuning, Johann Sebastian Bachs „Kunst der Fuge", München und Kassel 1993, S. 56

33 Johann Sebastian Bach, Die Kunst der Fuge, BWV 1080. Autograph. Originaldruck. Faksimile-Reihe Bachscher Werke und Schriftstücke, hrsg. Bach-Archiv Leipzig, Band 14, Leipzig und Mainz 1979, Vorbericht Marpurgs im Originaldruck

34 Contrapunctus 1: Baß (Takt 63–65; 74–78); Contrapunctus 2: Baß (Takt 76–78); Contrapunctus 3: Baß (Takt 68–71); Contrapunctus 4: Baß (Takt 135–138); Contrapunctus 6: Baß (Takt 74–79); Contrapunctus 8: Baß (Takt 31–33; 114–117); Contrapunctus 11: Baß (Takt 137–140); Contrapunctus 12 rectus: Sopran (Takt 50–54); Contrapunctus 12 inversus: Baß (Takt 50–54); Contrapunctus 13 rectus: Sopran (Takt 30–32), Alt (Takt 33–36), Baß (Takt 38–41; 66–68); Contrapunctus 13 inversus: Sopran (Takt 33–36), Alt (Takt 38–41; 66–68), Baß (Takt 30–32); BWV 1080, 18.1: Obere Akkolade (Violinschlüssel: Takt 30–32; Baßschlüssel: Takt 38–41; 66–68), Untere Akkolade (Sopranschlüssel: Takt 33–36); BWV 1080, 18.2: Obere Akkolade (Violinschlüssel: Takt 33–36), Untere Akkolade (Baßschlüssel: Takt 30–32; Sopranschlüssel: Takt 38–41; 66–68)

gebührt das Verdienst, dieses als erster bemerkt zu haben. In der Tat ist es für eine einzige Person physiologisch unmöglich, den „Canon in Hypodiapason" (IX) und den „Canon in Hypodiateßeron al roversio e per augmentationem, Perpetuus" (XII) in der einstimmig geschriebenen Fassung, so wie sie Bach im Autograph notiert hat, vom Notenbild her auf dem Klavier abzuspielen, da sich das menschliche Augenpaar in diesem Fall vom Einsatz der zweiten Stimme an – also nach vier Takten in dem einen und nach zwei Takten in dem anderen Falle – genau um den Abstand von vier bzw. zwei Takten nach Art eines Chamäleons fortlaufend bis zum Ende des Kanons hin dissoziieren müßte.

Die einstimmige Notation dieser beiden Kanons fehlt sowohl in der Frankfurter Klavier-Ausgabe[35] als auch in der Klavierumschrift der Neuen Bach-Ausgabe.[36] Es gibt keinen triftigen Grund, eine von Bach ausdrücklich vorgegebene Notation in einer wissenschaftlichen Edition der *Kunst der Fuge* – auch wenn es sich um eine Klavierausgabe bzw. Klavierumschrift handelt – auszulassen, wohl aber mehrere Gründe, diese Notation nicht anzutasten. Wie wir in Teil I (Die Kunst der Fuge und die Antike; siehe: Die Tetraktys) gesehen haben, wird gerade durch diese Notation die pythagoreische Tetraktys als strukturtragendes Prinzip des Autographs sichtbar.

Die einstimmige Notation beider Kanons als bloße Formalität oder „Notationsvariante" anzusehen – „die Möglichkeit eines Andersseins" ausschließend – widerspricht ihrer nachweisbaren Sonderstellung. Die sprachliche Zurückhaltung Bachs, wahrnehmbar anhand des schon mehrfach erwähnten Verzichts auf Titel, Satzbezeichnung, Angaben zur Besetzung und sogar eigener Namensnennung, erfährt gerade bei der einstimmigen Notierung der beiden Kanons eine Ausnahme: Nicht nur, daß die Überschrift „Canon in Hypodiapason" über der einstimmigen Fassung des Oktavkanons steht und nicht über der „Resolutio Canonis", sondern auch, daß die Bezeichnung „Canon in Hypodiapason" die erste verbale Äußerung Bachs nach 21 Seiten Partiturreinschrift darstellt.

Bei dem Augmentationskanon wird Bach noch deutlicher: Er läßt die Überschrift bei der an den Anfang gestellten Resolution des Kanons weg und versieht nur die an zweiter Stelle stehende einstimmige „Perpetuus"-Fassung mit einer Überschrift. Akzentuierter könnte Bach auf den Wert der einstimmigen Fassung beider Kanons (IX und XII) – und damit auf die pythagoreische „Eins-Lehre" (siehe: Die Sozietäts-Medaille) – nicht aufmerksam machen.

Dennoch gilt: Nicht durch Worte oder Noten nehmen wir wahr, daß es sich hier um ein Rätsel handelt, sondern wie, d. h. in welch „merk-würdiger" Form, sie präsentiert werden. Daß diese nicht angetastet werden darf, fordert nicht nur

35 Johann Sebastian Bach, Die Kunst der Fuge, hrsg. Christoph Wolff, Band I: Frühere Fassung. Erstausgabe, a.a.O., Vorwort S. 4

36 NBA VIII, 2.2, a.a.O., Vorwort S. VI

die Achtung vor dem Autor, sondern die Einsicht, daß Form zwar nicht Inhalt, aber der Schlüssel zu ihm ist.

Die Ästhetik als Einwand

Unsere ganze Erkenntnis fußt auf Empfindungen.
Leonardo da Vinci

Die Ästhetik-Frage bezüglich des Problems der Instrumentalbestimmung darf nicht von vornherein mit subjektiven „Geschmacks"- bzw. „Gefühls"-Urteilen verwechselt werden, sondern muß vom Ursprung des griechischen Wortes αἰσθάνομαι (ich nehme wahr, ich empfinde) her ihren Ausgang nehmen. Αἰσθανόμενος heißt nämlich der Einsichtige, der Verständige, also derjenige, welcher aufgrund seiner Wahrnehmung bzw. Empfindung Erkenntnisse gewonnen hat.

In diesem Sinne, und in keinem anderen, billigt der Pythagoreer und Aristoteles-Schüler Aristoxenos dem Gehör eine eigene Urteilskraft zu. Mizler zitiert den entsprechenden Passus bereits 1737 im 2. Teil des I. Bandes der *Musikalischen Bibliothek*[37] in eigener Übersetzung: „In der Musik kommt es auf zwei Dinge an, auf die Empfindung und das Gedächtnis. Nemlich man muß empfinden was geschiehet, und im Gedächtnis behalten, was geschehen ist. Anders kann man das, was in der Musik vorgehet nicht begreiffen." (ἐκ δύο γὰρ τούτων ἡ τῆς μουσικῆς σύνεσίς ἐστιν, αἰσθήσεώς τε καὶ μνήμης. αἰσθάνεσθαι μὲν γὰρ δεῖ τὸ γινόμενον· μνημονεύειν δὲ τὸ γεγονός. κατ᾽ ἄλλον δὲ τρόπον οὐκ ἔστι τοῖς ἐν τῇ μουσικῇ παρακολουθεῖν. Aristoxenus, Harm. Elementor. Lib. I, p. 38, 32 Meibom)

Jetzt können wir erst ganz verstehen, warum Bachs Freund Johann Matthias Gesner als Rektor der Thomasschule den Gedächtnis-Paragraphen (Gesnersche Gesetze: Teil III, § 7) – auf das „Exempel des Pythagoras" verweisend – für die Thomaner eingeführt hat (siehe: Bachs Freund Johann Matthias Gesner).

Daß das Problem der Instrumentalbestimmung auch mit musikalischer Empfindung zu tun hat, bzw. die musikalische Empfindung die Richtigkeit einer aufgestellten Theorie bestätigen müßte, ist Binsenweisheit. Dennoch finden wir in keiner uns bekannten Publikation, welche die Klavier-These verficht, Hinweise auf ästhetische Fragen.

Wie ist das möglich? Seit der Ästhetik des Schönen, weil angeblich subjektiv, jedwedes Erkenntnisurteil abgesprochen wurde, ist die Ästhetik-Frage nicht nur in der Musikwissenschaft blockiert. Dennoch dürfen wir das Hörerlebnis als ästhetisches Ereignis gerade dann nicht aussparen, wenn die Aufführungspraxis selbst zur Diskussion steht. Über welches Kriterium jedoch verfügen wir, wenn über das, was als schön gelten soll, bestürzende Unsicherheit herrscht? Es ist der

[37] Mus. Bibl. I, 2, S. 21

Gesang, der Melos, welcher nicht nur nach Mattheson und Mizler als „allgemeiner Grundsatz der gantzen Musik" – „Alles muß gehörig singen"[38] – feststeht, sondern in auffallender Weise von Friedrich Wilhelm Marpurg im „Vorbericht" zur *Kunst der Fuge* mehrfach hervorgehoben wurde: „... daß alle Stimmen darinnen durchgehends singen [...] einen ununterbrochnen Gesang ohne häuffige Absätze [...] anhaltende Melodie ..."[39]

Daß ein „ununterbrochner Gesang ohne häuffige Absätze" durch ein Streichinstrument überzeugender dargestellt werden kann als durch ein Klavier, ist nicht nur subjektive Wahrnehmung, sondern objektiv physikalisch belegbar. Der Bogen eines Streichinstrumentes ermöglicht – ähnlich der menschlichen Stimme – ein über die ganze Dauer eines rhythmischen Zeitwertes hin kontinuierliches Gestalten des Tones, und zwar nicht nur in Bezug auf die Lautstärke, sondern auch hinsichtlich Tonhöhe und Tonfarbe. Dagegen sind Pianist und Cembalist an den alles entscheidenden Anschlag gebunden, welcher bei längerer Dauer eines Tones nur einen Bruchteil des geforderten rhythmischen Zeitwertes ausmacht.

Die Präsenz von Streichinstrumenten war denn auch die eigentliche Ursache für den großen Erfolg, welchen Graeser mit seiner Orchesterbearbeitung allen Mißverständnissen und Fehleinschätzungen zum Trotz errang. Er erzielte beim Publikum ein bis dahin noch nie dagewesenes Interesse für die *Kunst der Fuge* – genau jenes, das der Klavier- bzw. Cembalofassung bis zum heutigen Tag versagt blieb.

Erkenntnistheoretische Konklusionen

Die *Kunst der Fuge* steht als musikalisches Werk auf dem Boden der pythagoreischen Philosophie. Als solches verlangt es bei seiner Deutung nicht nur musikalisches, sondern auch philosophisches Denken. Es versteht sich, daß bei der existierenden Vielfalt von Meinungen und Hypothesen, wie dies hinsichtlich der *Kunst der Fuge* der Fall ist, strenge Methoden angewandt werden müssen, um zu einem allseits sichtenden und verstehenden Denken vorzudringen. Die Naturwissenschaften, ihrem Wesen nach auf exaktes Kalkül angewiesen, bedienen sich nicht von ungefähr rigoroser Abgrenzungskriterien und Prüfmethoden.

Wir halten die Hypothesenbildung nach Popper für eine vorzügliche Methode, jene Argumente, welche mit einer aufgestellten Hypothese nichts zu tun haben und deshalb nur Verwirrung stiften, aus dem Denkprozeß herauszufiltern. So

[38] Mus. Bibl. II, 2, S. 205

[39] Johann Sebastian Bach, Die Kunst der Fuge, BWV 1080. Autograph. Originaldruck. Faksimile-Reihe Bachscher Werke und Schriftstücke, hrsg. Bach-Archiv Leipzig, Band 14, Leipzig und Mainz 1979, Vorbericht Marpurgs im Originaldruck

gewinnen wir ein Höchstmaß an Konzentration für die Widerlegung einer Hypothese. Popper, der selbst von Jugend an ein begeisterter Bach-Verehrer war und der „klassischen" Musik hinsichtlich seiner philosophischen Entwicklung einen entscheidenden Einfluß zuschreibt[40], erinnert vergleichsweise an einen überzeugten Kontrapunktiker, sportlich gesehen aber unvermeidlich an einen Ping-Pong-Spieler.

Ganz anders der Ansatzpunkt von Thomas S. Kuhn, der uns einen tiefen Einblick in die Geschichte und Eigendynamik wissenschaftlicher Theorien vermittelt, wodurch wir unter anderem wissenschaftliche Theorie in größeren Zusammenhängen sehen und somit verstehen lernen, daß jede wissenschaftliche Problematik und ihre Erörterung vor allem unter Berücksichtigung des jeweils herrschenden Paradigmas gesehen werden muß, da dieses den Blick für Gegenbeispiele gerne verschließt.

Beide erkenntnistheoretischen Ansätze – so gegensätzlich sie auch sein mögen – haben uns veranlaßt, die wichtigsten Argumente bezüglich der *Kunst der Fuge* nach Karl Popper und Thomas S. Kuhn, die als führende Erkenntnistheoretiker des 20. Jahrhunderts gelten, zu überprüfen.

Überprüfung der Klavier-These (nach Popper)

Die Poppersche Forderung nach Falsifizierbarkeit (vereinfacht dargestellt)

„Alle Schwäne sind weiß" ist ein wissenschaftlicher Satz, ein sogenannter „Allsatz", weil er widerlegbar (falsifizierbar) ist.[41] Man kann nicht die Wirklichkeit widerlegen – formuliert z. B. durch den universellen Es-gibt-Satz „Es gibt weiße Schwäne" –, sondern nur eine Hypothese wie den Allsatz „Alle Schwäne sind weiß", nämlich durch den Fund eines schwarzen Schwans.

Hypothesen sind Instrumente, mit denen wir Fragen klären können. Jede Hypothese muß jedoch in Form eines Allsatzes formuliert werden, damit man sie widerlegen kann. Denn der Gang der Wissenschaft ist gleichbleibend folgender:

– durch Induktion (Popper erkennt keine Induktion an)[42]: Aufstellung einer Hypothese;
– durch Deduktion: Versuch der Widerlegung einer Hypothese.

Wenn eine Widerlegung möglich ist, erfolgt die Aufstellung einer neuen Hypothese, und zwar solange, bis die neue Hypothese sämtlichen Beobachtungen entspricht bzw. nicht widerlegt werden kann. Wir müssen also auf Widerlegung

[40] Karl R. Popper, Ausgangspunkte. Meine intellektuelle Entwicklung, Hamburg 1995[3], S. 73
[41] Karl Popper, Logik der Forschung, a.a.O., S. 39
[42] Karl Popper, Logik der Forschung, a.a.O., S. 14

(Falsifikation) aus sein, da eine Verifikation – etwa durch Überprüfung aller existierender Schwäne – nicht möglich ist. Denn „nicht die Rettung unhaltbarer Systeme“ ist unser Ziel, „sondern: in möglichst strengem Wettbewerb das relativ haltbarste auszuwählen“ (Karl Popper, Logik der Forschung, Seite 16).

Auf die Klavier-These angewandt heißt dies: Es geht nicht darum, endgültige Beweise zu finden – weil nicht möglich –, sondern um den Versuch, aufgestellte Hypothesen zu widerlegen. Als wissenschaftlicher Satz kann z. B. gelten, wenn die Grenze der Spielbarkeit zumindest für einige Stellen als überschritten bezeichnet wird. Als ein „Sich-durch-bloße-Ähnlichkeiten-leiten-Lassen“ gekennzeichneter Vorgang muß hingegen gelten, wenn z. B. die Spielbarkeit der *Kunst der Fuge* auf dem Klavier auf die Ebene des *Wohltemperierten Claviers* verlegt wird, an welchem weder Zweifel an der Bestimmung noch an der Spielbarkeit bestehen.

„Es gibt Schwierigkeiten in der *Kunst der Fuge*“ auf dem Klavier, und „es gibt Schwierigkeiten im *Wohltemperierten Clavier*“ gehört in den Bereich der von Popper klassifizierten „universellen Es-gibt-Sätze“, welche den Erkenntnisprozeß um keinen Schritt voranbringen, da sie über kein Abgrenzungskriterium verfügen und deshalb auch nicht widerlegt werden können.

Aufstellung einer Hypothese zugunsten des Klaviers

Hypothese H_1: Die *Kunst der Fuge* ist *nur* für das Klavier bestimmt.

Zum Problem: Die Hypothese H_1 entstand, weil primäre Festlegungen an entscheidender Stelle fehlen. Es existieren weder eine authentische Besetzungsangabe im Autograph noch Besetzungshinweise in den Titeln der Erstausgabe (1751) oder Titelauflage (1752). Auch der erst der Titelauflage beigefügte „Vorbericht“ Marpurgs enthält keinen direkten Hinweis auf die Bestimmung.

Man versuchte dieser Verlegenheit zu entgehen, indem man z. B. behauptete, Bach würde schon noch für einen expliziten Hinweis auf die Spielbestimmung Sorge getragen haben, wenn ihm dies nicht durch einen zu frühen Tod zunichte gemacht worden wäre.[43]

Bach fehlte es jedoch nicht an Gelegenheit, die Instrumentalbestimmung der *Kunst der Fuge* schriftlich festzulegen, da es sich beim Autograph (Mus. ms. autogr. Bach P 200) um eine Reinschrift handelt, und Bach eine solche normalerweise mit Titel und Besetzungsangaben versah. Eine etwaige schriftliche Fixierung der Bestimmung widerspräche jedoch dem pythagoreischen bzw. änigmatischen Gesamtcharakter der *Kunst der Fuge*. Man kann also mit Sicherheit davon ausgehen, daß das Titelblatt der Druckversion auch unter Bachs Ägide keine Instrumentenangabe enthalten hätte.

[43] H. G. Hoke, Beilage zu Johann Sebastian Bachs „Kunst der Fuge“, a.a.O., S. 8

Zur Methode: Bevor wir jedoch zu den Falsifikationsversuchen übergehen, möchten wir die in der Literatur vorgestellten Verifikationsversuche der Klavier-Hypothese zusammenfassend besprechen, obwohl wir von Popper wissen, daß eine Theorie niemals durch Verifikation bewiesen werden kann.[44]

Verifikationsversuche:

Verifikation V_1: „Die tasteninstrumentale Bestimmung der *Kunst der Fuge* ergibt sich [...] aufgrund ihres historischen Kontextes (Partiturnotation polyphoner Tastenmusik galt seit Scheidt und Frescobaldi als Konvention)." Diese Verifikation ist als Analogieschluß nicht zwingend. Wenn wir ausnahmsweise diese Verifikation auch noch nach Popper falsifizieren, müßte der zur Partiturnotation gehörende Basissatz lauten: Alle polyphon relevanten Werke für Tastenmusik im Zeitraum von 1600–1750 sind in Partiturform geschrieben. Diese Hypothese kann leicht widerlegt werden, denn die Fugen des *Wohltemperierten Claviers* von Bach sind nicht in Partiturform geschrieben.

Verifikation V_2: Die Partitur der *Kunst der Fuge* läßt eine „Faktur, die konsequent auf Manualiter-Spielbarkeit Rücksicht nimmt", erkennen. Gegen diesen Verifikationsversuch ist einzuwenden, daß zwischen Spielbarkeit und Spielbestimmung zu unterscheiden ist, und „bloße Ähnlichkeiten" keinen Ausschlag geben können. Denn eine „Faktur, die konsequent auf Manualiter-Spielbarkeit Rücksicht nimmt", ist inhaltlich gesehen keine Verifikation der Instrumentalbestimmung, sondern eine Interpretation der Partiturbeschaffenheit hinsichtlich der Spielbarkeit der *Kunst der Fuge* auf dem Klavier. Es gilt aber nicht die Spielbarkeit der *Kunst der Fuge* auf dem Klavier zu erweisen, sondern ihre Instrumentalbestimmung.

Verifikation V_3: „Die Bestimmung für Tasteninstrument bekräftigt neuerdings als willkommener Fund ein 1751 in Berlin erschienener Aufruf zur Subskription des Druckes der Kunst der Fuge mit der Bemerkung, es sei darin ‚alles [...] zum Gebrauch des Claviers und der Orgel ausdrücklich eingerichtet'" (Fußnote 1 aus dem Vorwort zur Edition der *Kunst der Fuge* in der Neuen Bach-Ausgabe).[45] Gegen diesen Verifikationsversuch spricht:

– Der Aufruf stammt nicht von Bach.

– Es ist unwahr, daß alles „ausdrücklich" zum Gebrauch des Claviers und der Orgel eingerichtet ist (siehe Francesco Finotti, Teil IV, Beitrag 2). Auch würde sich die Druckfassung nicht nur auf die Instrumentenangabe für BWV 1080, 18.1

[44] Karl Popper, Logik der Forschung, a.a.O., S. 14

[45] NBA VIII, 2.1, a.a.O., Vorwort S. VI, Fußnote 1; vgl. Kritischer Bericht zu NBA VIII, 2.1 und NBA VIII, 2.2, hrsg. Klaus Hofmann, Kassel etc. 1996, S. 90, 91 (Fußnote 45), 105; vgl. Thomas Wilhelmi, Carl Philipp Emanuel Bachs „Avertissement" über den Druck der Kunst der Fuge, in: Bach-Jahrbuch 1992, S. 101–105

und 18.2 beschränken – die Bezeichnung „Fuga a 2. Clav:“ existiert im Autograph nicht und kann von Bach, wie wir später sehen werden, nicht gewollt sein –, sondern sich im Hauptteil bezüglich der Instrumentalbestimmung klar und unmißverständlich präsentieren. Jedoch eben diese Klarstellung fehlt.

– Wenn wir eine zweiklavierige Cembalofassung für BWV 1080, 18.1 und 18.2 unterstellen wollen, so ist zumindest bemerkenswert, daß aufgrund der Quellenlage hinsichtlich der Notationsweise für zwei Cembali die einzig authentische Vergleichsmöglichkeit in der Handschrift Mus. ms. autogr. Bach P 612 mit dem darin enthaltenen Konzert in c-Moll für zwei Cembali und Streichorchester BWV 1062[46] zu suchen ist: Im Unterschied zum Autograph von BWV 1080, 18.1 und 18.2 (sogenannte Beilage 2)[47], in welchem Bach im oberen System der jeweils zweiten Akkolade den seine Herkunft aus der dreistimmigen Spiegelfuge XIV nicht verleugnenden Sopranschlüssel verwendet, weisen beide oberen Systeme der jeweiligen Cembalo-Akkoladen von P 612 einen Violinschlüssel auf.

– Es handelt sich bei dem Berliner Aufruf um eine Zeitungsnotiz zwecks Verkauf; es sollten naturgemäß möglichst viele Musiker angesprochen werden.

Widerlegung der Klavier-Hypothese

Falsifikation F_1: Die Hypothese H_1 ist widerlegt, wenn sich nachweisen läßt, daß die Partitur der *Kunst der Fuge* von einem Berufspianisten nicht ohne besondere Hilfsmaßnahmen manuell bewältigt werden kann. Es bedarf jedoch solcher Maßnahmen, denn der Tonumfang der Partitur stimmt zwar mit dem Klavier überein, aber es gibt Stellen, welche unausführbar sind bzw. in welchen die Grenzen der Spielbarkeit überschritten werden. Christoph Wolff führt deshalb für mehrere Stellen als Hilfsmaßnahme bzw. Hilfshypothese „entweder arpeggierendes Anschlagen oder die Heranziehung einer dritten Hand durch einen zweiten Spieler (eine schon im 17. Jahrhundert geübte Praxis)“[48] ein, während Wolfgang Wiemer „leichtes Nachschlagen“ als „legitimen Behelf“ ansieht.[49]

Falsifikation F_2: Die Hypothese H_1 ist widerlegt, wenn nachgewiesen werden kann, daß sich aus physiologischen Gründen Teile der Partitur der *Kunst der Fuge* nicht von einem einzigen Spieler ausführen lassen. Dies ist jedoch der Fall: Die

46 Johann Sebastian Bach, Konzert in c-Moll für zwei Cembali und Streichorchester BWV 1062. Faksimile der autographen Partitur, hrsg. Hans-Joachim Schulze, Faksimile-Reihe Bachscher Werke und Schriftstücke, hrsg. Bach-Archiv Leipzig, Band 15, Leipzig 1979

47 Johann Sebastian Bach, Die Kunst der Fuge, BWV 1080. Autograph. Originaldruck. Faksimile-Reihe Bachscher Werke und Schriftstücke, hrsg. Bach-Archiv Leipzig, Band 14, Leipzig und Mainz 1979, Beilagen

48 Johann Sebastian Bach, Die Kunst der Fuge, hrsg. Christoph Wolff, Band I: Frühere Fassung. Erstausgabe, a.a.O., S. 4

49 Wolfgang Wiemer, Die wiederhergestellte Ordnung in Johann Sebastian Bachs „Kunst der Fuge“, a.a.O., S. 57

autographe einstimmige Notation der beiden Kanons (IX und XII) kann auf dem Klavier aus physiologischen Gründen nicht von einem Spieler ausgeführt werden.

Falsifikation F_3: Die Hypothese H_1 ist widerlegt, wenn die horizontale Linienführung der polyphonen Einzelstimmen der *Kunst der Fuge* sowohl in ihrem „Mit- und Nebeneinander" als auch in ihrem „Neben- und Nacheinander" bezüglich ihrer charakteristischen Entwicklung – dazu gehört auch die Zunahme der Stimmenanzahl wie z. B. am Schluß der Contrapuncte 5, 6, 7 – auf dem Klavier bzw. Cembalo nicht dargestellt werden kann. Dies ist aber der Fall, weil aufgrund des Anschlag- bzw. Anreißprinzips des Klaviers bzw. Cembalos im Vergleich zu Streichinstrumenten eine punktuelle statt einer linearen Tongestaltung vorliegt und so der ausdrückliche Hinweis Marpurgs auf den „ununterbrochenen Gesang ohne häuffige Absätze" im „Vorbericht" zur *Kunst der Fuge* nicht verwirklicht werden kann. Hinzu kommt „die Einförmigkeit der Tonfarbe" (l' uniformità del timbro) des Klaviers, welche nach Stefano Fiuzzi[50] keine durchgehend klare Zeichnung der polyphonen Struktur erlaubt. Helmut Walcha: „Das Klavier hat [...] im Grunde nur ein Register" (siehe Helmut Walcha, Teil IV, Beitrag 1).

Falsifikation F_4: Die Hypothese H_1 ist stark angegriffen, wenn sich ein Komponist hohen Ranges in der Generation nach Bachs Tod, also lange Zeit vor Graeser, gegen die Klavier-Hypothese entschieden hat. In der Tat gibt es ein eindrucksvolles Beispiel: Mozart assoziierte den dreistimmigen Contrapunctus 8 nicht mit dem Klavier – immer unter der Voraussetzung, daß die Spielbestimmung der Fuge KV 404a, Nr. 4 (Contrapunctus 8) wirklich auf einer persönlichen Intention Mozarts beruht –, sondern sinnfälligerweise mit einem Streichtrio (KV 404a, Nr. 4)[51], ungeachtet des Hamburger Musikalienhändlers J. Ch. Westphal, welcher von 1774 bis 1792 fortlaufend für die *Kunst der Fuge* als einem zu den „Clavier-Sachen" gehörigen Werk Reklame machte.[52] Wichtig ist: Es handelt sich bei der vermutlich 1782 entstandenen Mozartschen Streichtrio-Fassung des Contrapunctus 8 nicht um eine Bearbeitung, sondern abgesehen von einer drei Takte dauernden Oktavversetzung der Altstimme[53] um eine getreue Übertragung der Sopran-, Alt- und Baßstimme auf die Streichinstrumente Violine, Viola und Violoncello.

[50] Persönliche Mitteilung von Prof. Stefano Fiuzzi, Conservatorio Cherubini, Florenz

[51] Köchelverzeichnis der Werke Wolfgang Amadeus Mozarts, hrsg. Dr. Ludwig Ritter von Köchel, Wiesbaden 1965[7], S. 436

[52] Dok. III, Nr. 789, S. 267

[53] Mozart/Bach, Sechs Fugen mit langsamen Einleitungssätzen (KV 404a), hrsg. Adolf Hoffmann, Wolfenbüttel und Zürich 1981, Seite 23 ff.: Fuga (Contrapunctus 8), Seite 30: Oktavversetzung der Altstimme: ottava alta ab Takt 171, 5. Achtel bis Takt 174, 4. Achtel.
Eine durch bedingungslose Partiturtreue begründete Alternative zur Oktavversetzung der Altstimme liegt in einer Scordatur. Die tiefste Viola-Saite muß dabei eine Stimmung in H aufweisen, wodurch Takt 173 der Altstimme des Contrapunctus 8 originalgetreu spielbar wird.

Falsifikation F_5: Die Hypothese H_1 muß als widerlegt gelten, wenn mit Recht darauf verwiesen werden kann, daß eine authentische Instrumentalbestimmung Bachs noch nie Zweifel oder gar Mißbilligung hervorgerufen hat. Die in jeder Hinsicht bewiesene kompositorische Meisterschaft und Instrumentenkenntnis Bachs bürgt dafür, daß eine einmal von Bach getroffene Instrumentalbestimmung den inhaltlichen und manuellen Anforderungen einer Komposition in höchstem Grade Genüge leistet und nicht die geringsten Zweifel aufkommen läßt. Die Klavier-These jedoch zieht nur Zweifel nach sich, und zwar in praktischer, theoretischer und ästhetischer Hinsicht. Dieser Befund wird durch das kontinuierliche Fehlen von Klavier-Aufführungen der *Kunst der Fuge* im Konzertsaal und durch die hohe Zahl von Bearbeitungen gestützt. Diese Anzahl – Walter Kolneder konnte 1977 bereits 53 gedruckte und 89 unveröffentlichte Bearbeitungen der *Kunst der Fuge* nachweisen[54] – kann nicht nur auf Wolfgang Graesers Ansicht von der *Kunst der Fuge* als „einem rein abstrakten Werke"[55], welches zu instrumentieren sei, zurückgeführt werden, sondern muß auch als Ausdruck der Unzufriedenheit mit der Klavier-These gelten, welche seit den 1920er Jahren aufgrund zahlreicher wissenschaftlicher Pulikationen den Status eines sich immer stärker manifestierenden Paradigmas einnahm und deshalb längst nicht mehr nur unter „Spezialisten"[56] bekannt ist. Eine überzeugende Instrumentalbestimmung bezüglich des Klaviers oder Cembalos würde seit langer Zeit alle anderen Aufführungspraktiken verbannt haben. Jedoch: Weder die Streichquartett-Bearbeitungen noch die Orgel-Fassungen, obwohl als authentische Instrumentalbestimmung nachweislich auszuschließen – wir kommen darauf zurück –, sind durch die Klavier-These im Konzertleben verdrängt worden.

Überprüfung der „Kunstbuch"- und „Lesebuch"-These (nach Popper)

Aus dem Vorwort zur Edition der *Kunst der Fuge* in der Neuen Bach-Ausgabe: „Inzwischen wissen wir – vor allem dank umfassender Untersuchungen Gustav M. Leonhardts –, daß wir es mit Tastenmusik (und zwar vorzugsweise für Cembalo) zu tun haben und die *Kunst der Fuge* sich mit dem Merkmal der Partiturnotation in eine zu ihrer Zeit bereits anderthalb Jahrhunderte zurückreichende Tradition des kontrapunktischen ‚Kunstbuchs' einreiht, dessen besondere Aufzeichnungsform seinen Inhalt nicht nur spielbar, sondern zugleich augenfällig machen möchte. Daß solche Musik über ihre primäre instrumentale Spielform

54 Lübbes Bach-Lexikon, hrsg. Walter Kolneder, Bergisch-Gladbach 1982, S. 173
55 H. G. Hoke, Beilage zu Johann Sebastian Bachs „Kunst der Fuge", a.a.O., S. 8
56 H. G. Hoke, Beilage zu Johann Sebastian Bachs „Kunst der Fuge", a.a.O., S. 8

und Klanggestalt hinausweist, liegt im Wesen und Zweck des musikalischen ‚Kunstbuchs' beschlossen: Es bietet Kunstmuster, exemplarische Lösungen."[57]

Wie die „Kunstmuster" und „exemplarischen Lösungen" instrumental klingen, wird dort nicht weiter untersucht. Es wird auf das innere Ohr abgehoben, ohne daß dies explizit zum Ausdruck kommt. Eine Bestätigung in diesem Sinne finden wir bei Ludwig Finscher: „Über die praktische Spielbarkeit [...] besagt diese Aufzeichnung (Partiturnotation) nichts, und sie braucht das auch gar nicht, da eine klingende Realisierung des Werkes, unter dem Gesichtspunkt seines Kunstbuch-Charakters, sekundär war."[58]

Auch die „Lesebuch"-These, welche von einer vollkommen abstrakten Vorstellung der *Kunst der Fuge* ausgeht – Wolfgang Hildesheimer: „Kenner sagen, das beste sei, es zu lesen"[59] –, meint das innere Ohr.

Worin besteht nun das Kriterium, welches das musikalische „Kunstbuch" und das musikalische „Lesebuch" substantiell von allen anderen musikalischen Werkformen unterscheidet? Es ist das Sich-Entfernen von festgelegten, d. h. instrumental gebundenen Grenzen, wobei das „Kunstbuch" eine grenzüberschreitende, das „Lesebuch" eine grenzignorierende Position einnimmt. Abgesehen davon, daß Aristoteles das „Begrenzte" (τὸ ὡρισμένον) neben „Ordnung" (τάξις) und „Gleichmaß" (συμμετρία) zu den hauptsächlichsten Arten des Schönen zählt und als Beweis die mathematischen Wissenschaften – das sind, wie bereits erwähnt: Geometrie, Arithmetik, Sphärik und Musik – anführt (Aristot. Metaph. M 3, 1078 a 36–1078 b 2) und die Pythagoreer laut Aristoteles (Aristot. Eth. Nic. B. 6, 1106 a 29–30) das Schlechte auf der Seite des Unbegrenzten, das Gute aber auf der des Begrenzten mutmaßen, ist es kaum vorstellbar, daß Bach sich auf der Suche nach einer geeigneten Form für sein anspruchsvollstes Werk an Johann Theile[60] orientiert haben soll. Und was den jungen Freund Bachs, Lorenz Christoph Mizler, angeht, so ist es bezeichnend, daß Mizler das *Musicalische Kunstbuch* Johann Theiles in der *Musikalischen Bibliothek* nicht erwähnt.

Die *Kunst der Fuge* hat bezüglich Gestalt und Inhalt kein Vorbild, aber eine Grundlage: Das ist die pythagoreische Philosophie.

Dennoch wollen wir die „Kunstbuch"- und „Lesebuch"-These mit der Falsifikations-Methode nach Popper überprüfen. Bei der Aufstellung einer Hypothese beziehen wir uns auf einen Vorschlag von Michael Kratzer[61]:

57 NBA VIII, 2.1, a.a.O., Vorwort S. VI, Spalte 1 und 2

58 Ludwig Finscher, Johann Sebastian Bach. Die Kunst der Fuge, Beilage zur Schallplatteneinspielung der Kunst der Fuge durch das Stuttgarter Kammerorchester unter der Leitung von Karl Münchinger, Kapitel III, Spalte 3, DECCA 1965

59 Wolfgang Hildesheimer, Der ferne Bach, Frankfurt am Main 1986³, S. 36

60 Peter Schleuning, Johann Sebastian Bachs „Kunst der Fuge", a.a.O., S. 229

61 Persönliche Mitteilung von Prof. Dr. Michael Kratzer, Ludwig-Maximilians-Universität München

Das Problem: Ist die *Kunst der Fuge* hauptsächlich oder sogar ausschließlich für das innere Ohr bestimmt? Um diese Frage zu entscheiden, müssen wir eine Hypothese anerkennen.

Hypothese H_2: Alle Kompositionen, welche hauptsächlich oder ausschließlich für das innere Ohr bestimmt sind, sind dadurch gekennzeichnet, daß sie sich nicht oder nur in geringem Maße durch bestimmte Bedingungen der Außenwelt begrenzen lassen.

Versuch der Widerlegung: Wenn es gelingt, in der *Kunst der Fuge* Begrenzungen aufzuweisen, welche exakt mit den Begrenzungen der Außenwelt – nämlich Instrumentalbegrenzungen, wie sie Bach bekannt waren – übereinstimmen, ist der Satz widerlegt.

Widerlegung: Die in Teil III: „Die *Kunst der Fuge* und ihre Klanggestalt" beschriebene, bisher nicht erkannte gültige Besetzungsform, welche die *Kunst der Fuge* vom Schicksal der Bearbeitung befreit, bewegt sich bezüglich jeder Stimme innerhalb exakt umschriebener Instrumentalgrenzen.

Überprüfung der Pythagoras-These (nach Popper)

Hypothese H_3: Die *Kunst der Fuge* ist ein pythagoreisches Werk. Um diese Annahme zu widerlegen, muß man nachweisen, daß Bach *keinerlei* Beziehung zu irgendwelchen pythagoreischen Ideen hatte, und daß es *keine* pythagoreischen Kennzeichen in der *Kunst der Fuge* gibt. Dies ist aufgrund der Beweisführung in Teil I: „Die *Kunst der Fuge* und die Antike" nicht möglich. Die Hypothese kann also nicht widerlegt werden.

Ein Paradigmenwechsel (nach Thomas S. Kuhn) wird hilfreich sein

Wie war es möglich, daß das Klavier-Paradigma ungeachtet schwerwiegender „Anomalien" über einen so großen Zeitraum hinweg bestehen konnte? Die Antwort finden wir, wenn wir nach Kuhn festhalten, „was Wissenschaftler niemals tun, wenn sie mit Anomalien konfrontiert werden, und seien diese noch so schwerwiegend und lang andauernd. Wenn sie auch beginnen mögen, den Glauben zu verlieren und an Alternativen zu denken, so verwerfen sie doch nicht das Paradigma, das sie in die Krise hineingeführt hat. Das heißt also, sie behandeln die Anomalien nicht als Gegenbeispiele, obwohl Anomalien im Vokabular der Wissenschaftstheorie genau das sind [...]. Wenn eine wissenschaftliche Theorie einmal den Status eines Paradigmas erlangt hat, wird sie nur dann für ungültig erklärt, wenn ein anderer Kandidat vorhanden ist, der ihren Platz einnehmen kann."[62]

[62] Thomas S. Kuhn, Die Struktur wissenschaftlicher Revolutionen, a.a.O., S. 90

Der Zeitpunkt für einen „Paradigmenwechsel“ bezüglich der *Kunst der Fuge* scheint da zu sein, denn weder das Klavier-Paradigma noch die „Kunstbuch“- oder „Lesebuch“-These vermag irgendeinen substantiellen Ideen-Hintergrund vorzuweisen, welcher mit der Dichte der hier vorliegenden Argumente verglichen werden könnte. Daß die *Kunst der Fuge* nicht nur theoretisch und ästhetisch gesehen ein pythagoreisches Werk ist, sondern auch bezüglich der Instrumentalbestimmung, und zwar aufgrund zeitloser pythagoreischer Parameter, wird in Teil III: „Die *Kunst der Fuge* und ihre Klanggestalt“ ausgeführt.

Instrumentierungen ohne theoretischen Hintergrund

Grundsätzlich bedürfen Instrumentierungen oder Bearbeitungen ohne theoretischen Hintergrund weder einer Befürwortung noch eines Widerspruches, weil sie ihrem Wesen nach der Kategorie der „subjektiven Überzeugung“ zuzuordnen sind. Stammt die Instrumentierung jedoch von einem „Günstling der Natur“ (Immanuel Kant), d. h. von einem Genius wie Mozart, kann wohl niemand weder aus künstlerischer noch aus wissenschaftlicher Sicht – auch wenn es sich nur um einen einzigen Contrapunctus handelt – unbeteiligt bleiben. Denn nicht die Wissenschaft schreibt der Kunst die Regeln vor, sondern die im genialen Menschen waltende Natur.

Was Gesamtinstrumentierungen bzw. Gesamtbearbeitungen ohne theoretischen Hintergrund angeht, so seien für die Vergangenheit zwei hervorgehoben, welche in Ermangelung eines künstlerisch überzeugenden Paradigmas zum Verständnis der *Kunst der Fuge* künstlerisch Entscheidendes beigetragen haben: die Orgelfassungen und die Streichquartett-Bearbeitungen. Beide Aufführungsarten wurden auf künstlerischer Seite im Sinne einer zwar nicht ausschließlichen, aber doch legitimen Aufführungspraxis von bedeutenden Persönlichkeiten in Betracht gezogen: so z. B. das Streichquartett von Pablo Casals[63] und Wolfgang Hildesheimer[64] sowie die Orgel von Helmut Walcha (Teil IV, Beitrag 1).

Dies kann aber nicht heißen, daß aufgrund unbestreitbarer Verdienste ein Authentizitätsanspruch abgeleitet werden kann. Denn eine Streichquartett-Darbietung ist notwendigerweise eine Bearbeitung, da die einzelnen Stimmen der Partitur der *Kunst der Fuge* nicht ohne zahlreiche Eingriffe – wir kommen darauf in Teil III zurück – auf die Stimmen eines klassischen Streichquartetts übertragen werden können.

[63] Pablo Casals in einem Brief vom 30. Oktober 1956 an Dr. F. Rieppel: „Au sujet de l’exécution de l’Art de la Fugue, il semble qu’on peut la confier aussi bien à un quatuor à cordes qu’à une masse chorale. Ce qui importe c’est que cette musique prenne, à l’exécution, le maximum de relief et de plasticité.“

[64] Wolfgang Hildesheimer, Der ferne Bach, a.a.O., S. 37

Was die Orgel betrifft, so schließt Wolfgang Wiemer eine Spielbestimmung bezüglich der Orgel zu Recht aus: „Obwohl die *Kunst der Fuge* sich auf der Orgel vorzüglich ausnimmt, ist sie nicht eigentlich für dieses Instrument geschrieben. Das beweist nachdrücklich jeder Vergleich mit Tonumfang und Baßführung eines größeren Bachschen Orgelwerks." [65]

Dennoch bestehen Unsicherheiten. Anläßlich eines Vortrages über die *Kunst der Fuge* an der Universität München im Februar 1997[66] wurde in der anschließenden Diskussion die Instrumentalbestimmung für die Orgel nachdrücklich geltend gemacht, und zwar mit der Begründung, daß Orgelpunkte, wie sie sich in der *Kunst der Fuge* zeigen – unter Hinweis auf die Schlüsse von Contrapunctus 1, 4 und 6 –, bei Streichern so in der Bach-Literatur nicht vorkämen; dies sei vielmehr eine typische Schreibweise für Orgel. Also müsse die *Kunst der Fuge* für Orgel bestimmt sein. Darauf ist zu sagen: Die *Kunst der Fuge* hat, wie bereits erwähnt, kein Vorbild, aber eine Grundlage. Dann: Orgelpunkte kommen bei Bach auch in Streicherstimmen vor (z. B. Brandenburgisches Konzert Nr. 4, BWV 1049).

Entscheidend jedoch ist, daß an dieser Art von Diskussion unmißverständlich sichtbar wird, wie wichtig eine erkenntnistheoretisch fundierte Gedankenführung ist: Da nämlich aufgrund einzelner Orgelpunkte eine Spielbestimmung der *Kunst der Fuge* für die Orgel mit Sicherheit nicht verifiziert werden kann, muß – so paradox das scheinen mag – nach Argumenten gesucht werden, welche eine Orgelbestimmung endgültig ausschließen. Sind solche vorhanden, helfen auch die Orgelpunkte in der Argumentation nicht weiter; sind solche nicht vorhanden, kann das Orgelpunkt-Argument weiter in Betracht bezogen werden. Tatsache ist jedoch, daß das Wiemersche Argument betreffs Tonumfang und Baßführung unumstößlich eine Orgelbestimmung ausschließt. Einen Originalbeitrag zur endgültigen Abklärung dieses Problems verdanken wir dem Orgelvirtuosen und Bachkenner Francesco Finotti (Teil IV, Beitrag 2).

Der Beitrag Helmut Walchas (Teil IV, Beitrag 1) – es handelt sich um ein Gespräch Egloff Schwaigers mit dem Künstler – hat dokumentarischen Wert. Einmal weil Walcha nicht nur als Repräsentant deutscher Organisten des 20. Jahrhunderts gilt, sondern auch als erster die *Kunst der Fuge* auf die Orgel übertrug; dann, weil Walcha persönlich der Erstaufführung der Graeserschen Orchesterfassung in Leipzig beiwohnte. Darüberhinaus lernen wir bei Walcha einen Polyphoniebegriff kennen, welcher unmittelbar das Problem der Instrumentalbestim-

[65] Wolfgang Wiemer, Die wiederhergestellte Ordnung in Johann Sebastian Bachs „Kunst der Fuge", a.a.O., S. 58

[66] Gastvortrag des Autors im Hauptgebäude der Universität München am 18. Februar 1997 aufgrund einer Einladung der Professoren des Instituts für Musikwissenschaft und des Instituts für Klassische Philologie

mung der *Kunst der Fuge* berührt, aber nicht in dieser Beziehung vorgetragen wurde. Walcha erschienen polyphone Stimmen als „selbständige Personen, die sich mit dem gleichen Thema befassen". Deshalb sah er es auch als Leitfaden seiner pädagogischen Arbeit an, daß seine Schüler die Einzelstimmen, insbesondere die Mittelstimmen, mitsingen können, d. h. „horizontal" verfolgen können. Wörtlich: „Diejenigen, die sehr gut vom Blatt spielen können, weil sie das ganze Notenbild rasch überblicken, lesen im allgemeinen zu vertikal. Sie sehen zwar die Harmonie und den musikalischen Verlauf, aber sie erkennen nicht die Geheimnisse und Schönheiten einer Einzelstimme" (Teil IV, Beitrag 1). Wie wir in Teil III sehen werden, gehört die Möglichkeit, eine Einzelstimme singend verfolgen zu können, zu den fundamentalen Kriterien der von uns vorgeschlagenen Instrumentalformation.

Was den Rest der Bearbeitungen der *Kunst der Fuge* angeht, so scheint fast alles vertreten zu sein, was man unter der Bezeichnung Musikinstrumente versteht, z. B. auch Blechbläserversionen, „als ob es sich um eine ‚Turmmusik' handele" (Alberto Basso).[67] Dabei wird es gut sein, die Dinge im großen und ganzen auf sich beruhen zu lassen. Nachdenklich muß jedoch stimmen, wenn in einer seriösen musikwissenschaftlichen Abhandlung außer dem Klavier-Paradigma auch noch ein Saxophon-Quartett empfohlen wird: „So erscheint mir, was die Deutlichkeit der Stimmverläufe und der thematischen Arbeit betrifft, die Darstellung mit Saxophon-Quartett optimal."[68]

Abgesehen davon, daß Rätsel durch Provokation nicht gelöst werden und vier Saxophone zusammen weder fünf- noch sechsstimmige Stimmenverläufe zu spielen imstande sind, zeigt der Vorschlag, daß der Begriff eines Sakrilegs in der Musik nicht mehr zu existieren scheint.

Die Griechen waren für den Fall einer Profanierung aufgrund ihres Mythos gut gerüstet. Der Wettstreit zwischen Marsyas und Apollon (Apollodor. bibl. I, 4, 2) ist ja nichts anderes als das Aufzeigen einer Grenzverletzung im musischen Bereich, symbolisch dargestellt durch die drastische Bestrafung desjenigen, der Apollon zuwiderhandelt. Eine Aufführung der *Kunst der Fuge* durch ein Saxophon-Quartett ist eine Grenzverletzung.

Apollon spielt die Lyra, nicht den Aulos.

67 Persönliche Mitteilung von Prof. Alberto Basso, Accademia Nazionale di Santa Cecilia, Rom
68 Peter Schleuning, Johann Sebastian Bachs „Kunst der Fuge", a.a.O., S. 57

Teil III

Die *Kunst der Fuge* und ihre Klanggestalt

Die Instrumentalbestimmung der *Kunst der Fuge* hat ihre Wurzel im pythagoreischen Denken

Die alten Chorschlüssel als Symbolträger und Wegweiser zur Rätsellösung

Die Partitur der *Kunst der Fuge* und damit auch die Rätselfrage ihrer Bestimmung beginnt exakt mit Bachs Notierung der aus der A-cappella-Tradition des 16. Jahrhunderts stammenden Schlüsselkombination „Sopran, Alt, Tenor, Baß" im Autograph. Diese „war in der Bachzeit noch die übliche Notation für Chor und erhielt sich in dieser Funktion bis ins 19. Jahrhundert" (Roswitha Schlötterer-Traimer).[1] Da die *Kunst der Fuge* keinen Gesangstext kennt und auch sonst als reines Vokalwerk ausscheiden muß, haben wir in den alten Chorschlüsseln nicht nur praktische, sondern auch symbolische Richtzeichen zu erblicken. Diese bedürfen einer Interpretation.

Zunächst weisen Chorschlüssel auf Gesang bzw. Singbarkeit. Dieser Hinweis entspricht in vollkommener Weise den diesbezüglichen Hervorhebungen Marpurgs im „Vorbericht" zur *Kunst der Fuge*. Die Chorschlüssel könnten also praktisch gesehen stellvertretend für eine nicht expressis verbis niedergeschriebene „cantabile"-Anweisung stehen. Ethisch und metaphysisch gesehen können sie jedoch in einem neuplatonischen bzw. pythagoreischen Kontext – in Anlehnung an die in drei Ebenen (Physik, Ethik und Metaphysik) operierende Platon-Exegese des Iamblichos[2] – auch als Anspielung auf nachfolgende Themenkreise verstanden werden. Zu jedem Thema führen wir einen oder mehrere Belege an.

– Chor als sakrale Einrichtung:

In Platons Alterswerk, den *Nomoi* (Gesetze), heißt es: „auch haben die Götter die Bezeichnung Choroi (Gesang und Tanz) eingeführt […] Wollen wir nun dies vor allem als richtig annehmen? Wollen wir feststellen, daß die erste Erziehung nur durch die Musen und Apollon erteilt wird? Oder wie?" (… ἡμῖν δὲ οὓς εἴπομεν τοὺς θεοὺς συγχορευτὰς δεδόσθαι […] πρῶτον δὴ τοῦτο ἀποδεξώμεθα; θῶμεν παιδείαν εἶναι πρώτην διὰ Μουσῶν τε καὶ Ἀπόλλωνος, ἢ πῶς; Plato legg. II 654 a).[3] Mizler erwähnt Platons „Buch von den Gesetzen" bereits im 1. Teil des I. Bandes der *Musikalischen Bibliothek*.[4]

1 Roswitha Schlötterer-Traimer, Johann Sebastian Bach. Die Kunst der Fuge (Meisterwerke der Musik, hrsg. Ernst Ludwig Waeltner, Heft 4), München 1966, S. 37 Anmerkung 1

2 KP 2, 1306, 1–31

3 Platone, Tutte le opere, Vol. V, Leggi, edd. Enrico V. Maltese, Francesco Adorno, Umberto Bultrighini, Enrico Pegone, Stefania Rubatto, Daniela Ternavasio, Roma 1997: Plato legg. II 654 a, S. 100 f.; dt. Übersetzung zitiert nach Thrasybulos Georgiades, Musik und Rhythmus bei den Griechen, Hamburg 1958, S. 105

4 Mus. Bibl. I, 1, S. 31

– Chor als Erziehung:

Weiter heißt es in den *Nomoi* Platons: „Derjenige, der (als Sänger und Tänzer zugleich) nicht in einem Chor seinen Platz ausfüllen kann, ist nicht wahrhaft erzogen“ (... ἀπαίδευτος ἀχόρευτος ..., Plato legg. II 654 a).[5]

Für neuplatonisch bzw. neupythagoreisch motivierte Bemühungen um Chorerziehung läßt sich als eindrucksvoller Beleg ein überlieferter Brief Kaiser Julians anführen. In diesem sichert der Kaiser als bekannter Verehrer der Philosophie des Iamblichos – Julian über Iamblichos: „der dritte Große nach Pythagoras und Platon“ (... μετὰ Πυθαγόραν καὶ Πλάτωνα τρίτος Ἰάμβλιχος ..., Iulian. Ep. 18 Weis = Ep. 12 Bidez-Cumont) – dem Präfekten von Ägypten jedwede Hilfe bei der Errichtung eines hundert Knaben zählenden Chores in Alexandria zu. Wörtlich: „Die geweihte Musik ist es, wenn irgend etwas anderes wert, daß man sich um sie bemüht.“ (Ἄξιόν ἐστιν, εἴπερ ἄλλου τινός, καὶ τῆς ἱερᾶς ἐπιμεληθῆναι μουσικῆς. Iulian. Ep. 42 Weis = Ep. 109 Bidez-Cumont)[6]

– Chor als Metapher für die Sphärenharmonie:

In Platons *Timaios (Abb. 39)* finden wir den Begriff „Sternenchor“ bzw. „Sternenreigen“ (χορεία <τῶν ἄστρων> ..., Plato Tim. 40 C). Auch Marcus Meibom erwähnt den „Sternenchor“, und zwar in seinen Anmerkungen zu Aristeides Quintilianus (... ἄστρων χορὸν ..., Meibomii Notae in Arist. Quint. p. 328 Meibom). Für uns stellt sich jedoch die Frage: Hat Bach nun wirklich bei der Notation der Chorschlüssel an den pythagoreisch-platonischen Sternenchor gedacht? Es existiert außer dem pythagoreischen Kontext eine besonders überzeugende Stütze für diese Annahme, nämlich das VIII. Kapitel des V. Buches der *Weltharmonik* Johannes Keplers mit der aufschlußreichen Überschrift *(Abb. 40)*: „Welche [Planeten] in den himmlischen Harmonien den Diskant, den Alt, den Tenor oder den Baß vertreten?“ (Quis in concordantijs coelestibus Discanti quis Alti, quis Tenoris, quis Bassi vicem obeat?)[7]

Einen Absatz zuvor schreibt Kepler am Schluß des VII. Kapitels: „Es sind also die Himmelsbewegungen nicht anders als eine fortwährende mehrstimmige Musik (durch den Verstand, nicht das Ohr faßbar) [...] Es ist daher nicht mehr verwunderlich, daß der Mensch, der Nachahmer seines Schöpfers, endlich die Kunst des mehrstimmigen Gesangs, die den Alten unbekannt war, entdeckt hat. Er wollte die fortlaufende Dauer der Weltzeit in einem kurzen Teil einer Stunde mit einer kunstvollen Symphonie mehrerer Stimmen spielen und das Wohlgefallen des göttlichen Werkmeisters an seinen Werken soweit wie möglich nach-

5 Platone, Tutte le opere. Leggi, a.a.O.: Plato legg. II 654 a, S. 100 f.; dt. Übersetzung zitiert nach Henri Irénée Marrou, Geschichte der Erziehung im Klassischen Altertum, München 1977, S. 97; Titel der französischen Originalausgabe: Histoire de l’education dans l’antiquité, Paris 1948

6 Julian, Briefe, ed. Bertold K. Weis, München 1973, S. 110 f.

7 Johannes Kepler, Weltharmonik, hrsg. Max Caspar, München/Wien 1982[4], S. 315; Ioannis Keppleri, Harmonices mundi, Libri V., Lincii Austriae. Anno M.DC.XIX., S. 213

kosten in dem so lieblichen Wonnegefühl, das ihm diese Musik in der Nachahmung Gottes bereitet." (Nihil igitur aliud sunt motus coelorum, quam perennis quidam concentus (rationalis non vocalis) [...]; ut mirum amplius non sit, tandem inventam esse ab Homine, Creatoris sui Simia, rationem canendi per concentum, ignotam veteribus, ut scilicet totius Temporis mundani perpetuitatem in brevi aliqua Horae parte, per artificiosam plurium vocum symphoniam luderet, Deique Opificis complacentiam in operibus suis, suavissimo sensu voluptatis, ex hac Dei imitatrice Musica perceptae, quadamtenus degustaret.)[8]

Konklusion: Kepler schlägt in seiner Überschrift zum VIII. Kapitel des V. Buches der *Weltharmonik* nicht nur eine Brücke von der pythagoreischen Sphärenharmonie der Antike zur Astronomie der Neuzeit, sondern macht verdienstvollerweise, wenn auch vielleicht unbeabsichtigt, einen ersten und kompetenten Vorschlag, wie eine moderne Partitur, welche auf die Sphärenharmonie anspielen will, ihrer Grundstruktur nach beschaffen sein müßte. Diese Grundstruktur beruht nach der Überschrift des großen Astronomen auf den vier Grundkategorien der menschlichen Stimme: Diskant (Sopran)[9], Alt, Tenor und Baß.

Daß ein solcher Vorschlag – noch dazu von dem „vortrefflichen Kepler", wie ihn Mizler zweimal in seiner *Musikalischen Bibliothek* nennt[10] – bei Bach im Kontext pythagoreischer Musiktheorien konkrete Beachtung in Form von vierstimmigen Fugen bzw. Contrapuncten – sie bilden den weitaus größten Anteil der *Kunst der Fuge* – gefunden haben könnte, ist denkbar, vor allem nachdem Kepler an anderer Stelle von den Komponisten musikalische Beiträge fordert: „Wer die in meinem Werk dargestellte Himmelsmusik am besten ausdrückt, dem stellt Klio ein Blumengewinde in Aussicht und Urania verheißt ihm die Venus als Braut." (Qui propius Musicam coelestem exprimet hoc opere descriptam, huic Clio sertum, Urania Venerem sponsam spondent.)[11]

Keplers entschiedene Forderung nach einer sechsstimmigen Partitur an dieser Stelle der *Weltharmonik*[12] steht nicht im Widerspruch zu der von ihm angenommenen grundsätzlichen „Vierstimmigkeit" der Sphärenharmonie, sondern kann als plausible Begründung für die Stimmenzunahmen in Fuge I, Contrapunctus 5, 6, 7 und 11 angesehen werden, und zwar analog den seltenen Konstellationen, bei welchen fünf Planeten, oder der noch extremeren Situation, bei welcher sogar

8 Johannes Kepler, Weltharmonik, hrsg. Max Caspar, a.a.O., S. 315; Ioannis Keppleri, Harmonices mundi, Libri V., a.a.O., S. 212 (in der Originalausgabe findet sich an dieser Stelle versehentlich eine falsche Seitenzahl: 215)

9 Bach nennt die Sopranisten des Thomanerchores auch „Discantisten"; siehe den Brief Johann Sebastian Bachs vom 23. August 1730 an den Rat der Stadt Leipzig (Dok. I, Nr. 22, S. 60)

10 Mus. Bibl. I, 1, S. 42 n; I, 3, S. 56

11 Johannes Kepler, Weltharmonik, hrsg. Max Caspar, a.a.O., S. 310 Fußnote; Ioannis Keppleri, Harmonices mundi, Libri V., a.a.O., S. 208 Fußnote

12 Johannes Kepler, Weltharmonik, hrsg. Max Caspar, a.a.O., S. 310 Fußnote; Ioannis Keppleri, Harmonices mundi, Libri V., a.a.O., S. 208 Fußnote

sechs Planeten „zusammenklingen".[13] Kepler: „Wenn es nun nur eine einzige sechsfache Harmonie oder unter mehreren eine besonders ausgezeichnete gäbe, so könnte man in dieser zweifellos die Konstellation bei der Erschaffung der Welt erblicken." (Quod si unica sola contingere posset Harmonia sextuplex, aut inter plures unica insignis, ea proculdubio pro charactere Creationis haberi posset.)[14]

Mizler verwies in der *Musikalischen Bibliothek* bereits 1736 auf Keplers „fünf Bücher von der Harmonie der Welt", ein Datum, welches sich in die von Christoph Wolff vermutete Entstehungszeit eines Kompositions-Manuskriptes der *Kunst der Fuge*, nämlich „gegen Ende der 1730er Jahre", gut einfügt.[15]

Zur Beziehung zwischen Musik und Astronomie ist noch eine Bemerkung Mizlers in der *Musikalischen Bibliothek* aus dem Jahre 1738, also zur Zeit der Sozietätsgründung, erwähnenswert; es heißt dort u. a.: „Man kan nicht gewiß sagen, daß die Planeten mit den Tönen übereinkommen, z. B. mit C der Mars, mit dem Tone D der Jupiter, mit E der Saturnus, mit F der Mond, mit G der Mercurius, A mit der Venus, H mit der Sonne. Vielen kommt es gar lächerlich vor. Allein wer die Astronomie und Musik zugleich verstehet, wird nicht darüber lachen, sondern diese uhralte Meinung zu weiterer Betrachtung aussetzen."[16]

Pythagoreische Parameter als zeitunabhängige Merkzeichen

Aufgrund der in Teil I: „Die *Kunst der Fuge* und die Antike" gewonnenen Erkenntnis, daß die *Kunst der Fuge* auf pythagoreischem Denken beruht, sind folgende pythagoreische Parameter bei der Lösung des Problems der Instrumentalbestimmung in eine Gesamtbetrachtung einzubeziehen:

– Pythagoreer bevorzugen Saiteninstrumente:

Iamblichos: „Ihr Instrument war die Lyra, Pythagoras fand nämlich, die Auloi hätten einen enthemmenden Klang, der für Festversammlungen paßte, aber freier Menschen ganz unwürdig sei" (ὀργάνῳ δὲ χρῆσθαι λύρᾳ· τοὺς γὰρ αὐλοὺς ὑπελάμβανεν ὑβριστικόν τε καὶ πανηγυρικὸν καὶ οὐδαμῶς ἐλευθέριον τὸν ἦχον ἔχειν. Iambl. v. Pyth. 111).[17]

[13] Johannes Kepler, Weltharmonik, hrsg. Max Caspar, a.a.O., S. 311; Ioannis Keppleri, Harmonices mundi, Libri V., a.a.O., S. 208

[14] Johannes Kepler, Weltharmonik, hrsg. Max Caspar, a.a.O., S. 311; Ioannis Keppleri, Harmonices mundi, Libri V., a.a.O., S. 208 und 209

[15] Christoph Wolff, Zur Chronologie und Kompositionsgeschichte von Bachs Kunst der Fuge, in: Beiträge zur Musikwissenschaft 25 (1983), S. 134; vgl. des weiteren Peter Wollny, Ein Quellenfund in Kiew. Unbekannte Kontrapunktstudien von Johann Sebastian und Wilhelm Friedemann Bach, in: Bach in Leipzig – Bach und Leipzig, Konferenzbericht Leipzig 2000, hrsg. Ulrich Leisinger, S. 275 ff.

[16] Mus. Bibl. I, 4, S. 81

[17] Iamblichos, De vita Pythagorica liber, ed. M. v. Albrecht, a.a.O., § 111, S. 116 f.

– Pythagoreer ahmen die Sphärenmusik mit Saiteninstrumenten und Singstimmen nach:

Als wichtiger Beleg hierfür darf die nachweislich von pythagoreischen Ideen getragene Erzählung Ciceros, *Scipios Traum*, gelten. Die entscheidende Stelle bezüglich der Nachahmung der Sphärenmusik lautet: „das haben gelehrte Männer mit Saiten und Stimmen nachgeahmt" (... quod docti homines nervis imitati atque cantibus ..., Cicero Somn. Scip. 18; das ausführliche Zitat findet sich auf Seite 72).

Die Nachahmung der Sphärenmusik ist also Sache gelehrter, d. h. philosophisch gebildeter Musiker, und als „Klangwerkzeuge" kommen nur Saiteninstrumente und Singstimmen in Frage. Das Urbild hierfür ist zweifellos Apollo mit der Lyra: siehe die weißgrundige, im Museum von Delphi befindliche Trinkschale mit dem die siebensaitige Schildkröten-Lyra spielenden Apoll (um das Jahr 470 v. Chr., *Abb. 41*) – und in der Nachfolge Pythagoras: siehe die von Jörg Syrlin d. Ä. für das Chorgestühl des Münsters zu Ulm (zwischen 1469–1474) geschaffene Büste des die Laute spielenden Pythagoras *(Abb. 42)*; sie trägt die Inschrift: Pictagoras müsice inventor.

Ciceros ausdrückliche Festlegung der Nachahmungsart der Sphärenmusik („Saiten und Stimmen") bekräftigt erneut die Annahme, daß die Verwendung der alten Chorschlüssel in der *Kunst der Fuge* von Bach als Anspielung auf die Sphärenmusik gemeint sein kann. Auch der § 66 der *Vita Pythagorica* des Iamblichos ist als Beleg der Kombination „Saiten und Stimmen" anzusehen. Daß es sich bei den in § 66 der *Vita Pythagorica* genannten Instrumenten um Saiteninstrumente handeln muß, beweisen § 65, § 110 und § 111 derselben Iamblichschen Abhandlung.

Die einzige Ausnahme bezüglich der ausschließlichen Verwendung von Saiteninstrumenten bei der Nachahmung von Sphärenmusik scheint ein von Aristeides Quintilianus erwähntes, dem Mond zugeordnetes, tiefstes (βαρύτατον) Blasinstrument zu sein.[18]

– Die Oktave gilt in der pythagoreischen Literatur als „Schöpfung" des Pythagoras:

Nikomachos von Gerasa: „Pythagoras schuf, indem er der siebensaitigen Lyra die achte Saite hinzufügte, die Oktav bzw. Harmonie." (Ὅτι τῇ ἑπταχόρδῳ λύρᾳ τὴν ὀγδόην ὁ Πυθαγόρας προθεὶς, διὰ πασῶν συνεστήσατο ἁρμονίαν. Nicomachus Harmon. Man. Lib. I, p. 2 Meibom)

Mizler beschreibt in der *Musikalischen Bibliothek* nicht nur die Herkunft der Lyra, sondern erwähnt auch die Schöpfung der Oktav als Verdienst des Pythagoras, wobei er sich ausdrücklich auf Nikomachos von Gerasa bezieht:

18 Arist. Quint. De musica Lib. III, p. 147 Meibom

„Anfänglich war nur ein Tetrachordum, woraus Mercurii Leyer soll bestanden, und also nur vier Töne, so viel als man Elemente geglaubt, gehabt haben. Aber Nicomachus, im Anfang des andern Buches [Mizlers Quelle: Nicom. Harm. Man. Lib. II, p. 29 Meibom], schreibt, daß schon Mercurii Leyer mit sieben Saiten bezogen gewesen, und sie solcher Gestalt Orpheus von Mercurio empfangen hätte. Diese hatte also zwei Tetrachorda, und so viel Töne, als man Planeten gezehlet, nemlich sieben. Nach der Zeit hat Pythagoras noch einen Ton zwischen diese zwey Tetrachorda des Heptachordi hinzu gethan, daß also der unterste Ton zum obersten eine Octav war, und nun ein Octachordum vorstellte.“[19]

Die Lyra hatte also über die rein instrumentale Funktion hinaus auch eine konstitutive Funktion, und zwar in akustischer, theoretischer, ethischer und metaphysischer Hinsicht. Wichtig ist hierbei, sich in Erinnerung zu rufen, daß im Griechischen Oktav und Harmonie synonym waren und Harmonie und Seele metonymisch zueinander in Beziehung standen.

– Die Beschränkung auf Saiteninstrumente mit geringer Saitenanzahl bzw. die Vermeidung vielsaitiger Saiteninstrumente ist pythagoreisch-platonischer Natur:

In Platons *Staat* lesen wir im III. Buch:
SOKRATES. Also keine Vielheit von Saiten (πολυχορδίας) und kein Panharmonion (Alltonarteninstrument) werden wir bei unseren Gesängen und Liedern (ᾠδαῖς τε καὶ μέλεσιν) nötig haben.
GLAUKON. Nein, meiner Meinung nach.
SOKRATES. Leute also, die Trigone und Pektiden und überhaupt Instrumente mit vielen Saiten und für viele Harmoniai herstellen, werden bei uns nichts zu verdienen bekommen.
GLAUKON. Schwerlich.
SOKRATES. Und vollends Aulosmacher (αὐλοποιούς) und Aulosbläser (αὐλητάς), wirst du sie in der Stadt dulden? Oder ist dies nicht das tonreichste (πολυχορδότατον) Instrument und sind nicht die Panharmóniai (Alltonarteninstrumente) Darstellungen (μιμήματα) des Aulos?
GLAUKON. Offenbar.
SOKRATES. Die Lyra also und die Kithara bleiben dir übrig, und zwar als für die Stadt nützliche Instrumente; auf dem Lande dagegen hätten die Hirten die Syrinx zu verwenden.
GLAUKON. Das ergibt sich allerdings aus unserer Erörterung.
SOKRATES. Und wäre es denn auch etwas Unerhörtes, mein Freund, wenn wir dem Apollon und seinen Instrumenten den Vorzug geben vor dem Marsyas und dessen Instrumenten?
GLAUKON. Beim Zeus, ich denke, nein.

[19] Mus. Bibl. I, 2, S. 10 f.

(Οὐκ ἄρα, ἦν δ' ἐγώ, πολυχορδίας γε οὐδὲ παναρμονίου ἡμῖν δεήσει ἐν ταῖς ᾠδαῖς τε καὶ μέλεσιν.
Οὔ μοι, ἔφη, φαίνεται.
Τριγώνων ἄρα καὶ πηκτίδων καὶ πάντων ὀργάνων ὅσα πολύχορδα καὶ πολυαρμόνια δημιουργοὺς οὐ θρέψομεν.
Οὐ φαινόμεθα.
Τί δέ; αὐλοποιοὺς ἢ αὐλητὰς παραδέξει εἰς τὴν πόλιν; ἢ οὐ τοῦτο πολυχορδότατον, καὶ αὐτὰ τὰ παναρμόνια αὐλοῦ τυγχάνει ὄντα μίμημα;
Δῆλα δή, ἦ δ' ὅς.
Λύρα δή σοι, ἦν δ' ἐγώ, καὶ κιθάρα λείπεται, καὶ κατὰ πόλιν χρήσιμα· καὶ αὖ κατ' ἀγροὺς τοῖς νομεῦσι σύριγξ ἄν τις εἴη.
Ὡς γοῦν, ἔφη, ὁ λόγος ἡμῖν σημαίνει.
Οὐδέν γε, ἦν δ' ἐγώ, καινὸν ποιοῦμεν, ὦ φίλε, κρίνοντες τὸν Ἀπόλλω καὶ τὰ τοῦ Ἀπόλλωνος ὄργανα πρὸ Μαρσύου τε καὶ τῶν ἐκείνου ὀργάνων.
Μὰ Δία, ἦ δ' ὅς, οὔ μοι φαινόμεθα.
Plat. De rep. III 399 c)[20]

Daß die Ausführungen des Sokrates zur Musik in der pythagoreischen Überlieferung wurzeln, ist anzunehmen, da Sokrates laut Diogenes Laertios (II, 19) ein Schüler des Damon gewesen sein soll und da es „gewiß ist, daß Damon in der pythagoreischen Tradition steht, wie ja auch sein Lehrer Agathokles als Schüler des Pythagoreers Pythokleides bezeichnet wird" (Konrat Ziegler).[21] Was die bereits erwähnte „kleine Lyra" (τὸ λύριον) des Pythagoras betrifft, von welcher Aristeides Quintilianus berichtet[22], so kann man schon von der Größe her auf eine Lyra mit wenig Saiten schließen.

Konklusion: Um pythagoreisches Denken bezüglich der Musik zu verstehen, bedarf es einer umfassenden Einblicknahme in die entsprechenden Texte. Anders lassen sich geistige Zusammenhänge nicht begreifen. Daß die hier angeführten pythagoreischen Parameter nur Zeichen, aber keine Anleitung zur Rätsellösung der *Kunst der Fuge* bieten können, ist evident. Gleichwohl muß ihr auf die Instrumentenwahl bezogener ethosbedingter Charakter und damit ihr indikatorischer Wert in einem pythagoreischen Kontext Beachtung finden.

20 Platon, Politeia, ed. Karlheinz Hülser, Frankfurt am Main und Leipzig 1991, S. 216 ff.; dt. Übersetzung zitiert nach Thrasybulos Georgiades, Musik und Rhythmus bei den Griechen, Hamburg 1958, S. 98 f.

21 KP 1, 1376, 46–49

22 Arist. Quint. De musica Lib. II, p. 110, 5 Meibom

Hinweise zum Stil der *Kunst der Fuge*

Gibt es einen, alle vierstimmigen Fugen der *Kunst der Fuge* bezeichnenden, gemeinsamen Stil? Einen Stil, der die oben erwähnten pythagoreischen Parameter mit einbezieht?

Christoph Wolff bezüglich des Stils: „Die Anfangssätze der *Kunst der Fuge* bieten den Kontrapunktstil ‚par excellence', die traditionelle Vokalpolyphonie, das Symbol für ‚*die Majestät der alten Musik*' (Mizler), und zwar als Ausgangspunkt und nicht als Erfüllung. Das allmähliche Sich-Entfernen vom retrospektiven Satzcharakter des stile antico im Zuge der *Kunst der Fuge* mit ihrem allmählichen Integrieren anderer und zunehmend personalstilistischer Elemente kann hier nur als symptomatisch verstanden werden. Und die Schlußfuge spiegelt diesen Vorgang in komprimierter Form noch einmal wider. Das Gesamtwerk ersteht somit als ein Dokument der systematischen Auslotung der Grundlagen kontrapunktischen Komponierens, und zwar speziell im Blick auf den Instrumentalsatz."[23]

Diesen Ausführungen ist grundsätzlich zuzustimmen, wenn auch unter anderen Vorzeichen. Der Begriff „Instrumentalsatz" kann nach unseren Untersuchungen in Teil II (Die *Kunst der Fuge* und das Problem ihrer Instrumentalbestimmung ...) keinesfalls auf Tasteninstrumente bezogen werden, sondern, wie wir sehen werden, nur auf ein Instrumental-Ensemble, welches die Einzelstimmen solistisch ausführt.

Der hierfür in Frage kommende Stil heißt Stylus symphoniacus und wird sowohl von Athanasius Kircher (1602–1680) als auch von Mattheson und Mizler beschrieben. Aus der 1650 in Rom erschienenen *Musurgia universalis* des Athanasius Kircher:

„Der Stylus symphoniacus ist eine gewisse Art solche Symphonien zu komponieren, bei welchen man sich der Konsonanz bedient, um unter verschiedenen Instrumenten Übereinstimmung zu erzielen; und die Art ist dabei der Verschiedenheit der Instrumente entsprechend verschieden. Es handelt sich nämlich um einen anderen Stylus symphoniacus mittels Konsonanz bei den Chelys-Instrumenten [χέλυς = Schildkröte; bei Kircher die Saiteninstrumente überhaupt, vornehmlich Streichinstrumente: Chelys maior ist z. B. der Violone, Chelys minor die Violine][24] und noch einmal um einen anderen Stylus symphoniacus bei den Holz- und Blechbläsern oder Trommelinstrumenten, wenn man eine Symphonie komponieren will" (Symphoniacus stylus est certus eas componendi Symphonias, quibus variorum instrumentorum concordi consonantia vtuntur; estque pro

[23] Christoph Wolff, Zur Chronologie und Kompositionsgeschichte von Bachs Kunst der Fuge, in: Beiträge zur Musikwissenschaft 25 (1983), S. 137 f.

[24] Athanasius Kircher, Musurgia universalis, Rom 1650, S. 486 („De Chelybus, sive Violis.") und dazugehörige Abbildung

instrumentorum diuersitate diuersus. Est enim alius stylus Symphoniacus in Consonantia Chelyum, [...] alius in fistularum, tibiarumque concordia, alius denique in tubarum, tympanorumque Symphonia perficienda).[25]

Der von Kircher beschriebene Stylus symphoniacus ist in mehreren Punkten verbindlich:

– Es besteht eine Anknüpfung an den Stylus antiquus und somit an den „klassischen", von der Vokalpolyphonie her bestimmten Kontrapunktstil (siehe Teil IV, Beitrag 3, und Teil I: „Das Dualismusprinzip").

– Der musikalische Begriff Stylus symphoniacus leitet sich vom griechischen Wort symphonia (συμφωνία) her. Bei Kircher als einem der Antike sich verbunden fühlenden Autor ist dieser Begriff auch als direkter Hinweis auf die antike Grundbedeutung zu verstehen[26]: συμφωνία bezeichnet bei den Pythagoreern sowohl die als Konsonanzen geltenden Grundintervalle Quarte, Quinte, Oktave und Doppeloktave als auch „die hoch in der Luft sich ereignenden Konsonanzen des Kosmos" (... ταῖς μεταρσίαις τοῦ κόσμου συμφωνίαις ..., Iambl. v. Pyth. 65).

Weitere Belege für den kosmischen Bezug des Wortes συμφωνία finden sich bei Aristeides Quintilianus.[27] Selbst Kepler verwendet dieses Wort, allerdings lateinisch, im Zusammenhang mit der Sphärenharmonie. Es ist also sinnvoll, in einem pythagoreischen Kontext den Stylus symphoniacus als Stilelement in Betracht zu ziehen. Ganz allgemein bedeutete συμφωνία aber „überhaupt ein Concert von mehreren Stimmen oder Instrumenten, auch eine Mischung beyder" (Franz Passow).[28]

– Die Partiturnotation gilt im Stylus symphoniacus als legitime Notation für Saiten- und Blasinstrumente, wobei Saiten- bzw. Streichinstrumente an erster Stelle stehen. Tasteninstrumente sind nicht vorgesehen, da es sich beim Stylus symphoniacus per definitionem um „verschiedene" bzw. mehrere Instrumente handelt. An dieser Stelle wird noch einmal deutlich sichtbar, daß eine vierstimmige Partiturnotation durchaus nicht zwingend auf Tastenmusik verweisen muß (siehe Teil IV, Beitrag 3).

25 Athanasius Kircher, Musurgia universalis, a.a.O., S. 592

26 Kirchers „Chelys"-Nomenklatur im Zusammenhang des Stylus symphoniacus – siehe S. 592 und S. 486 der „Musurgia universalis" – unterstreicht diese Ansicht, da sich der heute völlig vergessene Chelys-Begriff ganz unzweifelhaft auf den griechischen Mythos bezieht, und zwar auf Hermes, der die erste Lyra aus einer Schildkrötenschale fertigte, die er mit sieben Saiten bespannte (Homerischer Hymnus an Hermes, Hom. Merc. 25.51.), und auf Apollo, der diese als Versöhnungsgabe für Rinderraub aus der Hand des Hermes empfing (Homerischer Hymnus an Hermes, Hom. Merc. 490 ff.).

27 Arist. Quint. De musica Lib. III, p. 121, 28 Meibom und Arist. Quint. De musica Lib. III, p. 144, 11 Meibom

28 Franz Passow, Handwörterbuch der Griechischen Sprache, Leipzig 1831^4, Zweyter Band: S. 1011

Mizler beschreibt den Stylus symphoniacus im 2. Teil des II. Bandes der *Musikalischen Bibliothek*: „Die vierte Schreibart, so zum Kirchenstyl gehöret, beziehet sich auf die Instrumente und wird stylus symphoniacus genannt. Diese Schreibart wird nach Beschaffenheit der Instrumente und des Endzwecks verschieden eingekleidet, doch muß überall ein gründliches und ernsthafftes Wesen zugegen seyn. Fünfftens gehöret auch der canonische Styl zur Kirchen Musik."[29]

Der Stylus symphoniacus weist schon vom Namen her auf pythagoreische Musiktheorie und das Zusammenspiel mehrerer Instrumente. Darüberhinaus gehört er wie der „canonische Styl" nach Mattheson und Mizler zum „Kirchenstyl", „dessen Kennzeichen gravitas, devotio & affectuum spiritualium expressio sind" (Heinrich Bokemeyer, Kantor in Wolfenbüttel und Sozietätsmitglied).[30] Dies gilt es vor allem zu bedenken, wenn vom Stil der *Kunst der Fuge*, zu welcher ja auch zweistimmige Kanons gehören, die Rede ist.

Die Instrumentalbestimmung der *Kunst der Fuge*

In Besetzungsfragen ist in erster Linie die Bachsche Aufführungspraxis verbindlich. Durch sie wird nämlich vor allem deutlich, inwieweit eine einmal für die *Kunst der Fuge* getroffene Entscheidung bezüglich Art, Kombination und Anzahl der Instrumente künstlerisch und historisch schlüssig ist.

Beachtung verdienen bei einem auf pythagoreischer Philosophie basierenden Werk auch instrumentalbezogene pythagoreische Parameter. Bei allen Entscheidungen im Instrumentalbereich muß jedoch die Autorität und Integrität der Partitur ohne Einschränkung als sakrosankt gelten – „hier ist nichts wegzunehmen und nichts hinzuzufügen ..." (οὔτ' ἀφελεῖν ἔστιν οὔτε προσθεῖναι ..., Aristot. Eth. Nic. B 6, 1106 b 10).

Als zusätzliche Ratgeber wollen wir, um zur „Erkenntnis des Richtigen" zu gelangen, auch Hinweise von Mozart und Brahms zur *Kunst der Fuge* in Betracht ziehen, und zwar aufgrund ihrer dem „intuitiven Verstand" (νοῦς) – nach Aristoteles (Aristot. Eth. Nic. Z 3, 1139 b 17) die fünfte Grundform, durch welche die Seele, bejahend oder verneinend, die Erkenntnis des Richtigen vollzieht – bzw. dem Genius musices zugehörigen Qualität.

Wenn wir das in der *Kunst der Fuge* waltende pythagoreische Rätselprinzip und seinen ihm innewohnenden Lehrcharakter als Hypothese ernst nehmen wollen, dann versteht es sich von selbst, daß nach einer Lösung der Besetzungsfragen gesucht werden muß, denn wir sollen bei der Suche nach der Lösung des Rätsels etwas lernen. Wer ein wirkliches Rätsel stellt, weiß nicht nur mehr, er gilt auch als weise. Euripides (ca. 485–406 v. Chr.) bezeichnet in „Die Phönikerinnen" die

[29] Mus. Bibl. II, 2, S. 222
[30] Mus. Bibl. II, 2, S. 292

Sphinx als weise (σοφῆς [...] παρθένου, Eurip., Phoen. 48) und ibidem ihre Musik (ξυνετὸν μέλος, Eurip., Phoen. 1504). Auch die *Kunst der Fuge* ist „weise“, wie überhaupt der Begriff σοφία seit den Homerischen Hymnen (vgl. Hom. Merc. 483 und 511) auch im Zusammenhang mit dem Instrumentalspiel und ganz allgemein mit der Tonkunst erscheint.

Dreistimmige Contrapuncte

Mozarts intuitive Instrumentenwahl ist ebenso bemerkenswert wie erhellend und einleuchtend: Er nahm – immer unter der Voraussetzung, daß die Spielbestimmung der Fuge KV 404a, Nr. 4 (Contrapunctus 8) wirklich auf einer persönlichen Intention Mozarts beruht – eine getreue Übertragung der Sopran-, Alt- und Baßstimme des Contrapunctus 8 auf die Streichinstrumente Violine, Viola und Violoncello vor (KV 404a, Nr. 4), abgesehen von einer drei Takte dauernden Oktavversetzung der Altstimme.[31] Es scheint, als habe kaum jemand bisher dieses Faktum ernstgenommen, obwohl sich der Mozart-Forscher Alfred Einstein durch die Vergabe der Köchel-Verzeichnis-Nummer 404a für die Autorschaft Mozarts bezüglich der KV 404a zugrundeliegenden Abschrift – Autograph unbekannt – verbürgt hat.[32]

[31] Mozart/Bach, Sechs Fugen mit langsamen Einleitungssätzen (KV 404a), hrsg. Adolf Hoffmann, Wolfenbüttel und Zürich 1981, Seite 23 ff.: Fuga (Contrapunctus 8), Seite 30: Oktavversetzung der Altstimme: ottava alta ab Takt 171, 5. Achtel bis Takt 174, 4. Achtel.
Eine durch bedingungslose Partiturtreue begründete Alternative zur Oktavversetzung der Altstimme liegt in einer Scordatur. Die tiefste Viola-Saite muß dabei eine Stimmung in H aufweisen, wodurch Takt 173 der Altstimme des Contrapunctus 8 originalgetreu spielbar wird.

[32] KV 404a: „Sechs dreistimmige Fugen – drei aus J. S. Bachs Wohltemperiertem Klavier (I. Teil Nr. 8, II. Teil Nr. 13 u. 14), je eine aus J. S. Bachs Orgelsonate II (BWV 526) und der Kunst der Fuge, Contrapunctus 8, sowie eine Fuge von W. Friedemann Bach, die letzte der ‚acht Fugen‘, welche er der Prinzessin Amalie widmete, eingerichtet für Violine, Viola und Baß von Mozart und mit sechs Einleitungen versehen, davon vier von Mozart.“
KV 404a ist nicht, wie Klaus Hofmann im Kritischen Bericht zu „Die Kunst der Fuge“ (NBA VIII, 2.1 und NBA VIII, 2.2) ausführt, eine „gelegentlich Mozart zugeschriebene Sammlung“ (vgl. Kritischer Bericht, S. 75), sondern eine mit guten Gründen Mozart zugeordnete Abschrift, wie die von Alfred Einstein diesbezüglich vergebene KV-Nummer 404a ausdrücklich bezeugt.
Unter den Herausgebern der Abschriften von KV 404a sind zu nennen: Johann Nepomuk David (Wolfgang Amadeus Mozart, Sechs langsame Sätze und dreistimmige Fugen, bearbeitet und ergänzt nach Werken von Johann Sebastian Bach und Wilhelm Friedemann Bach für Violine, Viola und Baß [Violoncello] KV 404a, Wiesbaden, Breitkopf & Härtel 1966, Heft I: EB 5678, Heft II: EB 5679) und Adolf Hoffmann (Mozart/Bach, Sechs Fugen mit langsamen Einleitungssätzen, KV 404a, für Violine, Viola und Baß [Violoncello], Wolfenbüttel und Zürich, Karl Heinrich Möseler Verlag 1981, M 40.135).
Zur Authentizitätsfrage von KV 404a: Für die Autorschaft Mozarts sprechen die Qualität von vier langsamen Einleitungssätzen (Nr. 1, 2, 3, 6) sowie die historischen Umstände. Zu diesen gehören die persönliche Präsenz von Mozart in den Sonntags-Matineen bei Baron van Swieten, die Bevorzugung von Händel- und Bachschen Fugen im Hause van Swieten, die Beschäftigung

Mozarts mit Bachschen Fugen (vgl. den Brief Mozarts vom 10. April 1782 an seinen Vater: „... ich gehe alle Sonntage um 12 Uhr zum Baron van suiten – und da wird nichts gespiellt als Händl und Bach. – ich mach mir eben eine Collection von den bachischen fugen. – so wohl Sebastian als Emanuel und friedeman Bach ...“ – zitiert nach Alfred Einstein – und den Brief Mozarts vom 20. April 1782 an seine Schwester Nannerl sowie Praeludium und Fuge für Klavier KV 383a = 394), und nicht zuletzt die Tatsache, daß die „Grundlage (der Hausmusik bei van Swieten) ein Streichtrio bildete“ (Reinhold Bernhardt, Gottfried van Swieten, in: Der Bär 1929/30, S. 140 f., zitiert nach Köchelverzeichnis der Werke Wolfgang Amadeus Mozarts, hrsg. Dr. Ludwig Ritter von Köchel, Wiesbaden 1965[7], S. 437 Anmerkung).
Sowohl Warren Kirkendale (More Slow Introductions by Mozart to Fugues of J. S. Bach?, in: Journal of the American Musicological Society 17 [1964], S. 43–65) als auch Andreas Holschneider (Zu Mozarts Bearbeitungen Bachscher Fugen, in: Die Musikforschung 17 [1964], S. 51–56) haben KV 404a in Frage gestellt. Es ist jedoch keinem der beiden Autoren gelungen, die Hypothese – denn es handelt sich um eine Hypothese, nicht um ein „Statement“ (vgl. Warren Kirkendale, a.a.O., S. 65) – Alfred Einsteins „there is no doubt at all that these ... can only be by Mozart“ (zitiert nach Warren Kirkendale, a.a.O., S. 65) zu widerlegen, obwohl es sich bei Einsteins obengenanntem Satz erkenntnistheoretisch um einen „Allsatz“, also einen wissenschaftlichen Satz handelt. Dieses Faktum ist erkennntnistheoretisch wichtiger als jede Art von Zweifel – und sei er noch so begründet –, der sich über KV 404a erhebt.
Solange wissenschaftlich begründete Zweifel an der Echtheit einer Partitur nicht zu einer alle Umstände bedenkenden neuen Hypothese führen, die die bisher bestehende endgültig auszuschließen imstande ist, bleibt die alte Hypothese – in unserem Falle KV 404a – bestehen. Denn nicht die wissenschaftliche Verifikation ist entscheidend, da nicht möglich (fehlendes Autograph sowie eine nach Andreas Holschneider um „1800, oder etwas später“ geschriebene anonyme Partitur – Zu Mozarts Bearbeitungen Bachscher Fugen, a.a.O., S. 52 f. – sind jedoch per se kein Gegenargument), sondern eine den Erkenntnisprozeß vorantreibende Falsifikation. Ist ein endgültiger Ausschluß der bestehenden Hypothese nicht möglich, muß im Interesse der Sache Zurückhaltung geübt werden. Dies gilt besonders für Kunstwerke.
Wenn Warren Kirkendale sagt: „Aber Qualität kann natürlich niemals ein absolutes Kriterium für Autorschaft sein“ (Mehr Licht, in: Die Musikforschung, 18 [1965], S. 196), so spricht er als Wissenschaftler und nicht als Künstler. Da aber die Musik seit der Antike beide Grundaspekte, nämlich Musik als Kunst (τέχνη) und Musik als Wissenschaft (ἐπιστήμη) in sich vereint, wäre es ebenso möglich, vom künstlerischen Aspekt aus zu entgegnen: Allein die Qualität, die in der Kunst per definitionem eine spezifische sein muß, ist das „absolute“ Kriterium für eine Autorschaft. Alfred Einstein (1880–1952), anerkanntermaßen einer der größten und zugleich künstlerisch sensibelsten Kenner des Mozartschen Gesamtwerkes im 20. Jahrhundert (vgl. die Revision des Köchel-Verzeichnisses durch Alfred Einstein, 1937, sowie: Alfred Einstein, Mozart. Sein Charakter – Sein Werk, Frankfurt am Main 1968), hat im Falle von KV 404a aufgrund der Quellenlage künstlerisch und wissenschaftlich gehandelt. Darüber hinaus begründen per se die spezifische, nur an Mozart erinnernde Qualität der vier langsamen Einleitungssätze (Nr. 1, 2, 3, 6) und die historischen Umstände Einsteins Entscheidung, die Abschrift im Archiv der Gesellschaft der Musikfreunde in Wien, Signatur: IX/1062, in das Köchel-Verzeichnis als KV 404a einzugliedern (weitere Literatur: Alfred Einstein, Mozart's Four String Trio Preludes to Fugues of Bach, Musical Times LXXVII [1936], S. 209–216; Walter Vetter, Mozart und Bach, Bericht über die Internationale Konferenz über das Leben und Werk W. A. Mozarts, Praha 27.–31. Mai 1956, S. 61–69).
Roswitha Schlötterer-Traimer hat verdienstvollerweise in ihrer Monographie „Johann Sebastian Bach. Die Kunst der Fuge“ (München 1966, S. 9 f.) auf Mozarts KV 404a und Mozarts Brief vom 10. April 1782 hingewiesen. Und Peter Schleuning mißt der Mozartschen Beschäftigung mit Contrapunctus 8 insofern eine wichtige Bedeutung in der Rezeptionsgeschichte zu, als „das Fortleben der zentralen Werke in den Kompositionen der nachfolgenden“ vielleicht zum wichtigsten Bereich der Rezeptionsgeschichte gehört (Johann Sebastian Bachs „Kunst der Fuge“, München und Kassel 1993, S. 238).

Nach Bach kann man mit Sicherheit Wolfgang Amadeus Mozart als unanfechtbare Autorität bei Instrumentationsfragen ansehen. Daher soll seine Sicht unbedingt vor Augen gehalten werden und auch im einzigen anderen Fall von dreistimmigem Contrapunct bei der Besetzung von Contrapunctus 13.1 und 13.2 Anwendung finden.

Brahms, einer der größten Kenner der *Kunst der Fuge*, gibt einen wertvollen Hinweis bezüglich des Contrapunctus 13 in seiner Sonate op. 38 für Violoncello und Klavier, die er selbst als „Ein Gruß an J. S. Bach" bezeichnete[33] – ein Hinweis, der auch als Bestätigung der Mozartschen Besetzung wiederum im Sinne des „intuitiven Verstandes" angesehen werden kann: Im Schlußsatz der Sonate, Takt 5–6 und Takt 44–45, zitiert Brahms Abschnitte der Baß-Linie des Contrapunctus 13 (13.1: Takt 29–30; 13.2: Takt 9) in der Violoncello-Stimme. Der verantwortungsvolle Komponist hat nicht zufällig gehandelt: Der letzte große Wiener Klassiker dachte bei der Lektüre des Contrapunctus 13 an das Streichinstrument im allgemeinen und an das als Solo-Stimme geführte Violoncello im besonderen.

Zum besseren Verständnis der eben angeführten Mozart- und Brahms-Argumentation: Hinweise sind freilich keine Beweise. Wer jedoch Beweise dort fordert, wo sich Unbeweisbares zeigt, hat nicht verstanden, daß Hinweise manchmal der Sache näherkommen als Beweise. Auch der musikalisch-poetische Genius – im antiken Griechenland noch eine Einheit (vgl. die ursprüngliche Bedeutung des Begriffes „Musik", griech. ἡ μουσική) – ist zwar existent, aber letztlich nicht beweisbar.

Der Erkenntnisweg über den aristotelischen νοῦς, den „intuitiven Verstand", ist jedoch nicht gleichbedeutend mit einer kritiklosen Anerkennung des deutschen Genie-Begriffs des „Sturm und Drang", vielmehr ein Sich-Vergewissern anhand des im Abendland gültigen Denkens, und zwar bis in die Gegenwart. Es ist leider notwendig, dieses Denken ca. 250 Jahre nach Erscheinen der *Musikalischen Bibliothek* Mizlers immer wieder in seinen historischen Grundzügen aufzuzeigen.

Welche Fakten bieten sich für eine Lösung der Besetzungsfrage noch an? Es handelt sich bei den dreistimmigen Contrapuncten 8 und 13 bekanntlich um einen quantitativ gesehen kleinen Teil im Gesamtwerk der *Kunst der Fuge*, kompositorisch aber wohlgemerkt nicht um einen geringeren. Johann Mattheson schreibt in seiner 1739 erschienenen weit verbreiteten Musik-Enzyklopädie *Der vollkommene Capellmeister*:[34]

[33] Johannes Brahms, Sonate für Klavier und Violoncello e-Moll op. 38, hrsg. Hans-Christian Müller, Mainz und Wien 1973, Vorwort

[34] Johann Mattheson, Der vollkommene Capellmeister, hrsg. Friederike Ramm (Bärenreiter Studienausgabe), Kassel etc. 1999, S. 477 [344] ff.

„Siebzehntes Hauptstück.
Von dreistimmigen Sachen.

§. 1.

Es ist bereits an andern Orten dargethan worden, daß in einem Trio mehr Kunst stecke, als in vielstimmigen Sätzen. Jenes erfordert viel mehr Aufsicht, als diese. Und wer mit dreien, ja, mit zwoen Stimmen gut umzugehen weiß, kan sich alles andern leicht bemeistern.

§. 2.

Die Herren Frantzosen selbst geben uns hierin Beifall, wenn sie gestehen: *Es sey das Trio unter allen am schwersten zu machen, und wolle einen geschickterern Meister haben, als andre harmonische Sätze.* Denn es müssen hier alle drey Stimmen, iede für sich, eine feine Melodie führen: und doch dabey, so viel möglich, den Dreiklang behaupten, als ob es nur zufälliger Weise geschähe.

§. 3.

Ein rechtes Trio ist also das grösseste Meister-Stück der Harmonie, und wenn man mit dreien Stimmen rein, singbar und vollstimmig verfahren kan, so wird es auch mit 24, dafern die Arbeit keine Scheu macht, glücklich angehen, nach dem Ausspruch jenes Gelehrten: *daß dem, der wol mit dreien singt, es auch mit mehren gut gelingt.*“

Das klingt, bezogen auf die Contrapuncte 8 und 13, fast wie eine exemplarische Antwort Bachs auf Matthesons Kommentare zur Kompositionsgattung „Von dreistimmigen Sachen“. Dies ist sowohl vom zeitlichen Aspekt als auch von der Tatsache her, daß Bach den Inhalt des *Vollkommenen Capellmeisters* mit an Sicherheit grenzender Wahrscheinlichkeit kannte, grundsätzlich denkbar, zumal Bach im *Vollkommenen Capellmeister* nicht nur mehrmals ehrenvoll genannt wird, sondern darin sogar einmal im Zusammenhang der Ludwig Friedrich Hudemann gewidmeten „Rätzelmäßigen Kreisfuge“ (BWV 1074) eine öffentlich an ihn gerichtete Bitte um Nachsicht von seiten Johann Matthesons für den Fall erhält, daß „etwa sein [des Bachschen Rätsels] Sinn nicht errathen wäre: wovor mir sehr grauet“ (Johann Mattheson).[35]

Wenn unsere Hypothese richtig ist, daß die Contrapuncte 8 und 13 auch als eine exemplarische Antwort Bachs auf Matthesons Trio-Ausführungen angesehen werden können, dann wäre unser Vorschlag einer Streichtrio-Besetzung weiter gestärkt. Bach zeigt in diesen Contrapuncten nicht nur, wie meisterhaft ein Trio beschaffen sein kann, sondern beweist mit ihnen auch etwas, was Mattheson für

[35] Johann Mattheson, a.a.O., S. 556–558 (§ 49–§ 54), entspricht den originalen Seitenzahlen [412–413]

nahezu unmöglich bzw. unnatürlich hielt, nämlich daß in einem Trio eine Mittelstimme sehr wohl eine „Haupt-Melodie" (vgl. § 26 des betreffenden Trio-Kapitels im *Vollkommenen Capellmeister*) verkörpern kann, und zwar ohne die geringste Störung des harmonischen und melodischen Gesamtverlaufs. Auch die Forderung Matthesons, daß der Baß „mit zum Wercke gehöre, kein Fremdling, sondern ein Genosse sey" (vgl. § 37 ibidem), wird in den Contrapuncten 8 und 13 in unübertrefflicher Weise Wirklichkeit. Im Hinblick auf eine Lösung der Besetzungsfrage verdient deshalb besondere Beachtung, daß Mattheson sich bezüglich einer die „Haupt-Melodie" verkörpernden Mittelstimme ausdrücklich auf die „Alt- und Tenor-Geigen" bezieht (vgl. § 26 ibidem)[36] und nicht z. B. auf eine Mittelstimme einer dreistimmigen Fuge für Cembalo.

Für jedwede Entscheidung im Bereich der Besetzungsfrage ist es aufgrund des pythagoreischen Kontextes angezeigt, die pythagoreischen Parameter in die Entscheidung mit einzubeziehen, zumal Contrapunctus 8 (X) und Contrapunctus 13 (XIV) im Autograph an der Tetraktys-Struktur beteiligt sind. Die pythagoreische Bevorzugung der Saiteninstrumente (Iambl. v. Pyth. 111) sowie die aus einer pythagoreischen Tradition heraus von Sokrates empfohlene Vermeidung vielsaitiger Saiteninstrumente (Plat. De rep. III 399 c) legen uns erneut, philosophisch begründet, den von KV 404a ausgehenden Besetzungsvorschlag „Violine, Viola, Violoncello" nahe. Wir wollen nunmehr auch an diesem Vorschlag, der oben hinreichend begründet werden konnte, festhalten. Die Violine, die Viola und das Violoncello zählen außerdem zum Bachschen Instrumentarium.

Unterstützt wird diese Besetzung weiterhin durch den „Vorbericht" von Friedrich Wilhelm Marpurg zur Titelauflage der *Kunst der Fuge* (1752). Darin wird, wie bereits erwähnt, festgestellt, „daß alle Stimmen darinnen durchgehends singen". Eine weitere Begründung für die Besetzung ist die Tatsache, daß die Orgel schon aus historisch-technischen Gründen ausscheiden muß, insbesondere bei Contrapunctus 8 und 13 (siehe Teil IV, Beitrag 2: Francesco Finotti). Auch Klavier bzw. Cembalo sind aufgrund des Anschlag- bzw. Anreißprinzips nicht in der Lage, einen „ununterbrochnen Gesang ohne häuffige Absätze" (Marpurg) zu garantieren, von der physikalischen und technischen Unmöglichkeit, die zahlreichen in Contrapunctus 8 und 13 enthaltenen Orgelpunkte auch nur annähernd auszuführen, ganz zu schweigen (vgl. Teil II, Fußnote 35).

Vergessen wir bei all unseren Überlegungen nicht, daß das Hörerlebnis auch philosophisch gesehen – vgl. die diesbezüglich bereits zitierte Stelle aus Buch I der *Elemente der Harmonik* des Pythagoreers und Aristoteles-Schülers Aristoxenos von Tarent (Aristox. Harm. Elementor. Lib . I, p. 38, 32 Meibom) – Eigengewicht besitzt. Dieser Aspekt der „reinen" Empfindung – gedankliche Assoziationen

[36] Johann Mattheson, a.a.O., S. 482 [348]

und Reflexionen nicht in Rechnung ziehend – spricht gleichfalls für die Besetzung Violine, Viola und Violoncello bei den dreistimmigen Contrapuncten 8 und 13.

Vierstimmige Contrapuncte und Quadrupelfuge

Ist die Besetzung der Contrapuncte 8 und 13 somit entschieden, so muß jetzt – immer die begründete Wahl des Streichtrios vor Augen – die Frage nach dem Instrument gestellt werden, welches als vierte Stimme in den vierstimmigen Contrapuncten auftreten soll, um einen organischen Zusammenhang zu bewahren.

Eine zweite Violine ist ausgeschlossen: in den besagten Contrapuncten sind die Sopran-, Alt-, Tenor- und Baßstimmen so notiert, daß die zweite Violine unmöglich die tieferen Töne der Alt-Partie[37] – genauso wie die Viola unmöglich die tieferen Töne der Tenor-Partie[38] – spielen könnte. Nur die Contrapuncte 5 und 9 können ohne Entstellung durch das klassische Streichquartett aufgeführt werden.[39]

Wenn man aber die Sopranstimme der Violine, die Altstimme der Viola und die Tenorstimme dem Violoncello zuordnet, bewegen sich alle drei Instrumente in ihrer eigentlichen Lage. Die Wahl des Violoncellos für die Tenorstimme ist aus mehreren Gründen gerechtfertigt:

1. Bach setzte in verschiedenen Kantaten (BWV 6, 41, 68, 85, 115, 175, 180, 183) ein Violoncello piccolo ein, das dank der E-Saite dem Spieler von damals einen bequemen Zugang zu höheren Tonlagen (bis zum c'') ermöglichte *(Abb. 43).* Auf einem normalen viersaitigen Violoncello sind diese Lagen nur mit Daumenaufsatz zu bewältigen. Jedoch: „Bach kennt noch keinen Daumenaufsatz" (Hans Vogt).[40] Dies gilt auch nach Ulrich Prinz als absolut sicher.[41]

2. Schon im Jahre 1708 verwendete Bach in der Kantate *Gott ist mein König* BWV 71 ein besonderes Violoncello, welches einen die höhere Lage erschließen-

37 Tiefere Töne der Altstimme, welche auf der zweiten Violine nicht spielbar sind, befinden sich in Contrapunctus 1, Takt 37, in Contrapunctus 2, Takt 20 und 46, in Contrapunctus 6, Takt 64, in Contrapunctus 7, Takt 60, in Contrapunctus 11, Takt 28, in Contrapunctus 12.2, Takt 11, 12, 19, 22, 23, 24, 32, 37, 42, 43, 47, 49 und in der Quadrupelfuge, Takt 51 und 125

38 Tiefere Töne der Tenorstimme, welche auf der Viola nicht spielbar sind, befinden sich in Contrapunctus 2, Takt 20, in Contrapunctus 3, Takt 11, in Contrapunctus 4, Takt 22 und 134, in Contrapunctus 7, Takt 57, in Contrapunctus 10, Takt 9 und in Contrapunctus 12.2, Takt 15, 16, 26, 29 und 40

39 Johann Sebastian Bach, Die Kunst der Fuge. Stimmen-Ausgabe, hrsg. Hermann Diener, Kassel 1956, nichtpaginiertes Vorwort von Charlotte Hampe in der Sopranstimme: siehe zweite Seite, letzter Absatz

40 Hans Vogt, Johann Sebastian Bachs Kammermusik, Stuttgart 1981, S. 50

41 Persönliche Mitteilung von Prof. Dr. Ulrich Prinz, Internationale Bachakademie Stuttgart

den Tonumfang von G–es" aufweist.[42] Bemerkenswerterweise ist dieser Umfang, bis auf einen Halbton (d" statt es"), genau derjenige, der sowohl den tiefsten Ton – G (Contrapunctus 12.2, Takt 16) – als auch den höchsten Ton – d" (Contrapunctus 11, Takt 159) – der Gesamt-Tenorstimme aller vierstimmigen Contrapuncte in der *Kunst der Fuge* bezeichnet.

Bei dem von Bach in der Kantate BWV 71 eingesetzten Violoncello dürfte es sich demnach um ein viersaitiges Violoncello ohne C-Saite mit der Stimmung G d a e' handeln. Alfred Dürr: „Der Violoncellopart liegt mit einem Umfang G–es" ungewöhnlich hoch. Offenbar hatte Bach ein Instrument zur Verfügung, dessen tiefste Saite in G gestimmt war."[43]

Zusammenfassung der Punkte 1. und 2.: Sowohl das von Bach in den Kantaten eingesetzte Violoncello piccolo wie auch das von Bach für die Mühlhäuser Ratswechselkantate BWV 71 gewählte Violoncello ist vom Tonumfang her für eine exakte Ausführung der Gesamt-Tenorstimme aller vierstimmigen Contrapuncte und der Quadrupelfuge geeignet.

3. Die natürliche Nachbarschaft des Violoncellos zur Viola – vorgegeben durch die Streichinstrumentenfamilie als solche sowie durch das für uns wichtige Streichtrio-Modell – erfährt eine weitere Annäherung durch die Einbeziehung der höheren Tonlage des Violoncellos, an der Bach soviel gelegen war (siehe die von Bach für ein fünfsaitiges Violoncello geschriebene 6. Suite in D-Dur für Violoncello solo BWV 1012; Stimmung: C G d a e'; höchster Ton: g"). Die Existenz fünfsaitiger Violoncelli zur Zeit Bachs ist mehrfach belegt.[44]

Die Gesamt-Tenorstimme der vierstimmigen Contrapuncte und der Quadrupelfuge läßt sich demnach nicht nur mit einem Violoncello piccolo oder einem speziellen Violoncello realisieren, wie es aus der Kantate BWV 71 resultiert, sondern ebenso mit einem fünfsaitigen Violoncello normaler Größe.

4. Brahms zitiert am Anfang der Durchführung im ersten Satz der Sonate op. 38 – und zwar in der Violoncello-Partie Takt 91–92 – mit einer rhythmischen Variante eine aufsteigende Tenorsequenz aus dem Contrapunctus 4 (Takt 35–37), welche auch das Hauptthema des Satzes ausmacht. Dieser weitere Beweis von Brahms' assoziativem Denken bekräftigt wiederum im Sinne des „intuitiven Verstandes" die Wahl des Violoncellos für die Tenor-Partie in allen vierstimmigen Contrapuncten und in der Quadrupelfuge der *Kunst der Fuge*.

Noch ein weiteres Wort zur Verwendung des Violoncello piccolo bzw. Violoncellos in der Tenorstimme: Die dreistimmige Akkordfolge der Tenorstimme inner-

[42] Johann Sebastian Bach, Gott ist mein König. Mühlhäuser Ratswechselkantate 1708. BWV 71. Faksimile der autographen Partitur, hrsg. Werner Neumann, Faksimile-Reihe Bachscher Werke und Schriftstücke, hrsg. Bach-Archiv Leipzig, Band 9, Leipzig 1970

[43] Alfred Dürr, Die Kantaten von Johann Sebastian Bach, München und Kassel/Basel/London 1985[5], Band 2: S. 797 Fußnote

[44] Riemann Musiklexikon, a.a.O., Sachteil, Violoncello, S. 1046

halb der siebenstimmigen Schlußkadenz des Contrapunctus 6 (Takt 79) – in Bearbeitungen für Ensemble entweder vereinfacht oder ausgelassen, in Ausführungen auf dem Tasteninstrument keinesfalls als der Tenorstimme zugehörig erkennbar – findet auf einem Violoncello eine völlig natürliche Darstellung, und zwar unter Einschluß der zuzüglichen E-Saite. Ein Vergleich mit dem Schlußakkord der Violoncello-piccolo-Stimme des 3. Satzes (Takt 49) der Kantate *Schmücke dich, o liebe Seele* BWV 180[45] bekräftigt die Idee eines Violoncello-piccolo-Akkordes, in jedem Falle aber des eine E-Saite tragenden Violoncellos. Freilich läßt sich der eben genannte Akkord auch auf dem normalen viersaitigen Violoncello ausführen.

Es gilt also: Das bei Bedarf mit Daumenaufsatz zu spielende viersaitige klassische Violoncello ist künstlerisch und historisch das Mittel der Wahl für eine Instrumentierung der Gesamt-Tenorstimme aller vierstimmigen Contrapuncte einschließlich der Quadrupelfuge. Da die Existenz verschiedener Violoncello-Typen vorrangig nicht auf künstlerischen Überlegungen, sondern ganz eindeutig auf dem Fehlen einer die hohen Lagen erschließenden manuellen Spieltechnik (Daumenaufsatz) beruht, kann konsequenterweise kein Authentizitätsanspruch bezüglich der entsprechenden einzelnen Instrumente bei einer heutigen Aufführung überzeugend glaubhaft gemacht werden. Bach meinte vornehmlich den in der Tenorlage eines Violoncellos befindlichen Violoncello-Ton. Allein darauf kommt es an.

Was die Zunahme der Stimmenzahl am Schluß der Contrapuncte 5, 6 und 7 angeht, muß für die Sopranstimme in verstärktem Maß wiederholt werden, was für die Tenorstimme eben gesagt wurde: Nur ein entsprechendes Solo-Instrument, in diesem Fall die Violine, ist imstande, den imponierenden zweistimmigen Verlauf der Sopranstimme am Schluß des Contrapunctus 6 (Takt 76 ff.) und 7 (Takt 56 ff.) musikalisch überzeugend darzustellen, und zwar ungeachtet der erheblichen Anforderung an den Spieler. Dasselbe gilt für das zu realisierende, bereits erwähnte Schlußtakt-Unisono (Takt 184) der Sopranstimme aus Contrapunctus 11 und den in dieses Unisono mündenden zweistimmigen Verlauf der Sopranstimme (Takt 183).

Daß „die Zunahme der Stimmenzahl an Satzschlüssen“ wie in Contrapunctus 5 „ohnehin klavierspezifisch“ sei[46], kann z. B. durch den Schluß der autographen Violinstimme des 2. Satzes (Takt 48–52) aus der Triosonate G-Dur BWV 1038 widerlegt werden (siehe zum Vergleich den zweistimmigen Schluß der Sopranstimme aus Contrapunctus 5, Takt 88–90).

45 Johann Sebastian Bach, Schmücke dich, o liebe Seele. Kantate zum 20. Sonntag nach Trinitatis. BWV 180, hrsg. Reinhold Kubik, Neuhausen-Stuttgart 1984, Seite 62: Schlußakkord des Violoncello piccolo in Takt 49 des 3. Satzes

46 Peter Schleuning, Johann Sebastian Bachs „Kunst der Fuge“, München und Kassel 1993, S. 56

Es bleibt noch ein Problem offen: das Problem des Basses. Ein zweites Violoncello kommt nicht in Frage. Es würde daraus eine zu gleichförmige Klangfarbe angesichts des ersten Violoncellos entstehen, um nicht vom resultierenden Mangel an Gleichgewicht zu sprechen, den nur die (freilich, wie gesagt, zu vermeidende) Einführung von zwei Violinen korrigieren dürfte. Nimmt man die Streichtrio-Besetzung für die dreistimmigen Contrapuncte als kohärent und richtig an, so muß eine andere Lösung schlüssig sein.

Wenn wir Bachs Generalbaß-Praxis in seinen Kantaten beachten, finden wir in der maßgeblichen Continuo-Gruppe neben dem Violoncello, der Orgel bzw. dem Cembalo fast immer das Fagott und den Violone (eine Art Kontrabaß, aber feiner im Klang, nach Alfred Dürr vermutlich eine Oktave tiefer gestimmt als das Violoncello).[47]

In der *Kunst der Fuge* handelt es sich nicht um einen Generalbaß, sondern um einen von seiner üblichen Rolle losgelösten, stark eigenständigen Baß (ein ähnliches Phänomen findet man z. B. in der Triosonate aus dem *Musikalischen Opfer* BWV 1079 und in anderen Werken des späten Bach). Dieser Umstand findet seinen adäquaten Ausdruck, wenn man die Baßstimme der vierstimmigen Contrapuncte und der Quadrupelfuge mit einem Fagott besetzt, und zwar der Klangdifferenzierung bzw. Verdeutlichung wegen.

Unterstützt wird diese Entscheidung durch die Tatsache, daß das Fagott bei Bach „häufig nicht unter der Oboe notiert wird, sondern unter den Streichern als traditionelles Baßinstrument des Streichorchesters (neben Violoncello und Violone)“ (Alfred Dürr).[48] Darüberhinaus verbindet sich der Fagottklang ausgezeichnet mit den beiden tiefen Streichern (Violoncello und Violone bzw. Kontrabaß).

Von seiten der Symbolik ist bemerkenswert, daß Aristeides Quintilianus bei der Nachahmung der Sphärenmusik von allen Blasinstrumenten nur das tiefste (βαρύτατον), welches dem Mond zugeordnet ist, gelten läßt (Arist. Quint. De musica Lib. III, p. 147 Meibom). So gesehen wird die Einbeziehung des Fagotts in eine Saiteninstrumentengruppe auch auf der Symbolebene sinnvoll, wobei sich in einem pythagoreischen Kontext die Analogie zwischen einem antiken und neuzeitlichen Instrument selbstverständlich nur auf zeitunabhängige Parameter erstrecken kann, in diesem Falle also nur auf die Baßlage und die Tonerzeugung durch Blasen.

Die Einführung des zumeist das Fagott oktavierenden Kontrabasses in allen vierstimmigen Contrapuncten und der Quadrupelfuge ist nicht nur Voraussetzung, um deren unverzichtbare tiefe Oktave (Ottava grave bzw. 16-Fuß-Register)

47 Alfred Dürr, Die Kantaten von Johann Sebastian Bach, a.a.O., Band 1: S. 74

48 Alfred Dürr, Johann Sebastian Bach, Seine Handschrift – Abbild seines Schaffens, Wiesbaden 1984, zu Blatt 7

hören zu können – eine Voraussetzung, die der polyphonen Klangstruktur der *Kunst der Fuge* erst ihre angestammte, doch bisher nie gehörte Majestät und Sicherheit verleiht –, sondern auch um die selten auftretende zweite Baßstimme hörbar zu machen (in Fuge I, Takt 37 und in Contrapunctus 5, Takt 86 ff. – beide Stellen können überdies als Wink zur Rätsellösung hinsichtlich Anzahl und Art der Baß-Instrumente verstanden werden). Symbolisch erinnert uns der oktavierende Kontrabaß im pythagoreischen Kontext an Pythagoras, und zwar in seiner Eigenschaft als „Schöpfer" der Oktav bzw. Harmonie (vgl. Nicom. Harm. Man. Lib. I, p. 2 Meibom) *(Abb 44)*.

Ein schönes und wegen seiner Authentizität nicht von der Hand zu weisendes Argument bezüglich eines im Stimmsatz – wir haben auf die alten Chorschlüssel als Symbolträger und Wegweiser zur Rätsellösung hinsichtlich des vierstimmigen Satzes der *Kunst der Fuge* ausführlich hingewiesen – mitwirkenden Violone bzw. Kontrabasses ist die Bachsche Bearbeitung der *Missa sine nomine* von Palestrina.[49] Bach ordnet – in einer autographen Notierung (Signatur der Staatsbibliothek zu Berlin: Mus. ms. 16714, *Abb. 45*)[50] – den Violone der Baßstimme einer – den Stylus antiquus in exemplarischer Weise repräsentierenden – A-cappella-Partitur zu und nicht dem von ihm hinzugefügten Generalbaß.

An dieser Stelle sei um ein tieferes Verständnis des Baß-Begriffes willen auch auf die Baß-Definition eines in musikalischen Dingen persönlich Vertrauten von Bach verwiesen, nämlich Mizler: „Der Nahme Baß kommt von dem Griechischen Wort Basis her, welches einen Grund bedeutet. In der Musik gründet sich alles auf den Baß."[51] Daß Bach in der *Kunst der Fuge* dem vierstimmigen Satz keinen – der Barockauffassung nach unverzichtbaren – Generalbaß hinzufügt, läßt sich mit dem Stylus symphoniacus erklären, welcher bei Streichinstrumenten (Chelys- bzw. Viola-Instrumente) einen solchen nicht vorsieht (siehe Teil IV, Beitrag 3).

Konklusion: Die ehemaligen Continuo-Instrumente Violoncello, Fagott und Violone (Kontrabaß) finden eine neue eigenständige Rolle: Das Violoncello übernimmt den unabhängigen Tenorpart, das Fagott den emanzipierten Baß und der dazu traditionell oktavierende Violone (Kontrabaß) – in diesem Punkt der Generalbaßpraxis treu bleibend – erhält die Beweglichkeit, die sich Bach immer gewünscht haben dürfte. Das Tasteninstrument, seiner Aufgabe der Harmonisierung durch den Stylus symphoniacus entbunden, schweigt.

[49] Stuttgarter Bach-Ausgaben, Serie C, Supplement: Von Johann Sebastian Bach bearbeitete Werke, Giovanni Pierluigi da Palestrina, Missa brevis für Chor SSATTB, zwei Trompeten [Cornetti], vier Posaunen und Basso continuo, hrsg. Diethard Hellmann, Kirchheim/Teck 1990

[50] Giovanni Pierluigi da Palestrina, Missa brevis für Chor SSATTB, zwei Trompeten [Cornetti], vier Posaunen und Basso continuo, hrsg. Diethard Hellmann, a.a.O., Vorwort

[51] Mus. Bibl. II, 1, S. 110

Gibt es Beispiele, anhand derer sich sinnvolle Vergleiche für die soeben erörterte Besetzung „Violine, Viola, Violoncello, Fagott und Kontrabaß" ziehen ließen?

Bach selbst liefert uns ein bei aller Verschiedenheit beeindruckendes Beispiel im Versus 4 der späten Kantate *Ich ruf zu dir, Herr Jesu Christ* BWV 177 (komponiert im Jahre 1732): Die polyphone Klangstruktur dieses Quartettsatzes, ausgeführt von einer konzertierenden Violine, einem obligaten Fagott, einer Tenorstimme und einer Continuo-Gruppe, bedarf aufgrund der charakteristischen – ab Takt 65 höchst individuellen – Baßlinie nicht unbedingt eines harmonisierenden Tasteninstruments; tatsächlich soll sich nach der Angabe Alfred Dürrs ein Orgel-Tacet-Vermerk Bachs im Stimmenmaterial für den Versus 4 befinden[52], in der Originalpartitur befindet er sich jedoch nicht.

Von Mozart besitzen wir ein Divertimento (KV 167 A = KV 205) für Streichtrio, Fagott und zwei Hörner. Das Fagott hat keinen autonomen Part, sondern spielt aus den Noten des Violoncellos, genau wie in vielen Kantaten Bachs.[53]

Nicht zu vergessen ist bei unseren Besetzungsfragen *Eine kleine Nachtmusik* KV 525: Die Originalfassung, im Konzertsaal nur selten zu hören, sieht ein Streichquintett mit ausschließlich oktavierendem Kontrabaß vor, durch welchen wir erst die unverzichtbare, fundamental wichtige Ottava grave wahrnehmen können.

Vierstimmige Spiegelfugen BWV 1080, 18.1 und 18.2 mit der nicht von Bach stammenden Überschrift „Fuga a 2. Clav:"

Die Sonderstellung der vierstimmigen Spiegelfugen BWV 1080, 18.1 und 18.2

Das Autograph der vierstimmigen Spiegelfugen 18.1 und 18.2 (sogenannte Beilage 2) ist eine in der Zeit „von etwa 1742 bis etwa 1746" (Yoshitake Kobayashi)[54] entstandene Bearbeitung der dreistimmigen Spiegelfugen XIV (Druckversion: Contrapunctus 13.1 und 13.2), wobei der vergleichende Schrift- und Papierbefund beider Autographen – das Wasserzeichen EGER/CCS der Beilage 2 entspricht nämlich dem Wasserzeichen „des inneren Bogens des letzten Binio" (Hans Gunter Hoke) bzw. „des inneren Bogens von Binio 5" (Klaus Hofmann)

[52] Alfred Dürr, Die Kantaten von Johann Sebastian Bach, a.a.O., Band 1: S. 75

[53] Köchelverzeichnis der Werke Wolfgang Amadeus Mozarts, hrsg. Dr. Ludwig Ritter von Köchel, Wiesbaden 1965[7], S. 183 ff., insbesondere Anmerkung zu 167 AB: S. 185

[54] Yoshitake Kobayashi, Zur Chronologie der Spätwerke Johann Sebastian Bachs. Kompositions- und Aufführungstätigkeit von 1736 bis 1750, in: Bach-Jahrbuch 1988, S. 51

des Hauptteils des Autographs Mus. ms. autogr. Bach P 200[55] –, sowohl eine zeitliche Nähe der Entstehung als auch eine räumliche Nähe der Anordnung der beiden Fugen nahelegt. Laut Alfred Dürr dürfte Bach dem „Schluß des Berliner Autographs" die autographe Beilage 2 „nachträglich beigefügt haben".[56] Wenn diese Annahme Dürrs richtig ist – und alles spricht dafür –, würde der auf den Seiten 38/39 des Hauptteils des Autographs P 200 sich befindende „nachgetragene"[57] Kanon XV (Canon al roverscio [sic!] et per augmentationem) als vermutlicher Kopfsatz und Markierung einer erneuten und vermutlich letzten Tetraktys fungieren.

In der Druckversion der vierstimmigen Fuge 18.1 findet sich die Überschrift „Fuga a 2. Clav:", im Autograph hingegen nicht, und zwar in Übereinstimmung mit den vorhergehenden, keine Überschriften tragenden Fugen. Wie kommt es zu diesem Unterschied?

Anhand des Autographs erkennt man sofort zwei Akkoladen mit jeweils zwei Notensystemen, die zunächst auf zwei Tasteninstrumente hinzuweisen scheinen. Tatsächlich sind sie darauf – wenn auch nicht überzeugend – ausführbar. Doch auch hier gilt es, sich unter allen Umständen vor einem allzu frühen Urteil zu hüten. Weder „das gelegentliche Überwechseln einer Stimme ins Nachbarsystem" als „klavieristische Notationsgepflogenheit"[58] noch der „1751 in Berlin erschienene Aufruf zur Subskription des Druckes der *Kunst der Fuge*"[59] ist hier zugunsten einer Tastenmusikbestimmung beweiskräftig.

Auch gibt es keinen Beweis, warum Beilage 2 ein „Paralipomenon" (Hoke)[60] sein soll. Weder Beilage 1 (Dritte Fassung des Augmentationskanons als „Abklatsch-Vorlage") noch Beilage 3 (Quadrupelfuge) sind Paralipomena. Die scheinbare Aussichtslosigkeit, die Spiegelfugen 18.1 und 18.2 sowohl in das Autograph als auch in die Druckversion sinnvoll einordnen zu können[61], darf nicht als Garantie dafür gelten, daß diese Spiegelfugen ein „ausgelassenes" (Paralipomenon von παραλείπω = ich lasse aus, ich lasse übrig) bzw. „übriggebliebenes" Werk sind.

[55] vgl. Johann Sebastian Bach, Die Kunst der Fuge, Autograph. Originaldruck, Faksimile-Reihe Bachscher Werke und Schriftstücke, hrsg. Bach-Archiv Leipzig, Band 14, Leipzig und Mainz 1979, zweiseitige nicht paginierte Beilage „Zur Handschrift Mus. ms. autogr. Bach P 200 der Deutschen Staatsbibliothek Berlin": 1. Seite, 1. Absatz; 2. Seite, 2. Absatz; sowie Kritischer Bericht zu NBA VIII, 2.1 und NBA VIII, 2.2, hrsg. Klaus Hofmann, Kassel etc. 1996, S. 22

[56] Alfred Dürr, Johann Sebastian Bach, Seine Handschrift – Abbild seines Schaffens, Wiesbaden 1984, Text zu Blatt 67

[57] Christoph Wolff, Zur Chronologie und Kompositionsgeschichte von Bachs Kunst der Fuge, in: Beiträge zur Musikwissenschaft 25 (1983), S. 132

[58] NBA VIII, 2.1, a.a.O., Vorwort: S. VII

[59] NBA VIII, 2.1, a.a.O., Vorwort: S. VI, Fußnote 1

[60] H. G. Hoke, Beilage zu Johann Sebastian Bachs „Kunst der Fuge", a.a.O., S. 28 und 31

[61] Wolfgang Wiemer, Die wiederhergestellte Ordnung in Johann Sebastian Bachs „Kunst der Fuge", Wiesbaden 1986², S. 57

Immerhin spricht Wolfgang Wiemer den Spiegelfugen 18.1 und 18.2 ein „außerordentliches" Interesse zu[62], während Peter Schleuning es auch für möglich hält, daß diese „für den Druck bestimmt sind".[63] Schließlich sind sie de facto, wenn auch nach Bachs Tod, in die Druckversion eingefügt worden.[64] Heinrich Husmann glaubte sogar, daß die vierstimmige Bearbeitung der dreistimmigen Spiegelfugen XIV „die von Bach für die endgültige Gestalt vorgesehene Fassung" sei und daß die Contrapuncte 13.1 und 13.2 dafür auszuscheiden hätten.[65]

Daß die Spiegelfugen 18.1 und 18.2 aufgrund praktischer Erwägungen, genauer gesagt wegen technischer Schwierigkeiten entstanden sein könnten, weil die Grenzen der Spielbarkeit bei den dreistimmigen Spiegelfugen XIV durch die „konsequente Spiegelung aller drei Stimmen" überschritten würden, gibt Christoph Wolff – unter dem Aspekt der Tastenmusik-Theorie – zu bedenken.[66]

Also doch ein Opusculum separatum? Es ist nicht sehr wahrscheinlich, daß ein auf pythagoreischer Philosophie durch und durch sich gründendes Werk plötzlich in ein von praktischen Gesichtspunkten getragenes Parergon abgleitet.

Noch ist eine weitere wichtige Frage zu klären. Wie steht es mit der Authentizität der Druckversion bezüglich der Spiegelfugen 18.1 und 18.2? Eine eventuelle Einflußnahme Bachs auf die Druckversion nach den Contrapuncten 13.1 und 13.2 wird mit Recht für ausgeschlossen gehalten. Die Reihenfolge der Sätze gilt nach der Neuen Bach-Ausgabe sogar nur bis Contrapunctus 11 oder 12 als authentisch.[67] Was will das heißen? Jenseits aller Interpretationen und Vereinfachungen – so als ob es sich endlich um einen praktischen, folglich leicht definier- und abgrenzbaren Teil handelte – könnten wir erneut vor einem Werk stehen, das aus den bereits mehrfach erwähnten Gründen weder eine Überschrift noch Besetzungsangaben aufweist (siehe „Das Rätselprinzip").

Wir sind jedoch keinesfalls befugt, dort apodiktisch Grenzen zu ziehen, wo der Autor sich höchstpersönlich – das heißt im Autograph – entzieht, solche bekanntzugeben. Es scheint, daß der vermutliche Herausgeber[68] der *Kunst der Fuge*, C. Ph. E. Bach, die Aufschrift „Fuga a 2. Clav:" hinzufügen ließ, ebenso wie den Haupttitel *Kunst der Fuge*, sicherlich in bester Absicht, aber auch in Unkenntnis

62 Wolfgang Wiemer, Die wiederhergestellte Ordnung in Johann Sebastian Bachs „Kunst der Fuge", a.a.O., S. 57

63 Peter Schleuning, Johann Sebastian Bachs „Kunst der Fuge", a.a.O., S. 99

64 Peter Schleuning, Johann Sebastian Bachs „Kunst der Fuge", a.a.O., S. 247

65 Wolfgang Wiemer, Die wiederhergestellte Ordnung in Johann Sebastian Bachs „Kunst der Fuge", a.a.O., S. 70: Anmerkung 146

66 Johann Sebastian Bach, Werke für zwei Cembali. Konzert C-Dur [...] BWV 1061a und 2 Fugen d-Moll [...] BWV 1080/18, hrsg. Christoph Wolff, Frankfurt/New York/London 1987, Vorwort S. 3

67 NBA VIII, 2.1, a.a.O., Vorwort S. VII

68 vgl. Christoph Wolff, Johann Sebastian Bachs „Sterbechoral": Kritische Fragen zu einem Mythos, in: Studies in Renaissance and Baroque Music in Honor of Arthur Mendel, hrsg. Robert L. Marshall, Kassel etc. 1974, S. 290

des pythagoreischen Werkcharakters. Mit Sicherheit demonstrieren bereits die Akkoladen der vorangehenden autographen Spiegelfugen XIII und XIV mit ihren sämtliche Systeme umgreifenden Klammern einen begrifflich veränderten, symbolischen Charakter. Kein vernünftiger Musiker würde die rectus- und inversus-Form einer Spiegelfuge gleichzeitig ertönen lassen wollen.

Die Akkoladen der autographen Spiegelfugen XIII und XIV dürfen als Garant für den vom Autor beabsichtigten und damit entsprechend tiefgreifenden Symbolismus in der *Kunst der Fuge* gelten, da die konventionelle praktische Bedeutung der Akkoladen – nämlich, daß die darin untergebrachten Stimmen bzw. Systeme gleichzeitig erklingen sollen – hier ganz unzweideutig von einer symbolischen Bedeutung überlagert wird bzw. eine Umdeutung erfährt.

Der Hintergrund dieses sowohl das Bild als auch das Spiegelbild der entsprechenden Fugen einschließenden Vorganges ist in einem pythagoreischen bzw. neupythagoreischen Kontext nicht schwer zu erkennen, denn: „Das Urbild ist Bild und Spiegelbild zugleich" (Ernst Jünger). Es handelt sich also auch hier wieder um einen Hinweis auf die Eins (siehe „Das Monadenprinzip").

Dies bedenkend müssen wir uns aber die Frage stellen, ob die Akkoladen des Autographs der vierstimmigen Spiegelfugen 18.1 und 18.2 (Beilage 2) nicht genauso wie die vorausgegangenen autographen Spiegelfugen XIII und XIV einen vorwiegend symbolischen Charakter besitzen – wir kommen später nochmals darauf zurück –, und ob nicht die Vermutung Alfred Dürrs, daß Bach dem „Schluß des Berliner Autographs" die Beilage 2 „nachträglich beigefügt haben dürfte"[69], die richtige Hypothese darstellt. Das Autograph der vierstimmigen Spiegelfugen 18.1 und 18.2 (Beilage 2) – wie bereits erwähnt eine Bearbeitung der dreistimmigen autographen Spiegelfugen XIV – ist nämlich durch das vorausgegangene und erneut in Frage kommende Tetraktys-Modell, das mit den Spiegelfugen XIV gemeinsame Prinzip der Spiegelung und die identische Thematik mit den Spiegelfugen XIV formal und inhaltlich bezüglich einer sinnvollen Nachfolge legitimiert. Die „älteren" Foliierungszahlen sind freilich nicht mehr als ein Hinweis dafür, daß irgendjemand im 19. Jahrhundert[70] eine Zusammengehörigkeit der Beilage 2 mit dem Hauptteil des Autographs P 200 vermutet hatte.

Die autographen Spiegelfugen XIII und XIV weisen übrigens in der Druckversion, in welcher sie als Contrapunctus 12 und 13 auftreten, keine sämtliche Systeme umgreifenden Akkoladen mehr auf, da hier die rectus- und inversus-

[69] Alfred Dürr, Johann Sebastian Bach, Seine Handschrift – Abbild seines Schaffens, a.a.O., Text zu Blatt 67

[70] Kritischer Bericht zu NBA VIII, 2.1 und NBA VIII, 2.2, hrsg. Klaus Hofmann, S. 21, 51; sowie Johann Sebastian Bach, Die Kunst der Fuge, Autograph. Originaldruck, Faksimile-Reihe Bachscher Werke und Schriftstücke, hrsg. Bach-Archiv Leipzig, Band 14, Leipzig und Mainz 1979, zweiseitige nicht paginierte Beilage „Zur Handschrift Mus. ms. autogr. Bach P 200 der Deutschen Staatsbibliothek Berlin": 1. Seite, 1. und 3. Absatz; 2. Seite, 2. Absatz

Formen nicht untereinander, sondern nacheinander zu stehen kommen, und so ein symbolischer Hinweis mittels Akkoladen unmöglich wird. Dieser Vorgang entspricht einem allgemein zu beobachtenden Grundzug, den wir beim Übergang vom Autograph zum Erstdruck beobachten können: Viele herausragende Hinweise auf den pythagoreischen Hintergrund der *Kunst der Fuge* werden entweder in ihrer Auffälligkeit reduziert oder aber getilgt. (Hierher gehören z. B. auch der Wechsel vom strukturbestimmenden Tetraktys-Modell zur Vierer-Ordnung – siehe „Das ordnungsstiftende Prinzip der Zahl 4" – oder das dadurch bedingte Beiseitelassen der aufschlußreichen einstimmigen Notierung des Hypodiapason- und Hypodiateßeron-Kanons etc.)

Der für die Öffentlichkeit bestimmte Erstdruck bietet durch diese Eingriffe kein einziges Zeichen – sieht man von der „eigentümlichen Ausführung der Ziffer 1" in der Überschrift von Contrapunctus 1 ab –, welches sogleich auf seinen philosophischen Ursprung hin festgelegt werden könnte. Auf seine Weise paradox, daß damit jene pythagoreischen Denk- und Verhaltsweisen, wie sie in § 104 und § 246 der *Vita Pythagorica* des Iamblichos geschildert werden, für die Nachwelt bisher ein Rätsel behütet haben. Daß Bach mit seinen Söhnen über die Hintergründe seiner *Kunst der Fuge* gesprochen hat, kann so gut wie ausgeschlossen werden.

Hier liegen die Gründe für „die große Ratlosigkeit" (Peter Schleuning)[71], die sich nach Bachs Tod in Umgang und Deutung mit der *Kunst der Fuge* ergeben mußte: Der Stecher Johann Heinrich Schübler (1728–1807) – jüngerer Bruder des bekannten Johann Georg, dessen Name uns durch die Bachschen Schübler-Choräle BWV 645–650 geläufig ist – wußte nicht, wie er seine Arbeit zu Ende bringen sollte. Er bekam aber auch offenbar keine den endgültigen »Grund Plan«[72] erhellende Anweisungen, weder von Carl Philipp Emanuel Bach noch von Johann Christoph Friedrich Bach, der bis zum Todesjahr des Vaters (1750) im väterlichen Haus geweilt hat.[73]

Der Pythagoras-Satz und das Autograph der vierstimmigen Spiegelfugen BWV 1080, 18.1 und 18.2

Nur aufgrund eingehenden Studiums der *Vita Pythagorica* des syrischen Philosophen und Neuplatonikers Iamblichos und der daraus resultierenden Erkenntnis, daß der aus Schulzeiten uns allen bekannte Pythagoras-Satz auch ein sym-

[71] Peter Schleuning, Johann Sebastian Bachs „Kunst der Fuge", a.a.O., S. 169

[72] Johann Sebastian Bach, Die Kunst der Fuge, BWV 1080. Autograph. Originaldruck, Faksimile-Reihe Bachscher Werke und Schriftstücke, hrsg. Bach-Archiv Leipzig, Band 14, Leipzig und Mainz 1979, Beilage 3, Blatt 5: Rückseite

[73] Christoph Wolff u. a., Die Bach-Familie, Stuttgart/Weimar 1993: 12. E. Eugene Helm, Johann Christoph Friedrich Bach, S. 390

bolischer Satz ist, kann man einsehen, was die Akkoladen des Autographs der Spiegelfugen 18.1 und 18.2 (Beilage 2) in einem pythagoreischen Kontext darstellen dürften.

Hält man sich den berühmten „Satz des Pythagoras" ($a^2 + b^2 = c^2$ bzw. $3^2 + 4^2 = 5^2$), welcher auch in die antike Musiklehre des Aristeides Quintilianus (Arist. Quint. De musica Lib. III, p. 151 Meibom, *Abb. 46*) Eingang fand, vor Augen, erlangt die vierstimmige Bearbeitung der dreistimmigen Spiegelfugen XIV (Druckversion: Contrapunctus 13.1 und 13.2) jene Bedeutung, die ihr vermutlich zugedacht war: ein Hinweis auf den Pythagoras-Satz zu sein. Wahrnehmbar ist dieser Hinweis durch das Verhältnis „drei zu vier" aufgrund der Erweiterung des 3-stimmigen gespiegelten – also in die 2. Potenz erhobenen – sozusagen mit sich selbst multiplizierten Satzes zu einem 4-stimmigen gespiegelten – ebenfalls in die 2. Potenz erhobenen – Satz durch Hinzufügung einer vierten Stimme bzw. Aufspaltung der Altstimme des dreistimmigen gespiegelten Satzes.

Iamblichos: „Platon soll sich den Ruhm dieser Entdeckung [nämlich des Pythagoras-Satzes] angeeignet haben: er spricht in der *Politeia* ausdrücklich von dem einfachen Verhältnis 4 : 3 [eigentlich 3 : 4][74], das, mit der Fünfheit verbunden, zwei Harmonien schaffe" (σφετερίσασθαι δὲ τὴν δόξαν Πλάτωνα, λέγοντα φανερῶς ἐν τῇ Πολιτείᾳ τὸν ἐπίτριτον ἐκεῖνον πυθμένα τὸν τῇ πεμπάδι συζευγνύμενον καὶ τὰς δύο παρεχόμενον ἁρμονίας. Iambl. v. Pyth. 131).[75]

Die beiden Akkoladen des Autographs der vierstimmigen Spiegelfugen 18.1 und 18.2 würden demnach in einem pythagoreischen bzw. neupythagoreischen Kontext als die aus dem Pythagoras-Satz resultierenden „zwei Harmonien" (δύο ἁρμονίαι) anzusprechen sein, wobei die Seele als die eine und der Körper als die andere gilt. Die jeder Akkolade zugehörigen zwei Systeme bzw. Stimmen jedoch müßten dann konsequenterweise als jene „zwei Bewegungen" (δύο κινήσεις) gelten, welche es laut Iamblichos (Vita Pythagorica § 130) für den Leib wie für die Seele gebe. Diese Interpretation hat, wie wir noch sehen werden, gewichtige Folgen für die bisher ungeklärte Reihenfolge nach Contrapunctus 13.1 und 13.2.

„Das gelegentliche Überwechseln einer Stimme ins Nachbarsystem" sowie die von Riemann scheu gerügten Oktav- und Quintenparallelen[76] – Riemann hält im übrigen eine „Lostrennung von dem Werke" der vierstimmigen Bearbeitung der dreistimmigen Spiegelfugen für „ganz unberechtigt"[77] – nebst den von Graeser

[74] Iamblichos, De vita Pythagorica liber, ed. Michael v. Albrecht, Zürich und Stuttgart 1963, S. 265: Anmerkung 65

[75] Iamblichos, De vita Pythagorica liber, ed. M. v. Albrecht, a.a.O., § 131, S. 134 f.

[76] Hugo Riemann, Katechismus 3. Teil, Leipzig 1894, S. 119: Quintenparallele ($\binom{a^1\ h^1}{d\ \ e}$): 24.–25. Takt sowie Oktavparallele: 28.–29. Takt „der ersten Fuge". Riemann meint jene Fuge, welche im Autograph (Beilage 2) die Foliierungszahl 20 trägt und im Erstdruck als „Alio-modo"-Version zu stehen kommt.

[77] Hugo Riemann, Katechismus 3. Teil, a.a.O., S. 118

„korrigierten" Oktav- und Unisonostellen[78] können außerdem in einem pythagoreischen Kontext, in welchem ausdrücklich von zwei mal zwei verschiedenen Bewegungen die Rede ist, Sinn und Bedeutung erhalten: als sicht- und hörbares Wechselspiel von Körper und Seele, ihre Verschiedenheit und Einheit dabei quasi ihn einem Atemzuge betonend (vgl. Heraklits ἓν διαφερόμενον ἑαυτῷ: „das Eine in sich selber Unterschiedne").[79] Nicht zu vergessen ist, daß der Pythagoras-Satz die menschliche Zeugung anspricht (Platon De rep. VIII 546 c) und daß die Worte Seele und Körper bei Iamblichos (Vita Pythagorica § 130) ausdrücklich der Beschreibung des Pythagoras-Satzes (§ 131) vorangestellt sind.

Die instrumentale Realisierung der vierstimmigen Spiegelfugen BWV 1080, 18.1 und 18.2 und ihre Eingliederung in die *Kunst der Fuge*

Um das Verhältnis „drei zu vier" dem ausführenden Musiker und Hörer genügend verständlich machen zu können, ist es notwendig, folgende Bedingungen zu beachten:

(1) Der dreistimmige Contrapunctus 13.1 und 13.2 und die vierstimmigen Spiegelfugen 18.1 und 18.2 müssen unmittelbar hintereinander erklingen.

Gregory Butler hat aufgrund seiner Forschungsergebnisse nachgewiesen, daß die Kanonserie in der *Kunst der Fuge* durch den Oktavkanon angeführt wird.[80] Da demzufolge die sechs Seiten (45–50) der Druckversion – der Stecher Johann Heinrich Schübler hatte vermutlich von Bach die Anweisung, diese vorerst offen zu halten – keinesfalls mit dem Augmentationskanon auszufüllen sind und schon gar nicht mit der Kurzfassung von Contrapunctus 10 (VI) – die Quadrupelfuge ist ihrer monumentalen Anlage nach als Füllsel entgegen Butlers Ansicht nicht in Betracht zu ziehen (es besteht kein Zusammenhang zwischen Contrapunctus 13 und der Quadrupelfuge, wohl aber eine idiomatische Verankerung zwischen dem Augmentationskanon BWV 1080.14 und der Quadrupelfuge) –, bleibt musikalisch und formal nur die Einführung der vierstimmigen Bearbeitung der dreistimmigen Spiegelfugen XIV übrig, die zudem durch die sich ergebende Seitenzahl voll bestätigt wird: Sowohl die rectus- wie die inversus-Form des

78 Johann Sebastian Bach, Die Kunst der Fuge BWV 1080. Nach der Handschrift und dem Erstdruck, hrsg. Hermann Diener, Kassel/Basel/London/New York 1956, S. 192, BWV 1080, 18.1: Takt 31 mit dazugehöriger Fußnote und S. 200, BWV 1080, 18.2: Takt 30 mit dazugehöriger Fußnote

79 Friedrich Hölderlin, Hyperion, in: Sämtliche Werke, Große Stuttgarter Ausgabe, hrsg. Friedrich Beissner, 3. Band, Stuttgart 1957, S. 81 und S. 465, Anmerkung 145, 12.13

80 Gregory Butler, Ordering Problems in J. S. Bach's Art of Fugue Resolved, The Musical Quarterly 69 (1983), S. 44 ff.

dreistimmigen Contrapunctus 13 umfaßt jeweils zwei Druckseiten; eine vierte Stimme hinzufügend, bei gleichbleibender Größe des Notenbildes bzw. minimaler Vergrößerung desselben, ergibt konsequenterweise jeweils drei Druckseiten, insgesamt also sechs Seiten, genau die Zahl, die es zu bedenken galt. Das vier Seiten umfassende Autograph der Spiegelfugenbearbeitung (Beilage 2) ist bezüglich der Seitenzahl nicht richtungsweisend, da es sich um keine Abklatsch-Vorlagen handelt, ebensowenig die Druckversion, da sie erst posthum, also ohne Bachs Aufsicht, angefügt wurde.[81]

(2) Das Instrumentarium der vierstimmigen Spiegelfugen 18.1 und 18.2 muß das Instrumentarium von Contrapunctus 13.1 und 13.2 übernehmen, wobei in Fuge 18.1 und 18.2 die Violine die obere Stimme der oberen Akkolade, die Viola die obere Stimme der unteren Akkolade und das Violoncello die hinzugekommene neue Stimme, nämlich in Fuge 18.1 die untere Stimme der unteren Akkolade und in Fuge 18.2 die untere Stimme der oberen Akkolade, zu spielen hat. Anders ist die Hinzufügung einer vierten Stimme (bzw. Aufspaltung der Altstimme) für den Hörer nicht zu verstehen.

Die plötzliche Einführung von zwei Cembali, wie im Erstdruck vorgeschlagen und bei Aufführungen der Graeserschen Fassung praktiziert, bringt totale Verwirrung in dem Sinne, daß vom Zuhörer verlangt wird, erstens die in Contrapunctus 13 bereits – z. B. in Bläserbesetzung bei Graeser – gehörten Stimmen erstmals auf dem Cembalo nachzuvollziehen; zweitens das Auftreten einer vierten Stimme wahrzunehmen, die zudem in der rectus- und inversus-Form eine andersartige Struktur aufweist; und drittens die Vereinfachung der rhythmischen Zeichnung durch Weglassung punktierter Rhythmen zu ästimieren. Eine Perzeptibilität diesen Ranges unter tasteninstrumentalen Bedingungen ist jedoch weder motiviert noch überzeugend.

Die Beachtung des Pythagoras-Satzes und seiner Verwirklichung ist hier ordnungsweisend und schafft Klarheit in der Kontroverse, wie und ob überhaupt die Spiegelfugen 18.1 und 18.2 in die *Kunst der Fuge* einzuordnen sind. Deshalb wird hier eine neue Bezeichnung, nämlich ADF (Arte Della Fuga) mit neuen Nummern eingeführt (siehe die für eine Konzertaufführung vorgeschlagene Satz-Reihenfolge und die nachstehende Konkordanz-Tabelle, Seite 149 f.).

Der ausübende Musiker und der interessierte Zuhörer sind nun imstande, innere Zusammenhänge nachzuvollziehen. An dieser Stelle wird erneut sichtbar, daß tiefgreifende wissenschaftliche Probleme nicht ohne Kenntnis der „Ausgangspunkte" gelöst werden können. Philosophische Rätsel leben geradezu von der Mehrdeutigkeit einzelner Fakten, und die Authentizität eines Dokumentes, wie z. B. für das Autograph der Beilage 2 verbürgt, muß bei allen Betrachtungs-

[81] Peter Schleuning, Johann Sebastian Bachs „Kunst der Fuge", a.a.O., S. 249

weisen vorrangig bleiben, selbst wenn ein nachgefügter Zusatz (wie die Überschrift „Fuga a 2. Clav:“) Besetzungsfragen zu lösen scheint.

Noch ein Kommentar zur vierten bzw. neuen Stimme, die von einem Violoncello ausgeführt werden soll: Ihr Umfang (C–d'') und eine in ihrem System notierte fünfte Stimme in Takt 13–16 der rectus-Form lassen an ein hohe Lagen erschließendes Violoncello denken. Die Verwendung des Baß-, Alt-, und Sopran-Schlüssels in eben diesem System der Beilage 2 findet zudem eine Übereinstimmung mit der Notation der 6. Suite für Violoncello solo BWV 1012, die uns in der Handschrift von Anna Magdalena Bach (BB [SPK] Mus. ms. Bach P 269) überliefert ist.

(3) Die aus den dreistimmigen Spiegelfugen XIV stammende, rhythmisch vereinfachte Baßstimme ist entweder mit dem Kontrabaß oder mit einem Fagott zu besetzen, wobei der ersten Version der Vorzug zu geben ist.

Die von der Bearbeitung der dreistimmigen Spiegelfugen XIV ausgehende, höchst eigentümliche Unruhe und Komplexität kann noch auf eine andere, der Überlieferung nach von Pythagoras geäußerte und bei Iamblichos im Vorfeld zum Pythagoras-Satz notierte Feststellung anspielen, nämlich daß „kein Ding unvermischt sei“ (μηδὲν εἰλικρινὲς), „von dieser Voraussetzung setze die Vernunft nach beiden Seiten an: zwei Bewegungen gebe es für den Leib wie für die Seele: die eine ohne Vernunft, die andere mit Vorsatz“. (ἐκ δὲ ταύτης τῆς ὑποθέσεως λαβεῖν τὸν λόγον τὴν εἰς ἑκάτερον μέρος ὁρμήν· δύο δὲ εἶναι κινήσεις καὶ τοῦ σώματος καὶ τῆς ψυχῆς, τὴν μὲν ἄλογον, τὴν δὲ προαιρετικήν. Iambl. v. Pyth. 130)[82]

Zweistimmige Kanons

Was die Instrumentation der zweistimmigen Kanons betrifft, so ist es wichtig, bezüglich der vorangegangenen vier- und dreistimmigen Contrapuncte kohärent zu sein, bzw. das Werk – um mit Wolfgang Hildesheimer zu sprechen – „seiner inhärenten Wirkung zu überlassen“.[83] Deshalb basiert unsere Instrumentenwahl – eine von Bach bewußt verborgen gehaltene Instrumentalbestimmung voraussetzend – ausschließlich auf der bereits vorgegebenen Instrumentengruppe, wobei sich innerhalb des festgefügten Rahmens interessante Kombinationen herauskristallisieren.

[82] Iamblichos, De vita Pythagorica liber, ed. M. v. Albrecht, a.a.O., § 130, S. 134 f.

[83] Wolfgang Hildesheimer, Der ferne Bach, Frankfurt am Main 1986³, S. 37

Violine und Violoncello

Der Kanon XII des Autographs wird im Schrifttum entweder nicht beachtet oder nur als eine „frühere Komposition“ (Hoke)[84] bzw. „Erstfassung“ (Schleuning)[85] des „Canon per Augmentationem in Contrario Motu“ BWV 1080, 14 (beide sind Augmentationskanons) gewürdigt. Schleuning äußert sich u. a. folgendermaßen: „Bach machte sich also sofort an eine der schwierigsten Aufgaben und – scheiterte.“ Ist es denkbar, daß Bach rund zehn Jahre nach der Matthäuspassion an einem satztechnischen Problem scheitert und auf die „Verführung“ eines Umkehrungs-/Augmentationskanons „hereinfällt“? Außer daß es unangebracht ist, Bach des Scheiterns zu bezichtigen, zeigt uns dieser Vorgang eine nicht zu leugnende Grundtendenz interpretatorischen Schrifttums, nämlich zu glauben, daß eine Erstfassung immer eine weniger wertvolle Sache sein müsse, während sie in Wirklichkeit vielleicht nur eine verschiedene ist.

Der Kanon XII findet in der Violine und dem Violoncello (Umfang D–c'') eine so überzeugende Darstellung – Johann Mattheson gibt übrigens in *Der vollkommene Capellmeister* als „Probe einer genauen Canonischen Nachahmung“ ein für Violine und Violoncello geschriebenes Notenbeispiel an[86] –, daß er niemals in einer Aufführung der *Kunst der Fuge* fehlen sollte. Würde dem Kanon XII im Vergleich zum Kanon 14 nicht ein eigenständiger Wert innewohnen, hätte ihn Bach in erkennbarer Weise getilgt. Warum können nicht zwei gleiche Ausgangspunkte für zwei verschiedene Musikstücke existieren? Der Wille, mit logischen Mitteln die Superiorität einer späteren Komposition nachzuweisen, möchte im Grunde glauben machen, daß Musik nur aus einer Summe vernünftiger Einzelteile bestehe, während gerade das Unwägbare oft den entscheidenden Ausschlag gibt.

Der Dezimenkanon BWV 1080, 16 und der Duodezimenkanon BWV 1080, 17 wird wie der Kanon XII von der Violine und dem Violoncello ausgeführt (die Baßlinie des Kanons 16 weist dabei einen Umfang von D–b' auf, während diejenige des Kanons 17 nicht über ein d' hinausragt).

Violoncello und Fagott oder Violoncello und Kontrabaß

Der Oktavkanon BWV 1080, 15 (IX im Autograph) findet eine adäquate Besetzung mit Violoncello und Fagott oder mit Violoncello und Kontrabaß. Es gibt mehrere Gründe dafür, dem Violoncello ausnahmsweise die Sopranstimme anzuvertrauen:

[84] H. G. Hoke, Beilage zu Johann Sebastian Bachs „Kunst der Fuge“, a.a.O., S. 31
[85] Peter Schleuning, Johann Sebastian Bachs „Kunst der Fuge“, a.a.O., S. 139, 140
[86] Johann Mattheson, Der vollkommene Capellmeister, a.a.O., S. 464 [332]

(1) Der Umfang von quasi vier Oktaven (D–b": die hohe Lage ist gegenüber derjenigen in der 6. Suite für Violoncello solo BWV 1012 um eine kleine Terz erweitert) der hauptsächlich im Sopranschlüssel notierten Sopranstimme ist unter den Streichinstrumenten nur auf einem Violoncello zu realisieren.

(2) Die Existenz hohe Lagen erschließender Violoncelli zur Zeit von Bach oder die von Bach erfundene, in mehreren Dokumenten (Dok. III, Nr. 731, 856, 948) beschriebene, jedoch durch keine überlieferte Bachsche Komposition beglaubigte Viola pomposa: „Dieses Instrument ist wie ein Violoncell gestimmt, hat aber in der Höhe eine Sayte mehr, ist etwas größer als eine Bratsche und wird mit einem Bande so befestiget, daß man es vor der Brust und auf dem Arme halten kann. Der seel. Kapellmeister Herr Bach in Leipzig hat es erfunden.“[87]

Wenn die Annahme richtig ist, daß Bach die Sopranstimme des Oktavkanons der von ihm erfundenen Viola pomposa zugedacht hat, dann läßt die Hinzufügung „einer Sayte“ im Zusammenhang der Oktav – es handelt sich hier ja um den Oktavkanon – neben dem musikalischen Gewinn einer zusätzlichen Oktav zweifellos auch an den bereits zitierten Passus von Nikomachos von Gerasa denken: „Pythagoras schuf, indem er der siebensaitigen Lyra die achte Saite hinzufügte, die Oktav bzw. die Harmonie“ (Nicom. Harm. Man. Lib. I, p. 2 Meibom).

(3) Die Klangfarbe der Instrumente amalgamiert sich vortrefflich.

Violine und Fagott

Der Augmentationskanon BWV 1080, 14 (Beilage 1) ist mit Violine und Fagott zu besetzen: Auf diese Weise unterscheidet er sich nicht nur durch das Timbre von dem anderen Augmentationskanon XII, sondern es kann auch das tiefe H_1 in Takt 20 (übrigens das einzige im ganzen Werk), welches zum Tonumfang des Fagotts gehört, originalgetreu wiedergegeben werden. Der schon einmal erwähnte Versus 4 der Kantate BWV 177 ist ein Beispiel für die Gültigkeit dieser beeindruckenden Instrumentenkombination.

Die Reihenfolge der Kanons: 15, 16, 17, XII, 14. In dieser Weise berücksichtigt man die Sequenz 15–16–17–14, welche nach wissenschaftlichen Erkenntnissen die wahrscheinlichste ist[88], in ihrer vierfach unterschiedenen Thematik (Oktavkanon, Dezimenkanon, Duodezimenkanon, Umkehrungs-/Augmentationskanon), ohne dem Publikum die Schönheit der im Autograph vorhandenen Erstfassung des Umkehrungs-/Augmentationskanons vorzuenthalten.

[87] Dok. III, Nr. 731, S. 186

[88] Gregory Butler, Ordering Problems in J. S. Bach's Art of Fugue Resolved, in: The Musical Quarterly 69 (1983), S. 50: rechte Spalte

Um wieder zu Pythagoras zurückzukehren: Hinsichtlich der Deutung der Kanons haben wir uns zu erinnern, daß im Autograph das Wort „Canon“ das erste handgeschriebene Wort nach 21 Seiten Partitur-Reinschrift darstellt. Es ist bei einer derart zentralen Position und bei der Offensichtlichkeit, daß es sich um einen Kanon handelt, anzunehmen, daß Bach über die satztechnische Bedeutung des Wortes „Canon“ hinaus an andere Bedeutungen gedacht hat: Zunächst wohl an das der Überlieferung nach von Pythagoras seinen Jüngern anempfohlene Monochord[89], da das Wort κανών (kanon) im Altgriechischen auch diese Bedeutung hat *(Abb. 47)*, dann aber vermutlich auch an die ursprüngliche Bedeutung, nämlich „Canon“ als Richtschnur verstanden, gleich dem Richtscheit in der Architektur, welches zweifellos im griechischen – in lateinischer und italienischer Sprache gleichlautenden und gleichbedeutenden – Wort κάννα (lat. und ital. canna = das Rohr) wurzelt, Sinnbild des Geraden bzw. Geradlinigen. Just im Sinne der Richtschnur wird das Wort Kanon von Iamblichos in der *Vita Pythagorica* (§ 115) verwendet, nämlich als er die Entdeckung der harmonischen Proportionen durch Pythagoras schildert.

Bach, die pythagoreische „Sectio canonis“ in Musik verwandelnd, setzt demnach Maßstäbe, welche dreierlei verschiedenen Ebenen angehören: Die wörtlich-begriffliche (z. B. Richtschnur, Monochord), die musikalische (Satztechnik der strengen Nachahmung) und die symbolische (Hinweis auf Pythagoras und die auf dem Monochord basierende „Sectio canonis“).

Hinsichtlich einer pythagoreischen Deutung der drei Ebenen können wir uns auf einen Passus der *Vita Pythagorae* (§ 12) des Porphyrios stützen. Danach soll Pythagoras bei den ägyptischen Priestern drei verschiedene Schreibarten gelernt haben: die epistolarische, die hieroglyphische und die symbolische, wobei sich die zweite „durch Nachahmung“ (κατὰ μίμησιν) ausdrücke, die dritte aber „durch gewisse Rätsel“ (κατά τινας αἰνιγμούς).[90]

Ein weiterer Anlaß dafür, das Wort „Canon“ im antiken Sinne zu deuten, sind die griechischen Bezeichnungen, welche Bach für die Intervallabstände der Kanonstimmen in den Überschriften der Kanons IX und XII gewählt hat: „Canon in Hypodiapason“ und „Canon in Hypodiateßeron al roversio [sic!] e per augmentationem, Perpetuus“. Zusammen mit dem „Canon al roverscio [sic!] et per augmentationem“ XV sind die Kanon-Überschriften die einzigen von Bach handgeschriebenen Satzbezeichnungen der *Kunst der Fuge*, einschließlich der Beilage 1 „Canon per Augmentationem in Contrario Motu“.

89 Arist. Quint. De musica Lib. III, p. 116

90 Porfirio, Vita di Pitagora, edd. Angelo Raffaele Sodano, Giuseppe Girgenti, Milano 1998, § 12, S. 142 f.

Schlußbetrachtung

Nach Martin Heidegger ist der Satz „Die Wissenschaft denkt nicht" kein Vorwurf, sondern eine Feststellung. Er charakterisiert radikal – ob es gefällt oder nicht – die Wissenschaftsgeschichte der *Kunst der Fuge* und dürfte in ihr, zumindest was die Geisteswissenschaften betrifft, einen luziden Beleg gefunden haben, denn: „Die Wissenschaft bewegt sich nicht in der Dimension der Philosophie. Sie ist aber, ohne daß sie es weiß, auf diese Dimension angewiesen" (Martin Heidegger).[91] Dies muß besonders dort deutlich werden, wo der Gegenstand der Wissenschaft ein in der Philosophie gründendes Lehr- und Kunstwerk darstellt, welches nach pythagoreischer Art in Form eines Rätsels verhüllt in Erscheinung tritt, also als solches nicht unmittelbar erkenntlich ist. Die Musikwissenschaft konnte das Rätsel der *Kunst der Fuge* nicht lösen, weil sie die Philosophie „als Vollenderin aller Erkenntnis" (ἡ μὲν γὰρ γνώσεως ἁπάσης τελεσιουργός· Arist. Quint. De mus. Lib. III, p. 163, 31 Meibom) und die dazu unentbehrliche klassische Philologie nicht zu Hilfe nahm.

Die wissenschaftliche Hypothese, wonach die *Kunst der Fuge* ein pythagoreisches Werk sei, findet durch eine große Anzahl pythagoreischer Kennzeichen in Autograph und Erstdruck ihre Begründung; diese sind: das Rätselprinzip, das Dualismusprinzip, das Spiegelprinzip, die Tetraktys, das Prinzip der ordnungsstiftenden Zahl 4, das Monadenprinzip, die auf die Sphärenharmonie anspielende Kanon-Symbolik, die Identifikation der „Dorischen Weise" mit der Tonart d-Moll, die von Philolaos stammenden Sequenz „Quarte-Quinte-Quarte-Quinte" und die plotinische Symbolik des philosophischen Begriffs „Fuge" (Rückkehr der Seele zu Gott bzw. Loslösung der Seele von der Materie) sowie der Intervallsturz der Sopranstimme vom a'' (Takt 100) bis hin zum D (Takt 103) am Ende des „Canon in Hypodiapason" bzw. „Canon alla Ottava", die einstimmige Fassung des „Canon in Hypodiapason" und des „Canon in Hypodiateßeron al roversio e per augmentationem, Perpetuus", die Ziffer 1 in der Überschrift des Contrapunctus 1 des Erstdruckes, die Bedeutung des Wortes „Contrapunct" im Zusammenhang mit der Sphärenharmonie bei Kepler, die Bedeutung des Pythagoras-Satzes ($a^2 + b^2 = c^2$ bzw. $3^2 + 4^2 = 5^2$) bezüglich der Zugehörigkeit bzw. Eingliederung des Autographes der vierstimmigen Spiegelfugen BWV 1080, 18.1 und 18.2 (Beilage 2), die besondere Bedeutung der alten Chorschlüssel (vgl. Platons „Sternenchor" im *Timaios*), die Bedeutung der 4 Minimae im ersten Takt des Autographs hinsichtlich des Chronos protos und des Doppel-Spondeus und vieles andere.

91 Martin Heidegger im Gespräch, hrsg. Richard Wisser, Freiburg/München 1970, S. 71 f.

Die von Peter Schleuning weitergeführte Hypothese Hans Gunter Hokes, wonach die *Kunst der Fuge* als dritte und letzte „Abhandlung" für die Mizlersche Sozietät zu gelten habe, bedarf einer erneuten, vorurteilsfreien Reflexion. Denn der Nachweis, daß es sich bei der Mizlerschen Sozietät um eine pythagoreische Gesellschaft handelt (vgl. Flammendreiecke als Titelvignetten im Gründungsjahr der Sozietät, Sozietäts-Statuten, Sozietäts-Medaille sowie sämtliche Hinweise auf Pythagoras, die Pythagoreer, den Pythagoreismus und pythagoreische Musiktheorien in der *Musikalischen Bibliothek*), macht angesichts der pythagoreischen Kennzeichen in Autograph und Erstdruck der *Kunst der Fuge* nicht nur einen persönlich und zeitgeschichtlich begründbaren Zusammenhang verständlich, sondern zeigt eindeutig, daß die *Kunst der Fuge* und die Sozietät Mizlers dieselbe Grundlage aufweisen: die pythagoreische Philosophie.

Die pythagoreische Hypothese wird im Laufe eines Paradigmenwechsels das bestehende Paradigma der Tastenmusik-Theorie ablösen, da dieses bei der Überprüfung der Klavier-These nach Popper nicht nur technisch, physiologisch, künstlerisch und wissenschaftlich falsifiziert wurde, sondern auch über den möglichen Anlaß, über Hintergrund, Sinn und Bedeutung der *Kunst der Fuge* so gut wie nichts zu sagen hat. Die Formeln „didaktisches Clavierwerk" und „gewichtigstes Klavierwerk der Spätzeit" (Christoph Wolff) können nicht weiter aufrecht erhalten werden. Es sei die Frage erlaubt, weshalb so große Bach-Interpreten wie Karl Richter, in seiner Eigenschaft als Cembalist, und berühmte Pianisten des 20. Jahrhunderts die *Kunst der Fuge* nicht als Gesamtwerk im Konzertsaal aufführten?

Auch die „Kunstbuch"- und die „Lesebuch"-These konnten nach Popper falsifiziert werden und scheiden damit aus.

Die Erkenntnis, daß das Rätselhafte in der *Kunst der Fuge* nur einen Sinn haben kann, wenn es in echt pythagoreischer Weise als „didaktisches" Mittel auftritt, legt eine im Rätsel verborgene Besetzungsform nahe. Diese basiert auch auf der Bachschen Aufführungspraxis, dem von Mizler und Mattheson beschriebenen Stylus symphoniacus des Athanasius Kircher (ein Stil, der schon vom Namen her an die pythagoreischen Grundintervalle und an das Zusammenspiel verschiedener bzw. mehrerer Instrumente denken läßt), der Einbeziehung des Violoncello piccolo und der instrumentaltechnischen Ausführbarkeit, die nicht die geringste Abweichung von der Originalvorlage (Autograph plus Erstdruck) erlaubt.

Die Besetzung lautet: Violine, Viola, Violoncello, Fagott und Kontrabaß (Violone). Sie gestattet erstmals, jede musikalische Linie der verschiedenen Stimmen zu hören und ihre Entwicklung zu verfolgen. Sie garantiert absolute Partiturtreue und setzt nur Instrumente ein, die durch Bachs Kantaten und Instrumentalwerke bekannt sind. Jedes Instrument ist für seine Stimme verantwortlich und überläßt niemals wegen instrumentaler Schwierigkeiten oder aus Gründen der Unausführbarkeit einzelne Takte oder Noten anderen Instrumenten (wie dies bei den

Transkriptionen der Fall ist). Diese Besetzung berücksichtigt das Eigenleben der einzelnen Stimmen, das einen adäquaten Ausdruck in der Solo-Ausführung der jeweiligen Stimme findet. Sie berücksichtigt die pythagoreischen Parameter (Bevorzugung von Saiteninstrumenten, Vermeidung vielsaitiger Saiteninstrumente, Einbeziehung eines tiefsten Blasinstruments) und hebt die Oktave (als deren Schöpfer Pythagoras in der Antike galt) durch die Miteinbeziehung des Kontrabasses (Violone) in den strengen Satz kontinuierlich hervor.

Weiterhin realisiert diese Besetzung die Marpurgsche Feststellung im „Vorbericht“ der *Kunst der Fuge*, „daß alle Stimmen darinnen durchgehends singen“. Sie beachtet auch die gemäß dem Stylus symphoniacus vorgesehene Ausführung des strengen Satzes durch verschiedene Instrumente ohne Basso continuo (Stylus symphoniacus in Consonantia Chelyum).

Die *Kunst der Fuge* liegt so zum ersten Mal in ihrem ursprünglich beabsichtigten Klangbild vor; nicht wie bisher als Bearbeitung, Arrangement, Adaption oder willkürlicher Eingriff in die Partitur, wozu auch der ungerechtfertigte Wechsel der Instrumente bei der Satzabfolge zählt.

Welche Lehre können wir ganz allgemein aus dieser Betrachtung der *Kunst der Fuge* ziehen?

Hinsichtlich der Theorie, daß die Musikwissenschaft ohne Philosophie, klassische Philologie und Nähe zur lebendigen Musik nicht gültig existieren kann, hinsichtlich der Praxis, daß der Künstler als „Nachahmer“ der Sphärenharmonie bzw. der Ordnung des Universums im Dienste der Philosophie steht, und zwar als Wegbereiter der Erkenntnis. Darauf beruht seine außerordentliche Verantwortung und sein hoher Rang.

Epilog

Denn die Philosophie ist die Vollenderin aller
Erkenntnis, die Musik die Wegbereiterin dazu.
Aristeides Quintilianus

Das harmonische Klangbild in den vierstimmigen Contrapuncten, erzeugt von fünf Instrumenten, findet eine überraschende Bestätigung in der Tatsache, daß die Pythagoreer über die Zahl Fünf aus triftigen Gründen zu schweigen scheinen.[92]

In der Tat verbirgt sich die Ottava grave in der Baßstimme, und die Partitur der vierstimmigen Contrapuncte wird erst in dem Moment lebendig, wenn die „ungeschriebene“ Stimme dem Kontrabaß anvertraut wird. Dies alles, ob nun beabsichtigt oder nicht, spielt auf die sogenannte „fünfte Gegebenheit“ des siebenten Platonischen Briefes an, welche gleichbedeutend ist mit dem, „was Gegenstand der Erkenntnis und das wahrhaft Seiende ist“ (... ὃ δὴ γνωστόν τε καὶ ἀληθῶς ἐστιν ὄν ..., Plat. ep. Z, 342 b), zu welcher jedoch nur derjenige vordringt, der die vier vorhergehenden „Gegebenheiten“ erfaßt: Name, Begriffsbestimmung, Abbild und Erkenntnis (... ἓν μὲν ὄνομα, δεύτερον δὲ λόγος, τὸ δὲ τρίτον εἴδωλον, τέταρτον δὲ ἐπιστήμη. Plat. ep. Z, 342 b).[93]

Der Satz: „Der Zahl – es gleichet ihr alles“ (ἀριθμῷ δέ τε πάντ᾽ ἐπέοικεν ..., Iambl. v. Pyth. 162)[94], den Pythagoras sehr häufig in der Öffentlichkeit ausgesprochen haben soll, resultiert nach Iamblichos aus seiner Einweihung in die orphischen Mysterien. In einer ansonsten verlorengegangenen Rede versichert Pythagoras: „Aglaophamos, der Weihepriester, teilte mir mit, daß Orpheus, der Sohn der Kalliope, den seine Mutter auf dem Berge Pangaion belehrt hatte, folgendes gesagt habe: das ewige Wesen der Zahl ist der Ursprung, der alles vorausdenkt, der Ursprung des Allhimmels, der Erde und des dazwischen liegenden Naturbereichs. Es ist auch die Wurzel des Fortbestehens der göttlichen Menschen, der Götter und der Daimonen.“ (... Ἀγλαοφάμω τελεστᾶ μεταδόντος, ὡς ἄρα Ὀρφεὺς ὁ Καλλιόπας κατὰ τὸ Πάγγαιον ὄρος ὑπὸ τᾶς ματρὸς πινυσθεὶς ἔφα, τὰν ἀριθμῶ οὐσίαν ἀίδιον ἔμμεν ἀρχὰν προμαθεστάταν τῶ παντὸς ὠρανῶ καὶ γᾶς καὶ τᾶς μεταξὺ φύσιος, ἔτι δὲ καὶ θείων <ἀνθρώπων> καὶ θεῶν καὶ δαιμόνων διαμονᾶς ῥίζαν. Iambl. v. Pyth. 146)

Bach nahm also, indem er Pythagoras als Ausgangspunkt wählte, gleichzeitig auf Orpheus Bezug – Bach selbst wurde bekanntlich des öfteren mit Orpheus verglichen[95] – und schlug so eine Brücke bis hin zu den Ursprüngen der europäischen Kultur, wobei er uns eines der größten Meisterwerke der Musik hinterließ. In die-

[92] Rudolf Haase, Neue Forschungen über Pythagoras, in: Antaios, Band VIII, Stuttgart 1967, S. 405
[93] Platon, Briefe, edd. Willy Neumann, Jula Kerschensteiner, München 1967, S. 90 f.
[94] Iamblichos, De vita Pythagorica liber, ed. M. v. Albrecht, a.a.O., § 162, S. 164 f.
[95] Dok. II, Nr. 294, 325, 432

sem Zusammenhang darf die Rolle seines Schülers Lorenz Christoph Mizler – auch wenn sie nicht quantifizierbar ist – bei der Entstehung dieses Werkes nicht vergessen werden, und zwar in seiner Eigenschaft als Vermittler pythagoreischen Gedankengutes.

Laut Alberto Basso, einem der bedeutendsten Musikgelehrten und Bachkenner unserer Zeit, dürfte die *Kunst der Fuge* in erster Linie als exercitium den gelehrten Mitgliedern der Mizlerschen Sozietät (1738–1761) zugedacht gewesen sein.[96]

Diese Annahme trifft sich exakt mit dem pythagoreischen Elitegedanken. Die moderne These – gestützt durch Schrift- und Papierbefund –, daß Bach schon gegen Ende der dreißiger Jahre die *Kunst der Fuge* begonnen haben muß, stimmt in frappierender Weise mit dem Zeitpunkt der Gründung der Mizlerschen Sozietät überein. So gesehen läßt sich sogar möglicherweise auch der späte Eintritt Bachs (1747) in die Sozietät erklären, nämlich als Ausdruck seines Entschlusses, das Werk nunmehr endgültig abzuschließen und der Sozietät als „quinta essentia musicae“ zu überreichen.

Ob Marpurg sich bei Mizler bezüglich der *Kunst der Fuge* erkundigt hatte, bevor er den „Vorbericht“ zur Titelauflage (1752) schrieb? Wir dürfen dies bei einem verantwortungsbewußten und hoch intellektuellen Musiktheoretiker wie ihm als nahezu sicher annehmen, denn von C. Ph. E. Bach konnte er über die Hintergründe dieses Werkes nichts erfahren.

So würde sich auch der im ganzen änigmatisch geschriebene „Vorbericht“ Marpurgs erklären, insbesondere aber der illuminierende Satz: „Ein besonderer Vorzug dieses Werkes ist, daß alles darinnen befindliche in der Partitur stehet.“ Auch der Hinweis Marpurgs im „Vorbericht“ zur *Kunst der Fuge* auf das nunmehr gänzliche Fehlen der Fuge in der Kammermusik kann als Wink zur Rätsellösung aufgefaßt werden: „Es wurde […] die Fuge unter die prächtigsten Zierrathen einer Kirchen- und Kammermusik gerechnet. Entdecket man sie noch hin und wieder in der ersten: So hat sie aus der letztern gänzlich ihren Abschied genommen.“

Als weiterer versteckter Hinweis kann Marpurgs Forderung nach dem „männlichen Wesen, das in der Musik herrschen soll“, gelten, welche geradezu aus dem

[96] Alberto Basso, Un'opera „scientifica“, in: Programma del Teatro alla Scala, Milano 6 febbraio 1995, S. 11.
Dem bislang unbekannten Brief Mizlers an Meinrad Spieß vom 16. Februar 1761 ist zu entnehmen, daß die „Societät“ mindestens bis 1761 bestand und nicht – wie bisher allgemein angenommen – schon 1755 aufgelöst wurde. Desweiteren wird in diesem Brief deutlich, daß nicht Leopold Mozart der letzte von Mizler vorgesehene Kandidat zur Aufnahme in die „Societät“ war (vgl. Franz Wöhlke, a.a.O., S. 121 f.), sondern Martin II. Gerbert, O.S.B., Fürstabt von St. Blasien (1720–1793). Vgl. Hans Rudolf Jung und Hans-Eberhard Dentler, a.a.O., Dokument 59 und Kommentar, S. 172 f.

Muratori-Kapitel Mizlers herausgeschnitten scheint[97] bzw. bei Aristeides Quintilianus direkt auf die Bevorzugung der Saiteninstrumente abzielt.[98]

Daß Mizler in einem anderen Fall von Bach im voraus – also vor der Publikation eines Werkes – informiert wurde, ist durch einen Brief Mizlers an das Sozietätsmitglied Pater Meinrad Spieß belegt.[99] Für die Hypothese, daß Marpurg sich bei Mizler nach der *Kunst der Fuge* erkundigt haben müßte, spricht außerdem seine in einem Brief an den Königl. Hof- und Kammergerichtsrat Johann Otto Uhde bekundete außerordentliche Wertschätzung für Mizler. Marpurg sieht in Mizler einen Theoretiker „von der ersten Classe".[100]

Doch zum Abschluß zurück zu der Frage, welche den ausübenden Musiker und musikbegeisterten Hörer am meisten interessiert: Wie klingt die *Kunst der Fuge* in der hier vorgeschlagenen Besetzung?

Wer selbst Konzerte gibt, weiß, daß nicht Worte, sondern nur harte Probenarbeit und das Konzertpodium den eigentlichen Prüfstein für musikalische Vorschläge bilden können. Deshalb bestand auch der Wunsch, ein Ensemble zu gründen, welches sich ausschließlich mit der *Kunst der Fuge* beschäftigt: das „Ensemble Arte della Fuga".[101]

Denn nur spielend und singend – „mit Saiten und Stimmen" –, gleichsam den Traum des Scipio sich vergegenwärtigend, vermögen wir uns den Musen nach Art der Pythagoreer anzunähern. Vorher jedoch galt es ein Rätsel zu lösen – „Uns trieb die sängereiche Sphinx, da wirs gehört, das Dunkle, was zu lösen war, zu forschen" (Friedrich Hölderlin, Oedipus der Tyrann, v. 129–130) –, welches zum Ziel hat, Stimmen zum Leben zu erwecken. Sofern jeder Stimme der *Kunst der Fuge* durch einen Besetzungsvorschlag Leben und Sinn verliehen werden kann, darf das Rätsel der Instrumentalbestimmung als gelöst betrachtet werden. Die *Kunst der Fuge* hat also wie das Sphinx-Rätsel mit dem ursprünglichsten Rätsel, dem Rätsel des Lebens, zu tun. Das ist nicht verwunderlich. Beide Rätsel beruhen auf der Tetraktys, dem „Quell der Wurzelkräfte des immerströmenden Werdens" (Iamblichos).

[97] Mus. Bibl. II, 2, S. 161 ff.

[98] Arist. Quint. De musica Lib. II, p. 108 Meibom

[99] Dok. II, Nr. 557, S. 437

[100] Dok. III, Nr. 666, S. 93 Anmerkung. Weitere wertschätzende Äußerungen Marpurgs über Mizler finden sich bei Franz Wöhlke, a.a.O., S. 90.

[101] Das „Ensemble Arte della Fuga" wurde 1996 von mir gegründet und setzt sich folgendermaßen zusammen: Marco Rogliano (Violine), Raffaele Mallozzi (Viola), Hans-Eberhard Dentler (Violoncello), Francesco Bossone (Fagott), Franco Petracchi (Kontrabaß und künstlerische Leitung des Ensembles). Neben zahlreichen Konzerten in Italien fand 1996 auch eine mit Enthusiasmus aufgenommene deutsche Erstaufführung in Zusammenarbeit mit der Deutschen Mozartgesellschaft im Schaezlerpalais in Augsburg statt (Sonderkonzert im Rahmen des Augsburger Mozartsommers unter der Schirmherrschaft S. D. Hubertus Fürst Fugger-Babenhausen am 14. September 1996).

Die *Kunst der Fuge* BWV 1080

Vorschlag einer auf Erstdruck und Autograph beruhenden Satz-Reihenfolge für eine Konzertaufführung der *Kunst der Fuge*:

ADF 1	Contrapunctus 1
ADF 2[102]	Contrapunctus 3
ADF 3	Contrapunctus 2
ADF 4	Contrapunctus 4
ADF 5	Contrapunctus 5
ADF 6	Contrapunctus 6
ADF 7	Contrapunctus 7
– *Pause* –	
ADF 8	Contrapunctus 8 a 3 v.
ADF 9	Contrapunctus 9
ADF 10	Contrapunctus 10
ADF 11	Contrapunctus 11
ADF 12.1	Contrapunctus 12 rectus
ADF 12.2	Contrapunctus 12 inversus
ADF 13.1	Contrapunctus 13 a 3 v. rectus
ADF 13.2	Contrapunctus 13 a 3 v. inversus
ADF 14.1	Fuga a 4 v. rectus
ADF 14.2	Fuga a 4 v. inversus
– *Pause* –	
ADF 15	Canon all' Ottava (Canon in Hypodiapason)
ADF 16	Canon alla Decima Contrapunto alla Terza
ADF 17	Canon alla Duodecima in Contrapunto alla Quinta
ADF 18.1	Canon in Hypodiateßeron al roversio e per augmentationem
ADF 18.2	Canon per Augmentationem in Contrario Motu
ADF 19	Quadrupelfuge

102 Bezüglich der Contrapuncte 2 und 3 wurde hier aus strukturbedingten, tempobestimmenden Gründen die von Bach im Autograph gewählte Reihenfolge vorgezogen (siehe Konkordanztafel).

Konkordanztafel

ADF = Arte della Fuga (Dentler)
BWV = Bach-Werke-Verzeichnis (Schmieder)
A = Autograph

ADF	BWV 1080	A
1	1	I
2	3	II
3	2	III
4	4	–
5	5	IV
6	6	VII
7	7	VIII
8	8	X
9	9	V
10	10	VI [Kurzfassung ohne Takte 1–11]
11	11	XI
12.1	12.1	XIII
12.2	12.2	XIII
13.1	13.1	XIV
13.2	13.2	XIV
14.1	18.1	Beilage 2
14.2	18.2	Beilage 2
15	15	IX
16	16	–
17	17	–
18.1	deest	XII
18.2	14	Beilage 1 [Abklatschvorlage]
19	19	Beilage 3

Teil IV

Quellen

Abb. 1

Oidipus wird von der Sphinx geprüft

Attische Vasenmalerei

Vatikan, Musei Vaticani

Abb. 2
Johann Sebastian Bach
Ölgemälde von Elias Gottlieb Haußmann (1746)
Leipzig, Stadtgeschichtliches Museum

Abb. 3

Pythagoras
(nach German Hafner)

Marmorstatue von Mozia,
Sizilien, um 480 v. Chr.

Foto: German Hafner

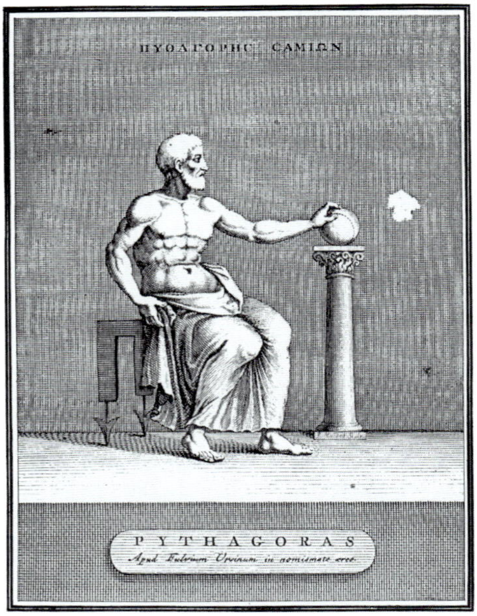

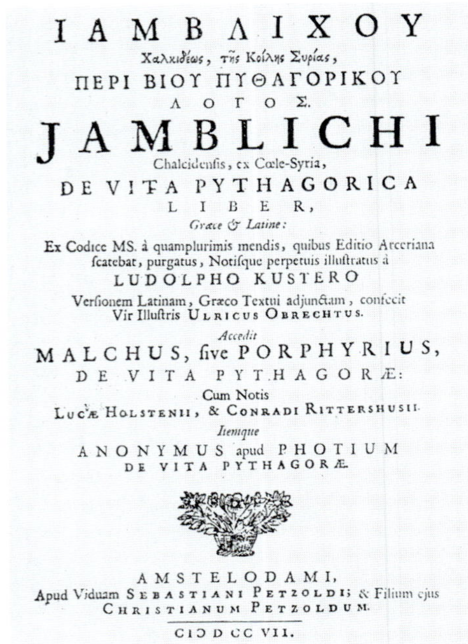

ΙΑΜΒΛΙΧΟΥ
Χαλκιδέως, τῆς Κοίλης Συρίας,
ΠΕΡΙ ΒΙΟΥ ΠΥΘΑΓΟΡΙΚΟΥ
ΛΟΓΟΣ.
JAMBLICHI
Chalcidenfis, ex Cœle-Syria,
DE VITA PYTHAGORICA
LIBER,
Græce & Latine:
Ex Codice MS. à quamplurimis mendis, quibus Editio Arceriana
fcatebat, purgatus, Notifque perpetuis illuftratus à
LUDOLPHO KUSTERO
Verfionem Latinam, Græco Textui adjunctam, confecit
Vir Illuftris ULRICUS OBRECHTUS.
Accedit
MALCHUS, five PORPHYRIUS,
DE VITA PYTHAGORÆ:
Cum Notis
LUCÆ HOLSTENII, & CONRADI RITTERSHUSII.
Itemque
ANONYMUS apud PHOTIUM
DE VITA PYTHAGORÆ.

AMSTELODAMI,
Apud Viduam SEBASTIANI PETZOLDI; & Filium ejus
CHRISTIANUM PETZOLDUM.
CIↃ DCC VII.

Abb. 4a

Pythagoras-Darstellung gegenüber dem Frontispiz in der Amsterdamer Ausgabe der *Vita Pythagorica* des Iamblichos und der *Vita Pythagorae* des Porphyrios von 1707 (vgl. Abb. 4b)

München, Bayerische Staatsbibliothek, Abteilung für Handschriften und Seltene Drucke

Abb. 4b

Die *Vita Pythagorica* des Iamblichos und die *Vita Pythagorae* des Porphyrios in der Amsterdamer Ausgabe von 1707. Es handelt sich bei dieser Edition mit hoher Wahrscheinlichkeit um diejenige Ausgabe, welche J. M. Gesner bei der Neuformulierung der Gesetze der Thomasschule im Jahre 1733 zur Hand hatte.

München, Bayerische Staatsbibliothek, Abteilung für Handschriften und Seltene Drucke

Abb. 5

Johann Matthias Gesner (1691–1761)
Rektor der Thomasschule von 1730 bis 1734

Schabkunstblatt
nach Christian Nikolaus Eberlein

Leipzig, Bach-Archiv

Abb. 6

Grundriß des 2. Obergeschosses
der erneuerten Thomasschule im Jahre 1732

Leipzig, Stadtgeschichtliches Museum

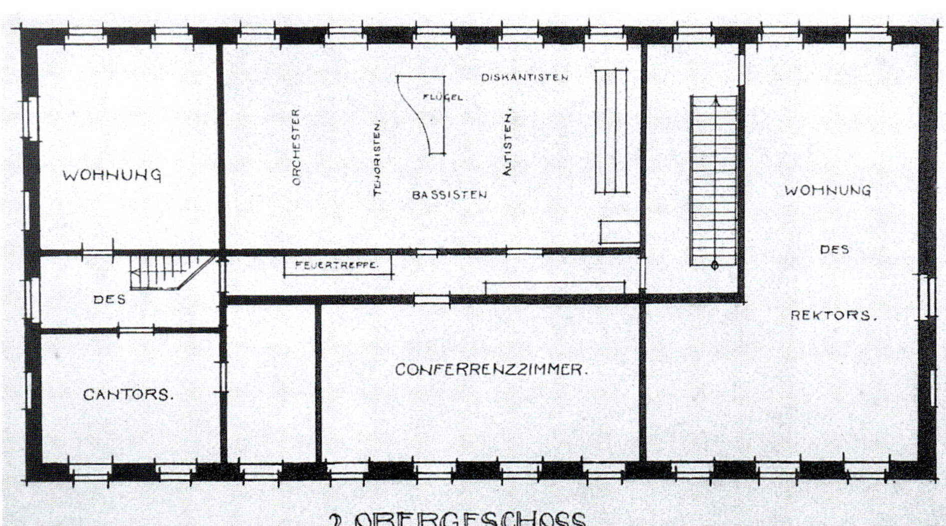

Lorenz Mizlers
Der Weltweisheit und der freyen
Künste Lehrers auf der Academie zu Leipzig/
und der Societet der musikalischen Wissen-
schafften Mitglieds und Secretarius
Neu eröffnete
Musikalische
Bibliothek
Oder
Gründliche Nachricht nebst
unpartheyischem Urtheil von musi-
kalischen Schriften und Büchern
Erster Band
Welcher bestehet aus sechs Theilen,
nebst den darzu gehörigen Kupfern
und Registern.
LEIPZIG im Jahr 1739.
Im Verlag des Verfassers und bey Brauns
Erben in Commission.

Abb. 7

Frontispiz von Band I der von Lorenz Christoph Mizler (1711–1778) gegründeten *Musikalischen Bibliothek* (1736–1754)

Leipzig, Musikbibliothek

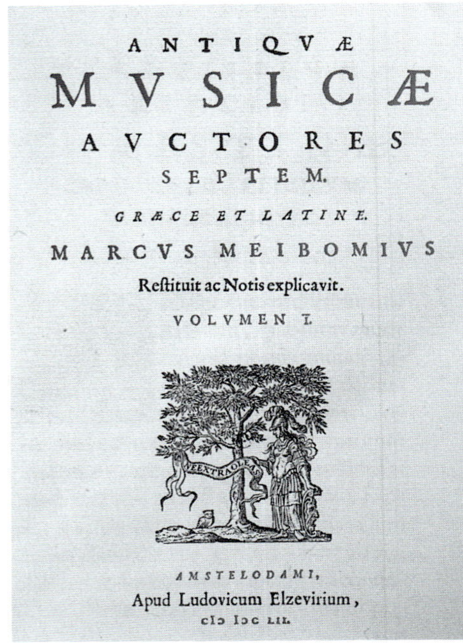

ANTIQVÆ
MVSICÆ
AVCTORES
SEPTEM.
GRÆCE ET LATINE.
MARCVS MEIBOMIVS
Restituit ac Notis explicavit.
VOLVMEN I.
AMSTELODAMI,
Apud Ludovicum Elzevirium,
CIↃ IↃC LII.

Abb. 8

Frontispiz von Band I der in Amsterdam 1652 erschienenen Ausgabe von Marcus Meibom (1626–1710)

Abb. 9

Pythagoras und Euklid

Luca della Robbia (1400–1482)

Florenz,
Museo dell' Opera del Duomo

Abb. 10

Plotin (205–270)

Vatikan, Musei Vaticani

Abb. 11

Christoph Gottlieb Schröter (1699–1782): viertes Mitglied der Mizlerschen „Societät“; auf dem Tisch das Sozietäts-Emblem aus Kreis, gleichseitigem Dreieck, Zahlenreihe 1 bis 6 sowie der Inschrift „Index Legum Musices“

Stich von Johann Christoph Sysang

Staatsbibliothek zu Berlin, Musikabteilung

Abb. 12

Theon von Smyrna (Hadrian-Zeit),
Verfasser der *Expositio rerum mathematicarum ad legendum Platonem utilium*

Rom, Musei Capitolini

Foto: German Hafner

Abb. 13

Georg Venzky (1704–1757):
zehntes Mitglied der „Societät“

Mizlers *Musikalische Bibliothek*, Band IV, 1. Teil (Band II in Frits Knufs Reprint)

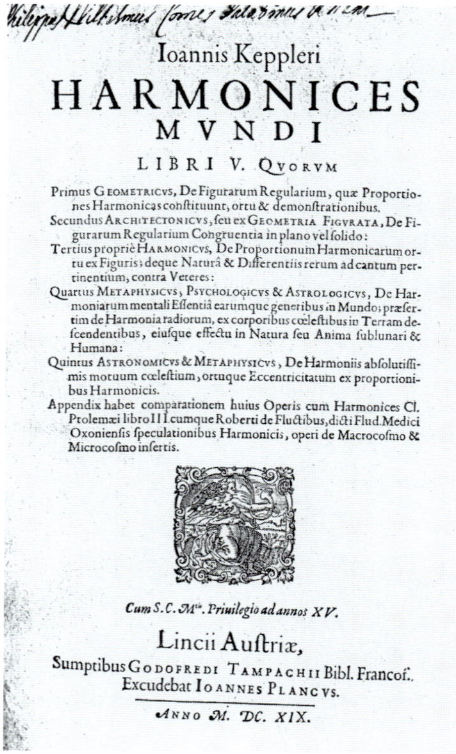

Ioannis Keppleri

HARMONICES MVNDI

LIBRI V. QVORVM

Primus GEOMETRICVS, De Figurarum Regularium, quæ Proportiones Harmonicas constituunt, ortu & demonstrationibus.

Secundus ARCHITECTONICVS, seu ex GEOMETRIA FIGVRATA, De Figurarum Regularium Congruentia in plano vel solido:

Tertius propriè HARMONICVS, De Proportionum Harmonicarum ortu ex Figuris; deque Naturâ & Differentiis rerum ad cantum pertinentium, contra Veteres:

Quartus METAPHYSICVS, PSYCHOLOGICVS & ASTROLOGICVS, De Harmoniarum mentali Essentiâ earumque generibus in Mundo; præsertim de Harmonia radiorum, ex corporibus cœlestibus in Terram descendentibus, eiusque effectu in Natura seu Anima sublunari & Humana:

Quintus ASTRONOMICVS & METAPHYSICVS, De Harmoniis absolutissimis motuum cœlestium, ortuque Eccentricitatum ex proportionibus Harmonicis.

Appendix habet comparationem huius Operis cum Harmonices Cl. Ptolemæi libro III. cumque Roberti de Fluctibus, dicti Flud. Medici Oxoniensis speculationibus Harmonicis, operi de Macrocosmo & Microcosmo insertis.

Cum S. C. Mtis. Priuilegio ad annos XV.

Lincii Austriæ,

Sumptibus GODOFREDI TAMPACHII Bibl. Francof.

Excudebat IOANNES PLANCVS.

ANNO M. DC. XIX.

Abb. 14

Frontispiz der *Weltharmonik* von Johannes Kepler in der Originalausgabe von 1619

München, Bayerische Staatsbibliothek, Abteilung für Handschriften und Seltene Drucke

Des

Hn. Gottfried Wilh. von Leibnitz,

Ehemahligen Käyserl. Reichs- Hoff- und Churfürstl. Braunschweig-Lüneburgischen Geheimbden Justitz-Raths, wie auch der Königl. Preußl. *Societ*ät der Wissenschafften *Præsident*ens etc.

Lehr-Sätze

über die

MONADOLOGIE,

ingleichen

Von GOtt und seiner Existentz, seinen Eigenschafften und von der Seele des Menschen etc.

wie auch

Dessen letzte Vertheidigung seines *Systematis Harmoniæ præstabilitæ* wider die Einwürffe des Herrn Bayle,

aus dem Frantzösischen übersetzt

von

Heinrich Köhlern, *Phil. & Jur. U.C.*

Nebst einem Schreiben des

Herrn von Leibnitz,

worinnen ein *Project* zu einer *Medaille,* auf welche das Bild der Schöpffung nach seiner *Dyadic* vorgestellet wird, befindlich ist

und

mit einem Discurs des Ubersetzers über das Licht der Natur.

Franckfurth und Leipzig

bey Joh. Meyers sel. Witbe, Buchhandl. in Jena. 1720

Abb. 15

Frontispiz der *Monadologie* von Gottfried Wilhelm Leibniz (1646–1716) in der Originalausgabe von 1720

Abb. 16

Gestochenes Exemplar des Kanons BWV 1076

Originaldruck von 1747

Wien, Österreichische Nationalbibliothek

Abb. 17

Pater Meinrad Spieß (1683–1761): neuntes Mitglied der „Societät“

Mizlers *Musikalische Bibliothek*, Band III, 4. Teil (Band I in Frits Knufs Reprint)

Abb. 18

Letzte Seite in Mizlers *Musikalischer Bibliothek*, Band IV

Leipzig, Musikbibliothek

Abb. 19

„Die erste Seite"
(Mizler, Mus. Bibl. III, 2, S. 360)
der Sozietäts-Medaille

Leipzig, Stadtgeschichtliches Museum

Abb. 20

„Die andere Seite"
(Mizler, Mus. Bibl. III, 2, S. 361)
der Sozietäts-Medaille

Leipzig, Stadtgeschichtliches Museum

Zur Bedeutung des pythagoreischen Begriffs „Anderes" (ἄλλο) vgl. Damascius, De princ. II 172, 20 Ruelle (Diels-Kranz I^6, 425, 17–20). Der Neuplatoniker Damaskios, geboren um 458 in Damaskos, war das letzte Schulhaupt der Akademie in Athen.

Abb. 21

Vereinigung von christlicher und pythagoreischer Weltschau:
Frontispiz der *Cosmologia*, Band III, von Christian Weiss SJ (1628–1693), Dillingen 1668

Kupferstich von Bartholomäus Kilian (1630–1696)
nach einem Entwurf von Johann Christoph Storer (1620–1671)

Augsburg, Staats- und Stadtbibliothek

Abb. 22

Porphyrios (233 oder 234–305 oder kurz vorher, n. Chr.)

Vatikan, Musei Vaticani

I.

ΨΕΛΛΟΥ τῆς Μουσικῆς Σύνοψις ἠκριβωμένη.

Μουσικὴν οἱ παλαιοὶ συνέχειν εἶπον τὸ πᾶν, οὐδὲν γὰρ ὄντων συμμετρίας ἄτερ καὶ ἀναλογίας

Des Pſellus 1) vollſtändiger kurzer Inbegriff der Muſik.

Die Alten ſagten, daß in der Muſik das ganze Weltgebäude vorgeſtellet würde; denn nichts iſt in der Welt, ſo nicht ſein

1) Pſellus, mit dem Vornahmen Michael, lebte zu des conſtantinopolitaniſchen Kaiſers Romani Diogenis Zeiten, und war berühmt im 1070 Jahre nach Chriſti Geburt. Er war ein Griechiſcher Gottesgelahrter und Geſchichtſchreiber, und

Abb. 23

Erste Seite der theoretischen Abhandlung des Michael Psellos (1018–1097?) in griechisch und deutsch

Mizlers *Musikalische Bibliothek*, Band III

Leipzig, Musikbibliothek

Abb. 24

Pythagoras deutet im Frontispiz der *Musurgia universalis* des Athanasius Kircher (Rom 1650) auf die Zahlenreihe 1 bis 6

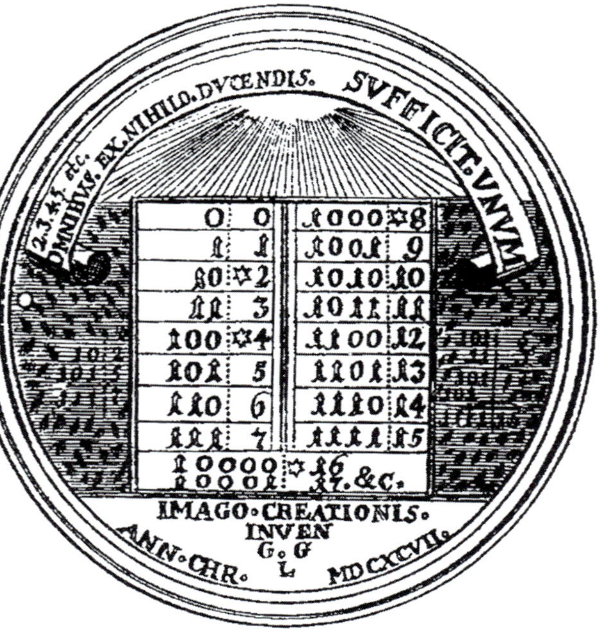

Abb. 25

Die dyadische Zahlenfolge mit der auffallenden Gestaltung der Zahl 1

Medaille nach einer Idee von Gottfried Wilhelm Leibniz (1646–1716)

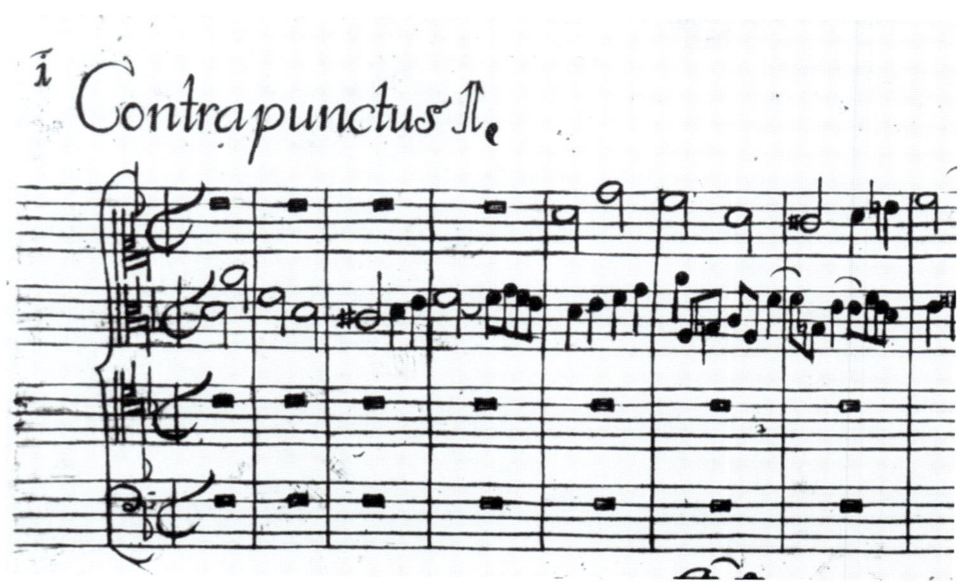

Abb. 26

Die Überschrift „Contrapunctus 1" des Erstdrucks der *Kunst der Fuge*; vgl. die „1" der Mizlerschen wie der Leibnizschen Medaille

Staatsbibliothek zu Berlin, Musikabteilung

Abb. 27

Flammendreiecke als Titelvignetten im Gründungsjahr der „Societät“ in Mizlers *Musikalischer Bibliothek*, Band I

Abb. 28

Siegel der Wiener Loge „zu den drei Feuern"
mit einem Flammendreieck im Zentrum

Aus: Alberto Basso, L'invenzione della gioia.
Musica e massoneria nell' età dei Lumi, Garzanti, Milano 1994

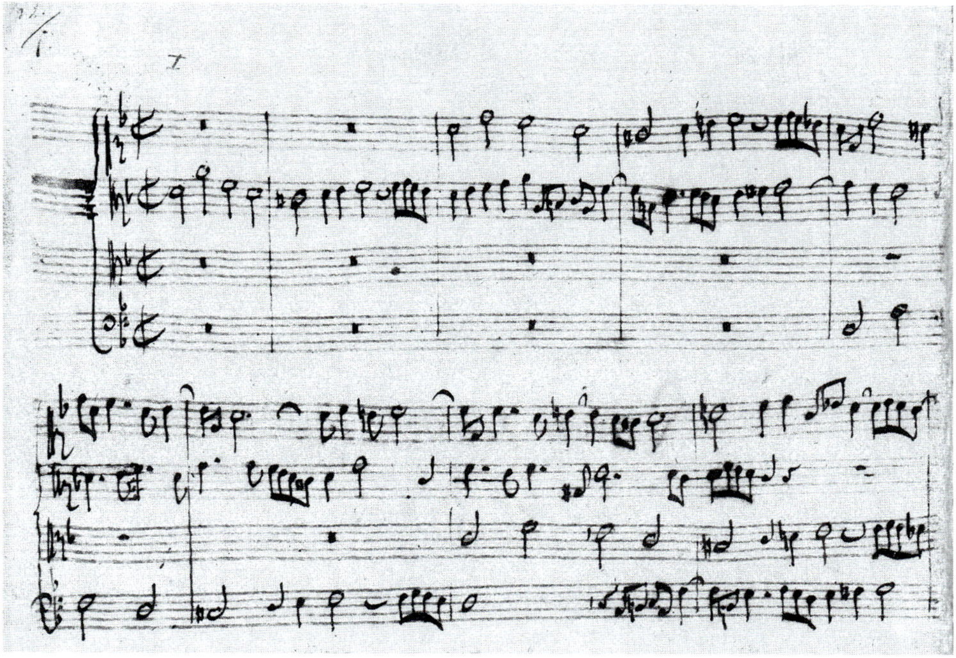

Abb. 29

Autograph der *Kunst der Fuge*: Beginn der Fuge I mit den ersten vier Minimae im ersten Takt

Staatsbibliothek zu Berlin, Musikabteilung

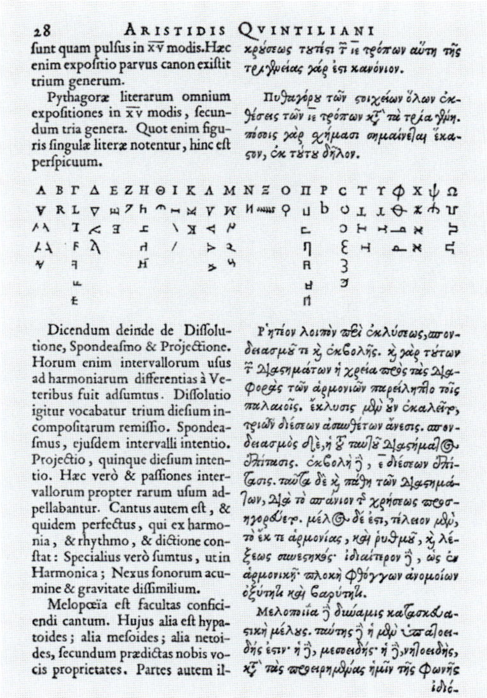

28 ARISTIDIS QUINTILIANI

ſunt quam pulſus in XV modis. Hæc enim expoſitio parvus canon exiſtit trium generum.

Pythagoræ literarum omnium expoſitiones in XV modis, ſecundum tria genera. Quot enim figuris ſingulæ literæ notentur, hinc eſt perſpicuum.

κρούσεως τυπτεῖ τῶν ιε τρόπων αὕτη τῆς τριγενείας γάρ ἐστι κανόνιον.

Πυθαγόρου τῶν στοιχείων ὅλων ἐκθέσεις τῶν ιε τρόπων κατὰ τὰ τρία γένη. πόσοις γὰρ σχήμασι σημαίνεται ἕκαστον, ἐκ τούτου δῆλον.

Α Β Γ Δ Ε Ζ Η Θ Ι Κ Λ Μ Ν Ξ Ο Π Ρ C Τ Υ Φ Χ Ψ Ω

Dicendum deinde de Diſſolutione, Spondeaſmo & Projectione. Horum enim intervallorum uſus ad harmoniarum differentias à Veteribus fuit adſumtus. Diſſolutio igitur vocabatur trium dieſium incompoſitarum remiſſio. Spondeaſmus, ejuſdem intervalli intentio. Projectio, quinque dieſium intentio. Hæc verò & paſſiones intervallorum propter rarum uſum adpellabantur. Cantus autem eſt, & quidem perfectus, qui ex harmonia, & rhythmo, & dictione conſtat: Specialius verò ſumtus, ut in Harmonica; Nexus ſonorum acumine & gravitate diſſimilium.

Melopœïa eſt facultas conficiendi cantum. Hujus alia eſt hypatoides; alia meſoides; alia netoides, ſecundum prædictas nobis vocis proprietates. Partes autem il-

Ῥητέον λοιπὸν περὶ ἐκλύσεως, σπονδειασμοῦ τε καὶ ἐκβολῆς. καὶ γὰρ τούτων τῶν διαστημάτων ἡ χρεία πρὸς τὰς διαφορὰς τῶν ἁρμονιῶν παρείληπτο τοῖς παλαιοῖς. ἔκλυσις μὲν οὖν ἐκαλεῖτο, τριῶν διέσεων ἀσυνθέτων ἄνεσις. σπονδειασμὸς δὲ, ἡ τοῦ ταυτοῦ διαστήματος ἐπίτασις. ἐκβολὴ δὲ, ε διέσεων ἐπίτασις. ταῦτα δὲ καὶ πάθη τῶν διαστημάτων, διὰ τὸ σπάνιον τῆς χρήσεως προσηγορεύετο. μέλος δέ ἐστι, τέλειον μὲν, τὸ ἐκ τε ἁρμονίας, καὶ ῥυθμοῦ, καὶ λέξεως συνεστηκός· ἰδιαίτερον δὲ, ὡς ἐν ἁρμονικῇ· πλοκὴ φθόγγων ἀνομοίων ὀξύτητι καὶ βαρύτητι.

Μελοποιΐα δὲ δύναμις κατασκευαστικὴ μέλους. ταύτης δὲ ἡ μὲν ὑπατοειδής ἐστιν· ἡ δὲ, μεσοειδής· ἡ δὲ, νητοειδής, κατὰ τὰς προειρημένας ἡμῖν τῆς φωνῆς ἰδιό-

Abb. 30

Das Spiegelprinzip in der altgriechischen Notenschrift (Tonbuchstabenschrift), welche nach Aristeides Quintilianus auf Pythagoras zurückgeht

Arist. Quint. De musica Lib. I, p. 28 Meibom

Abb. 31

„Die Schule von Athen“: Pythagoras links unten, schreibend

Raffael (1483–1520)

Vatikan, Musei Vaticani

Abb. 32

Die Tafel des Pythagoras mit der dekadischen und der kanonischen Tetraktys (Ausschnitt aus Raffaels „Die Schule von Athen“)

Vatikan, Musei Vaticani

Abb. 33

Autograph der *Kunst der Fuge*:
Der „Canon in Hypodiateßeron al roversio e per augmentationem, Perpetuus" in einstimmiger Notierung

Staatsbibliothek zu Berlin, Musikabteilung

dato, perihelius ad *b* pervenit; Marti Quintum vel Sextum; non eò tantùm, quia ferè Diapente aſſequitur, quod intervallum commune eſt omnibus modis: ſed ideò potiſſimùm. quia redactus cum cæteris ad commune ſyſtema, perihelio motu *c* aſſequitur, aphelio ad *f* alludit: quæ radix eſt Toni ſeu Modi Quinti vel Sexti: Telluri darem Tertium vel Quartum: quia intra ſemitonium ejus motus vertuntur; & verò primum illorum Tonorum intervallum eſt ſemitonium; Mercurio verò ob amplitudinem intervalli, promiſcuè omnes Modi vel Toni convenient: Veneri ob anguſtiam intervalli, planè nullus; at ob commune Syſtema, etiam Tertius & Quartus; quia ipſa reſpectu cæterorum obtinet *e*.

Telluris canit MI FA MI ut vel ex ſyllabis conjicias, in hoc noſtro domicilio MIſeriam & FAmem obtinere.

CAPVT VII.

Harmonias univerſales omnium ſex Planetarum, veluti communia Contrapuncta, quadriformia dari.

NVnc opus, Vranie, ſonitu majore: dum per ſcalam Harmonicam cœleſtium motuum, ad altiora conſcendo; quâ genuinus

Abb. 34

Überschrift zum VII. Kapitel des V. Buches der *Weltharmonik* (*Harmonices mundi*) Keplers: „Kapitel VII. Daß es Gesamtharmonien aller sechs Planeten gleichsam als gemeinsame viergestaltige Contrapuncte gibt.“ Diese Kapitelüberschrift Keplers könnte für Bach der Anlaß gewesen sein, den Begriff „Contrapunctus“ als Satzüberschrift in die *Kunst der Fuge* einzuführen, einmal wegen des von Kepler hergestellten Bedeutungszusammenhangs zwischen Contrapunct und Sphärenharmonie, zum anderen aber, weil hier von „viergestaltigen Contrapuncten“ die Rede ist, für welche die in der *Kunst der Fuge* vorkommenden vier Formen des Fugentypus (Einfache Fuge, Doppelfuge, Tripelfuge, Quadrupelfuge) eine Entsprechung bilden – wieder ein Hinweis auf das ordnungsstiftende Prinzip der Zahl 4.

München, Bayerische Staatsbibliothek,
Abteilung für Handschriften und Seltene Drucke

Abb. 35

Autograph der *Kunst der Fuge*:
Der „Canon in Hypodiapason" in einstimmiger Notierung

Staatsbibliothek zu Berlin, Musikabteilung

Abb. 36

Apollon und Marsyas

Frontrelief eines toskanischen Sarkophags, 2. Hälfte 2. Jahrhundert n. Chr.

Foto: Fratelli Alinari, Florenz

Abb. 37

Thomaskirche
und Thomasschule, 1723

Stich von Johann Gottfried
Krügner d. Ä.

Berlin, Archiv für Kunst
und Geschichte

Abb. 38

Friedrich Wilhelm Marpurg (1718–1795)

Stich von Friedrich Wilhelm Bollinger

Eisenach, Bachhaus

Abb. 39

Platon mit *Timaios*, dem zentralen Werk antiker Harmonik, und Aristoteles mit *Nikomachischer Ethik*
(Ausschnitt aus Raffaels „Die Schule von Athen", vgl. Abb. 31)

Vatikan, Musei Vaticani

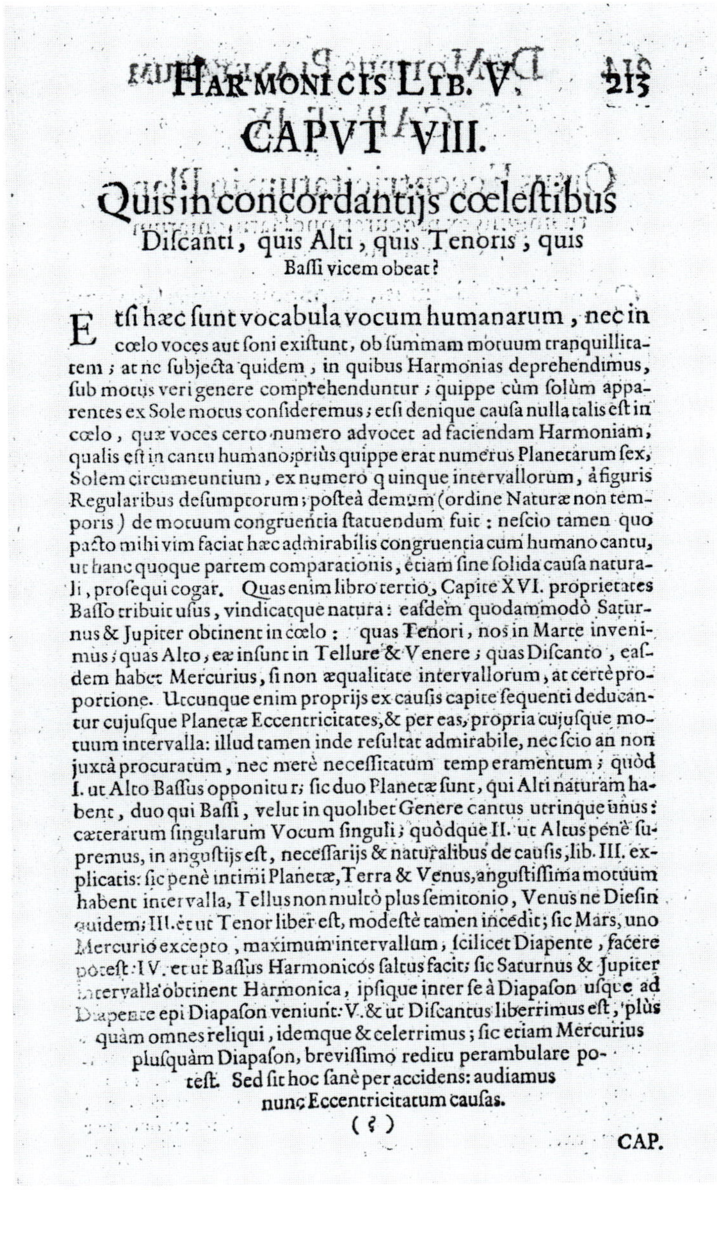

HARMONICIS LIB. V. 213

CAPUT VIII.

Quis in concordantijs cœlestibus Discanti, quis Alti, quis Tenoris, quis Bassi vicem obeat?

Etsi hæc sunt vocabula vocum humanarum, nec in cœlo voces aut soni existunt, ob summam motuum tranquillitatem; at ne subjecta quidem, in quibus Harmonias deprehendimus, sub motus veri genere comprehenduntur; quippe cùm solùm apparentes ex Sole motus consideremus; etsi denique causa nulla talis est in cœlo, quæ voces certo numero advocet ad faciendam Harmoniam, qualis est in cantu humano; priùs quippe erat numerus Planetarum sex, Solem circumeuntium, ex numero quinque intervallorum, à figuris Regularibus desumptorum; posteà demum (ordine Naturæ non temporis) de motuum congruentia statuendum fuit: nescio tamen quo pacto mihi vim faciat hæc admirabilis congruentia cum humano cantu, ut hanc quoque partem comparationis, etiam sine solida causa naturali, prosequi cogar. Quas enim libro tertio, Capite XVI. proprietates Basso tribuit usus, vindicatque natura: easdem quodammodò Saturnus & Jupiter obtinent in cœlo: quas Tenori, nos in Marte invenimus; quas Alto, eæ insunt in Tellure & Venere; quas Discanto, easdem habet Mercurius, si non æqualitate intervallorum, at certè proportione. Utcunque enim proprijs ex causis capite sequenti deducantur cujusque Planetæ Eccentricitates, & per eas, propria cujusque motuum intervalla: illud tamen inde resultat admirabile, nec scio an non juxtà procuratum, nec merè necessitatum temperamentum; quòd I. ut Alto Bassus opponitur; sic duo Planetæ sunt, qui Alti naturam habent, duo qui Bassi, velut in quolibet Genere cantus utrinque unus: cæterarum singularum Vocum singuli; quòdque II. ut Altus penè supremus, in angustijs est, necessarijs & naturalibus de causis, lib. III. explicatis: sic penè intimi Planetæ, Terra & Venus, angustissima motuum habent intervalla, Tellus non multò plus semitonio, Venus ne Diesin quidem; III. et ut Tenor liber est, modestè tamen incedit; sic Mars, uno Mercurio excepto, maximum intervallum, scilicet Diapente, facere potest: IV. et ut Bassus Harmonicos saltus facit; sic Saturnus & Jupiter intervalla obtinent Harmonica, ipsique inter se à Diapason usque ad Diapente epi Diapason veniunt: V. & ut Discantus liberrimus est, plùs quàm omnes reliqui, idemque & celerrimus; sic etiam Mercurius plusquàm Diapason, brevissimo reditu perambulare potest. Sed sit hoc sanè per accidens: audiamus nunc Eccentricitatum causas.

(?)

CAP.

Abb. 40

Überschrift zum VIII. Kapitel des V. Buches der *Weltharmonik* (*Harmonices mundi*) Keplers: „Welche [Planeten] in den himmlischen Harmonien den Diskant, den Alt, den Tenor oder den Baß vertreten?“

München, Bayerische Staatsbibliothek, Abteilung für Handschriften und Seltene Drucke

Abb. 41

Apollo mit der siebensaitigen Schildkröten-Lyra, 470 v. Chr.

Museum von Delphi

Abb. 42

Pythagoras als Saitenspieler

Eichenbüste von Jörg Syrlin d. Ä. (1425–1491), Chorgestühl des Ulmer Münsters (um 1470)

Abb. 43

„Gruppenportrait von vier Musikern“

Unsigniert, entstanden um 1730, zugeschrieben Balthasar Denner (1686–1749)

Es zeigt vermutlich Johann Sebastian Bach (links mit Viola pomposa oder eher Violoncello piccolo) sowie drei seiner Söhne.

Stuttgart, Internationale Bachakademie

Abb. 44

Pythagoras (unterhalb der Harmonia)

Kathedrale von Chartres, 12. Jahrhundert

Foto: Florian Lechner

Abb. 45

Autographe Violone-Stimme aus Bachs Bearbeitung der *Missa sine nomine* von Giovanni Pierluigi da Palestrina

Staatsbibliothek zu Berlin, Musikabteilung

330 MARCI MEIBOMII NOTÆ

tur, vide pagina 148. v. 30. & ſequentibus. De illis autem, qui planetarum nocturnis effectibus reſpondent, pagina 149. v.22. Excipitur hîc luna, quæ proſlambanomeno perpetuo adhæret, ob rationem, v.33. ibi adductam.

V. 23. ὡς ἑκάστῳ καὶ ῥυθμῷ καὶ ὀργάνων] Eſt intricatus hic locus. Oxon. habent, ὀργάνῳ. quod minime placet. Plane reſcribendum cenſeo, ὡς ἑκάστῳ (ſcil. τῶν θεῶν, v. 4.) καὶ ῥυθμοῦ (vel, ῥυθμῶν, quod à priori ſcriptura adhuc minus abeſt.) καὶ ὀργάνων. *qua ratione cuique* (Deo, eorumque ſimilibus; nempe Zodiaci magnitudinibus.) *cum rhythmorum, tum inſtrumentorum naturam, ſyſtematis* (eorundem) *convenientem, adtributuri ſimus.*

V. ult. Oxon. τοῖς τε ἐν μουσικῇ τόνοις.] qui ſunt duodecim. Tonus hic intelligitur, qui eſt in ratione ſuperoctava.

Pag. 151. v. 1. τῇ περιμέτρῳ τοῦ ὀρθογωνίου τριγώνου:] Hoc ex adjuncto

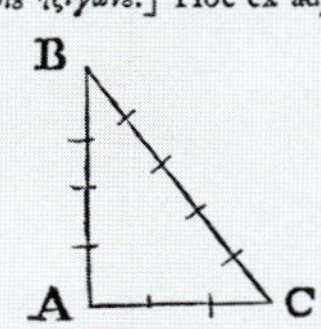

triangulo A B C clare perſpicitur; quippe in quo perimetrus A B, B C, C A eſt partium duodecim.

Ibid. τό, τε γὰρ ἐκ πασῶν ῥητῶν] Triangulum ſecundùm numeros 3. 4. 5, conſtructum, omnia latera habet rationalia. id eſt, quæ numeris præciſe reſpondent. Hoc clarius perſpicietur, ſi exemplum proferam, in quo ſit ſubtendens ἄῤῥητος, ſeu irrationalis. Sit itaque tam A C quam A B partium 5. erit B C irrationalis, id eſt, quæ in numeris præciſe exhiberi nequeat. quippe quæ paulo major ſit 7. cum ſit latus ex 50. Eodem modo catheti fieri poſſunt irrationales. Sit enim B C partium 8. A C autem, 6. erit A B, latus ex 28. paulo majus quam partium 5. Hæc omnia ex 47. propoſitione I. Element. Euclidis clara evadunt. Cæterùm primum hoc recte vocat Ariſtides triangulum, cujus omnia latera ſint rationalia, quod ex horum numerorum 3. 4. 5 multiplicatione per quemcunque numerum, infinita alia rectangula triangula, ſed in majoribus numeris, producantur. Methodos inveniendi hujuſmodi triangula, binas, quarum una Platoni adtribuitur, altera Pythagoræ, tradidit Proclus pag. 111. commentariorum in 1. Elem. Euclidis. Primus autem in his numeris 3. 4. 5. triangulum rectangulum deprehendit Pythagoras, qui ἐπὶ τῇ εὑρέσει βουθυτεῖν λέγεται, ob inventionem illam bovem immolaſſe dicitur. Vide quoque in Vita Pythagoræ Iamblichum.

V. 4. pro πάντως male Oxon. πάντων. & v. 5. μέλλει.

V. 5. τὴν ἀπολείπουσαν τὸ ἴσον δυναμένην] In ἀγεωμετρήτων gratiam addendum

Abb. 46

Der Satz des Pythagoras
($a^2 + b^2 = c^2$ bzw. $3^2 + 4^2 = 5^2$)
in den Fußnoten Meiboms
zum III. Buch des Aristeides
Quintilianus, in: Marcus Meibom,
Antiquae Musicae Auctores Septem,
Graece et Latine, Amstelodami 1652;
Broude Brothers Ltd.,
Reprint New York 1977

Abb. 47

Pythagoras an einem „sechssaitigen Kanon“

Holzschnitt aus der *Theorica musicae*,
Mailand 1492,
von Franchino Gaffori (1451–1522)

Abb. 48
Pythagoras (nach German Hafner)
Aphrodisias, Karien
Foto: German Hafner

Beiträge anderer Autoren

1. Helmut Walcha: Gespräch mit Egloff Schwaiger

In der Polyphonie ist jede Stimme eine Person

Man kann sich nur schwer vorstellen, daß ein Musiker das gesamte Cembalo- und Orgelwerk von Johann Sebastian Bach im Kopf hat. Geradezu unfaßbar aber ist, daß er es beherrscht, ohne seit seiner Jugend je eine Note gesehen zu haben. Mit achtzehn Jahren wurde Helmut Walcha blind. Alles, was er seitdem an Musik in sich aufgenommen hat, mußte er sich Phrase um Phrase und Stimme um Stimme vorspielen lassen, um aus dem akustischen Stückwerk dann in sich die Partitur zusammenzusetzen. Daß er es vermochte, verdankt er neben seiner ungewöhnlichen Musikalität seinem phänomenalen Gedächtnis, das keineswegs nur die Bachsche Musik umspannt. Mag sein, daß sich dieses Gedächtnis infolge der früh einsetzenden Augenkrankheit ausgebildet hat; jedenfalls, so sagt Helmut Walcha selbst, hat ihn diese Krankheit schicksalhaft zum Musiker bestimmt.

„Wir hatten zu Hause in Leipzig ein Klavier stehen, auf dem aber niemand spielte; bis ich als Kind daranging, darauf die Orgel nachzuahmen, die mir in der Kirche immer so großen Eindruck machte. Es hat mir nie jemand gezeigt, was man auf den Tasten machen muß. Ich probierte es einfach. Diese unbeholfenen Versuche hörte ein Musiker des Gewandhausorchesters, der in unserem Haus wohnte. Nach einer Weile begann er sich für mich zu interessieren. Er sprach sogar zu Arthur Nikisch, dem Chef des Gewandhausorchesters, von mir. Eines Tages nahm er mich mit und stellte mich dem berühmten Dirigenten vor. Ich war damals dreizehn Jahre alt, als ich auf diese Weise aus der Verborgenheit herausgeholt und durch Nikischs Empfehlung einem ordentlichen Musikunterricht zugeführt wurde. Anderthalb Jahre später kam ich ans Leipziger Konservatorium und wurde der jüngste Schüler von Günther Ramin. Normalerweise hätte ich nie so früh an dieser Hochschule studieren können, aber ich hatte im Gymnasium meiner Augen wegen bereits solche Schwierigkeiten mit dem Lesen und Schreiben, daß man mir riet, die Schule zu verlassen. Und da mir kein anderer Weg als der des Musikers offenstand, machte man am Konservatorium eine Ausnahme. Das Studium war auch da nicht einfach: Ich mußte die Noten sehr nah vor die Augen halten und konnte sie nur ganz langsam lesen. Auf diese Weise lernte ich aber alles, was ich las, sofort auswendig. Mein Sehvermögen ist dann immer schlechter geworden, und schließlich sah ich gar nichts mehr. Nun mußten andere für mich die Noten lesen und mir die Stücke vorspielen. Seitdem lerne ich alles durch Hören. Das Eigenartige aber ist, daß ich die visuelle Vorstellung behielt. Sie prägte sich so stark aus, daß ich bis heute von allen Werken, die ich spiele, das genaue Notenbild vor mir habe. Wenn ich die Ausgaben, aus denen meine Studenten spielen, kenne, blättere ich ihnen sogar um, weil ich genau weiß, wann sie am Ende der Seite sind. Diese visuelle Vorstellung ist für mich natürlich eine große Gedächtnisstütze."

Wie aber erarbeiten Sie sich ein mehrstimmiges Werk? Sie können doch nicht, wenn man Ihnen ein Stück vorspielt, alle Stimmen zugleich erfassen und im Kopf behalten.

„Ich muß die einzelnen Stimmen nacheinander hören und dann zusammensetzen. Es war wie ein Geschenk, als ich zum ersten Mal begriff, daß man das tun kann. Ich hatte als junger Mensch ja keine Ahnung, was Polyphonie ist. Ich wußte nichts von der Stimmführung in einem Choral oder in einer Fuge; bis ich mit dreizehn Jahren ganz zufällig auf eine zweistimmige Invention von Bach stieß. Ich kann mich noch gut erinnern: es war die F-Dur-Invention. Damals konnte ich noch mühsam lesen, aber jeweils nur eine Stimme, weil ich das Notenblatt so nah heranführen mußte. Ich las zuerst die eine und dann die andere Stimme; plötzlich erkannte ich, daß die zweite nicht eine Begleitung der ersten, sondern eine völlig eigene Stimme ist. Die beiden Stimmen erschienen mir wie selbständige Personen, die sich mit dem gleichen Thema befassen. Dieses Phänomen hat mich sehr bewegt, denn ich erlebte etwas von dem, was der Komponist wohl erlebt haben muß, als er dieses Miteinander gleichwertiger Stimmen ersann. In diesem Augenblick hatte ich nicht nur den Schlüssel zur Polyphonie in der Hand, ich sah auch den Weg, der mich dazu führen würde, mir die polyphonen Werke zu erarbeiten. Ich wußte, daß ich nicht zugleich zwei oder drei Stimmsysteme senkrecht überblicken kann, sondern mir eines nach dem anderen zu eigen machen muß. Ich habe also zuerst einen Abschnitt der Sopranstimme gelesen und mir eingeprägt, dann einen Abschnitt der Altstimme und schließlich einen der Tenor- beziehungsweise Baßstimme. Nach kurzer Zeit hatte ich diese Lernart so ausgebildet, daß ich eine Stimme nur sehr aufmerksam zu lesen brauchte, um sie fest in meinem Gedächtnis zu haben. Später, als ich nichts mehr sah, wurde das langsame Lesen durch das Vorspielen ersetzt."

Damit erreichten Sie natürlich eine absolute Vorstellung und Kenntnis der polyphonen Struktur eines Werks.

„Ja, und diesen wunderbaren Weg, ein Stück zu verstehen und in sich aufzunehmen, versuche ich auch meinen Schülern nahezubringen. Diejenigen, die sehr gut vom Blatt spielen können, weil sie das ganze Notenbild rasch überblicken, lesen im allgemeinen zu vertikal. Sie sehen zwar die Harmonie und den musikalischen Verlauf, aber sie erkennen nicht die Geheimnisse und Schönheiten einer Einzelstimme. Die kann man nur durch näheres Betrachten und Herausnehmen voll erfassen. Ich behaupte sogar, daß man eine polyphone Struktur eigentlich erst dann beherrscht, wenn man eine der Stimmen zu den anderen singen kann. Dieser Gedanke ist sozusagen der Leitfaden meiner pädagogischen Arbeit. Ich verlange von meinen Studenten, daß sie bei der Fuge oder bei dem Choral, den sie gerade spielen, eine der Mittelstimmen mitsingen können, also die Alt- oder die Tenorstimme. Ich verlange absichtlich eine der Mittelstimmen, weil man die Randstimmen, den Sopran und den Baß, von Natur aus leichter und bequemer verfolgen kann. Dieses Mitsingen ist die beste Kontrolle, ob die Schüler wirklich eine Stimme horizontal verfolgen können. Obwohl diese Art des Arbeitens sehr hohe Anforderungen stellt, macht sie den Studenten große Freude.

Ich sage ihnen auch immer: Auf diese Weise lernt ihr nicht nur Orgel spielen, ihr lernt im tiefsten Grund Musik verstehen und werdet außerdem zugleich als Dirigenten ausgebildet. Denn wenn ein Organist mit den Füßen den Baß und mit den Händen den Sopran und den Alt spielt und dazu den Tenor singt, dann muß er so viel können, daß es ihm geradezu leicht fällt, wenn er einmal vor einem Chor oder vor einem Orchester steht und beim Dirigieren die einzelnen Stimmen mitverfolgt. Er ist von seinem gründlichen Orgelstudium her so ausgebildet, daß er ohne weiteres das feine Gewebe einer Orchesterpartitur zu überblicken vermag."

Bis zu einem gewissen Grad kann man sich doch auch am Klavier zu dieser Art der Arbeit erziehen, oder sind Sie der Meinung, daß das Klavier oder der Flügel für Bach nicht in Frage kommt?

„Man kann das Bachsche Klavierwerk sowohl auf dem Cembalo wie auf dem Flügel spielen. Beide Instrumente haben ihre Vor- und Nachteile. Der Nachteil des Cembalos ist sein statischer Ton, den man dynamisch nicht verändern kann. Der Vorteil des Cembalos beruht darin, daß man für einen Ton mehrere Saiten anreißen kann. Wenn ich zum Beispiel das eingestrichene a anschlage, dann klingt bei gezogenem Achtfuß das normale a, wie es auf dem Papier steht. Ziehe ich den Sechzehnfuß, dann klingt es eine Oktave tiefer. Nehme ich dagegen den Vierfuß, dann erreiche ich einen Ton, der um eine Oktave höher liegt. Ich kann also mit Hilfe der Register den ganzen Tonraum ausfüllen, der mir durch die verschiedenen Saitenbezüge zur Verfügung steht. Und es ist ganz verblüffend, wie ein einfacher zweistimmiger Satz, der auf dem Klavier etwas trocken und spartanisch klingt, auf dem Cembalo blüht und wächst, wenn man die Oktavenregister dazunimmt.

Der Vorteil des Klaviers ist wiederum sein dynamisch sehr elastischer Ton, der allein durch den Anschlag in einem weiten Spielraum moduliert werden kann. Aber rein physikalisch gesehen hat der Klavierton immer die gleichen Obertonfrequenzen, weil man ja immer dieselbe Saite anschlägt. Deshalb haben die Komponisten des neunzehnten Jahrhunderts auch den Klaviersatz durch Oktavenparallelen in den hohen und tiefen Lagen erweitert. Sie wollten damit die Färbung ersetzen, die man beim Cembalo durch die Register erreichen kann. Aber es ist doch nicht das gleiche; das Klavier hat eben im Grunde nur ein Register. Deswegen ist man bei der polyphonen Musik am Klavier immer etwas eingeschränkt."

Für einen Musiker, der als Cembalist und Organist für die polyphone Musik lebt, ist vermutlich die Bachsche „Kunst der Fuge" das Universalste, was je an mehrstimmiger Musik geschrieben wurde. Sie haben dieses Werk, das man lange Zeit für eine rein theoretische Beispielsammlung hielt, ja als erster für die Orgel eingerichtet.

„Ich habe 1927, als ich gerade zwanzig Jahre alt war, in Leipzig die sogenannte Uraufführung der ‚Kunst der Fuge' durch Karl Straube miterlebt. Wolfgang Graeser hatte das Werk, das Bach ohne Instrumentenangabe notierte, für ein großes Orchester instrumentiert. Durch dieses denkwürdige Konzert fand die ‚Kunst der Fuge' überhaupt erst in das deutsche Musikleben Eingang. Es entstanden im Laufe der Zeit die verschiedensten Fassungen. Als ich fünfundvierzig war und das große Studium des gesamten Bachschen Klavier- und Orgelwerks hinter mir hatte, begann ich mich in die ‚Kunst der Fuge' zu vertiefen. Dabei kam ich zwangsläufig auf die Orgel. Es war eines meiner größten Erlebnisse, als ich entdeckte, daß dieses Werk auf der Orgel einfach herrlich klingt. Da gab es für mich natürlich keine Hemmungen mehr, alles zu versuchen und auch die größten technischen Schwierigkeiten zu bewältigen, um dieses riesige Werk auf der Orgel spielen zu können. Manche Stellen sind wirklich kaum spielbar. Die dreistimmige Spiegelfuge zum Beispiel mutet einem Pedalbewegungen zu, die wirklich an der oberen Grenze des Menschenmöglichen liegen. Es gibt aber auch Fugen, in denen die tiefen Stimmen so geführt sind, daß man sie ohne weiteres in ein Manual verlegen kann.

Ich habe zwei Jahre, von 1952 bis 1954, in aller Ruhe gearbeitet. Allzuviel Zeit blieb mir neben meiner Konzert- und Lehrtätigkeit ja nicht. Ich habe immer wieder auf der Orgel probiert, wie dies und jenes am besten darstellbar ist, wo man mit dem Pedal auskommt und wo man auf ein Manual überwechseln muß; es war eine unendlich erscheinende Kleinarbeit. Wenn man heute sagt, ich hätte die ‚Kunst der Fuge' für die Orgel eingerichtet, dann bin ich jedesmal ein bißchen unglücklich über diese Formulierung, denn sie klingt so nach Arrangement. In einem Arrangement werden immer Veränderungen vorgenommen, indem man die Stimmführung dem jeweiligen Instrument und seinem Umfang anpaßt. Ich habe aber nicht das Geringste verändert, denn die Orgel ist glücklicherweise in der Lage, die ganze Partitur ohne jeden Eingriff erklingen zu lassen. Das war von Anfang an mein Grundgedanke, und ich bin sehr froh, daß ich ihn realisieren konnte. Es ist eigentlich die Krönung meiner musikalischen Laufbahn."

Aus: Egloff Schwaiger, Warum der Applaus.
Berühmte Interpreten über ihre Musik.
Ehrenwirth Verlag, München 1968, S. 295 ff.

2. Francesco Finotti: Beziehung zwischen *Kunst der Fuge* und Orgel

(Aus dem Italienischen)

Die polemische Schrift, die der Musikgelehrte Johann Adolph Scheibe gegen Johann Sebastian Bachs Persönlichkeit und Œuvre verfaßte, und die Verteidigung dieses letzeren durch Johann Abraham Birnbaum, Professor für Rhetorik an der Universität Leipzig sowie Freund des Komponisten, erlauben, einige Grundzüge von Bachs Werk deutlich zu erkennen.

Scheibes Angriff auf Bach betraf, wie bekannt, seine Kompositionsweise und die vermeintlich schweren Konsequenzen, die daraus für die Ausführenden resultierten. Ganz und gar unangenehm findet Scheibe vor allem die Gewohnheit Bachs, „alle Manieren, alle kleinen Ausziehrungen, und alles, was man unter der Methode zu spielen verstehet, [...] mit eigentlichen Noten aus[zudrücken]". Das Ergebnis dieses Verfahrens sei der Untergang der bis dahin ausnahmlos geförderten Freiheit des Instrumentalisten bzw. Sängers.

Scheibe beanstandet außerdem die vermeintlich unzureichende Bildung Bachs: Seiner Meinung nach fehle dem Komponisten die für einen kultivierten Musiker unentbehrliche Gelehrtheit, insbesondere jene Kenntnis der Rhetorik, in der Birnbaum im Gegenteil gerade ein Kennzeichen der Musik Bachs sehen wird. In seiner leidenschaftlichen Verteidigung schildert Birnbaum mit Eleganz die charakteristischen Züge der Bachschen Kunst. Er ist fest überzeugt, daß sie eine Art Wissenschaft darstellt: die Wissenschaft der musikalischen Komposition, praktiziert mit absoluter Strenge und Genauigkeit. Polyphonie, Bestimmtheit und Charakteristik der einzelnen Stimmen sowie deren Verhältnisse und instrumentalen Kombinationen sind ein Zeugnis dafür, daß Bach die höchste Begabung besitzt, einen wie auch immer mannigfaltig verflochtenen Gedanken mit beeindruckender Kraft in die tiefste musikalische Natürlichkeit – das heißt in die Schönheit der Formen, die wir bewundern – zu übertragen.

Eine der Voraussetzungen, die die besondere kontrapunktische Anlage der Musik Bachs erklärt, war seine Virtuosität beim Orgel-, Klavier- und Bratschenspiel. Birnbaum bemerkt mit Recht über Scheibe: „Indessen handelt er nicht unrecht, wenn er bey setzung derselben nach seinen fingern urtheilt. Sein schluß kann kein anderer als dieser seyn: wozu ich es durch fleiß und übung habe bringen können, dazu muß es auch ein anderer, der nur halbwege naturell und geschick hat, auch bringen. Und eben aus diesem grunde fällt auch die vorgeschützte unmöglichkeit weg. Es ist alles möglich wenn man nur will, und die natürlichen fähigkeiten durch unermüdeten fleiß in geschickte fertigkeiten zu verwandeln eyfrigst bemühet ist."

Die Gewohnheit Bachs, alle Verzierungen mühsam auszukomponieren – ein Verfahren, das Scheibe scharf verwirft – wird von Birnbaum folgenderweise gerechtfertigt: „Vielmehr halte ich es, aus nicht zu verwerfenden gründen, für eine nöthige klugkeit eines komponisten. Einmahl ist gewis, daß dasjenige, was man methode zu singen und zu spielen nennt fast durchgehends gebilligt und für angenehm gehalten werde. Es ist auch dieses unstreitig, daß die methode, alsdenn erst das gehör vergnüge, wenn sie am rechten orte angebracht wird, hingegen dasselbe ungemein beleidige und die hauptmelodie verderbe, wenn sich der musicirende derselben am unrechten orte bedienet. [...] Allein da die wenigsten hiervon genugsame wissenschafft haben; dennoch aber durch eine ungeräumte anbringung ihrer methode die haupt melodie verderben; ja auch wohl offt solche passagen hinein machen, welche von denen, die um der sache eigentliche beschaffenheit nicht wissen, dem componisten leicht als ein fehler angerechnet werden könnte; so ist ja wohl ein jeder componist, und also auch Herr Hof-Compositeur befugt, durch vorschreibung einer richtigen und seiner absicht gemäßen methode, die irrenden auf den rechten weg zu weisen, und dabei auf die erhaltung seiner eigenen ehre zu sorgen."

Versuchen wir nun, auf der Basis des oben Gesagten, die Gründe für die Unhaltbarkeit der These, ein solches komplexes Werk wie die *Kunst der Fuge* sei für die Orgel – das Instrument übrigens, das Bach sein Leben lang mit hervorragender Virtuosität spielte – bestimmt und auf diesem Instrument aufführbar.

Daß Bach an die Orgel dachte, als er die *Kunst der Fuge* schrieb, ist schon deshalb ausgeschlossen, weil die Analyse der zwei Trio-Contrapuncte Nr. 8 (X) und 13 (XIV) eine prinzipielle Verschiedenheit in der Stimmführung und in der Behandlung des Kontrapunktes angesichts der übrigen Bachschen Triokompositionen (erinnert sei vor allen an die Sonaten BWV 1027–1029 und 1012–1019) aufzeigt. Man vergleiche etwa den Gang mit wiederholten Noten im Contrapunctus 8, T. 50–51, 77, 79 ff.: So fremdartig diese Schreibweise für die Orgel ist, so typisch ist sie dagegen für die Streicher. Hinzu kommt die außerordentliche Breite der Baßtonschritt-Durchführung, deren Aufführung auf keiner Orgel der Zeit Bachs adäquat möglich war, sowie die Extension der Baßstimme, die jene der damaligen Pedalklaviaturen weit übersteigt. (Einige Beispiele: Contrapunctus 8, T. 152 ff., und vor allem T. 34, wo das tiefe C♯ vorkommt.)

Soviel wir wissen, scheint eine, übrigens hypothetische, Aufführung des Werks auf der Orgel nur dann möglich, wenn es auf einem modernen, d. h. zumindest nach der zweiten Hälfte des 19. Jahrhunderts gebauten Instrumente gespielt wird. Zu Bachs Zeiten war der Kompaß – die Distanz zwischen erster und letzter Taste der Pedalklaviatur – so groß und die Länge der einzelnen Tasten wiederum so klein, daß eine Aufführung der schwierigen Passagenwerke auf diesen Instrumenten absolut unrealisierbar war. Daraus entstand die Notwendigkeit einer zum wechselnden Spiel der Füße angemessenen musikalischen Notation, die aber sowohl in der Baßstimme der beiden genannten Contrapuncte, als auch in anderen Stellen des Werkes völlig fehlt. In diesem Kontext wäre die Ausführung nur dann möglich, wenn man die Baß-Partie ganz willkürlich zwischen Klavier und Pedalklaviatur teilt: ein Vorgehen, das der Kompositionslogik Bachs nicht nur ganz fremd ist, sondern an und für sich höchst bizarr erscheint. (Um nicht zu sprechen vom Unrecht, das damit dem Experten und Orgelgutachter Bach angetan wird.)

In dieser Hinsicht ist es unwahrscheinlich, daß die *Kunst der Fuge* für die Orgel bestimmt sei. Dies widerspricht außerdem den Beobachtungen Birnbaums bezüglich der Genauigkeit und Strenge der polyphonen Textur in der Musik von Bach sowie hinsichtlich der Bestimmtheit und Charakteristik der einzelnen Stimmen und deren inneren Verhältnisse.

Prof. Francesco Finotti
Conservatorio Pollini Padova

3. Athanasius Kircher: *Musurgia universalis*; zwei Beispiele für den Stylus symphoniacus

Paradig. 1 Symphonia pro chelybus omnibus numeris absolutissima. à 4.
Duoi Violini, Alto, & Basso di Viola.

Symphonia a 4. omni instrumentorum generi accommodata.

4. Georg Rechenauer: Zur Pythagoras-Frage

Zur altgriechischen Basis der europäischen Musiktheorie

Johann Sebastian Bach gilt im allgemeinen Verständnis als Genius, in dessen Schaffen sich ein Fundus unerschöpflicher Inspiration und Phantasie mit einem eminenten Sensorium für musikalische Praxis verbindet. Daneben darf freilich nicht übersehen werden, daß Bach – über das für ihn zentrale Anliegen der religiösen Aussage hinaus – auch der inneren theoretischen Botschaft seiner Musik größten Wert beimaß. Man denke nur an die verschiedentlich aufgedeckten Beispiele, die zeigen, daß er in der Notenschrift Inhalte zu verschlüsseln wußte, die so nicht auf den ersten Blick zugänglich waren. Entsprechend muß auch gerade das rätselhafte Alterswerk *Die Kunst der Fuge* im Spannungsfeld solcher Polarität von Theorie und Praxis gesehen werden, denn es steht zu vermuten, daß sich das Sinnpotential dieses Rätselhaften nur im Zuge der Durchdringung einer immanenten theoretischen Aufladung erschließen kann. Von den etablierten produktions- wie rezeptionsästhetischen Maximen her, wie sie zur Bach-Zeit für die Anlage und Gestaltung musikalischer Werke gültig waren, ist eine solchermaßen klar zu bestimmende Intention jedenfalls nicht auszumachen. Man hat schon immer gespürt, daß diesem Werk etwas innewohnt, das die zeitgenössischen Usancen musikalischer Produktion transzendiert und in fremde, vorderhand nicht kenntliche Regionen weist.

Hier ist vor allem ein bislang nicht beachteter Bereich, in dem sich das theoretische Gerüst der Musik ausprägte, als maßgebliche Quelle für solche Einflüsse theoretischer Art in Betracht zu ziehen: Die antike Musiktheorie und Harmonielehre, wie sie speziell bei den Griechen ausgebildet worden war, und die sich in erster Linie mit dem Namen Pythagoras von Samos (ca. 580–500 v. Chr.) verbindet. Er gilt in der Überlieferung als Archeget der europäischen Musiktheorie, der sein Verständnis von Musik zugleich in einem umfassenden philosophischen Kontext einer kosmischen Gesetzmäßigkeit einbettete. Von seiner legendären Gestalt nimmt jene die antike Geistesgeschichte entscheidend prägende Bewegung des Pythagoreismus ihren Ausgang, die gewissermaßen am Anfang der abendländischen Metaphysik steht. Hier wird die Zahl als Prinzip der Welt begriffen, das in allem Seienden wirksam ist; die rationalen Zahlenverhältnisse sind Ausdruck einer Harmonie der Welt. Musik als Ausdruck dieser Zahlenharmonie – man denke nur an die Saitenteilungsverhältnisse bei den Tonintervallen – erlangt somit eine kosmische Dimension, sie wird zum Paradigma philosophischen Weltverständnisses, in ihrer höchsten Form manifestiert sie sich als Sphärenharmonie.

Daß nun Bach mit solchem Gedankengut in Berührung kam und ihm dessen Verständnis für das eigene Schaffen ein Anliegen war, ist zunächst nicht leicht zu sehen. Und doch wird man sagen dürfen, daß die Rolle des Pythagoras als Archeget einer philosophischen Musiktheorie im zeitgenössischen Bildungshorizont durchaus in einer Weise verankert war, daß es zu einer solchen kreativen Adaption kommen konnte. Denn man darf sich keineswegs darüber täuschen, daß das Wissen um die antiken Quellen von Musiktheorie und Harmonik im 17. und 18. Jahrhundert oftmals klarer präsent war, als dies heute meistenteils der Fall ist. Entscheidend ist hier aber noch ein Weiteres: Bach hatte, wie seine enge Verbindung mit dem vielseitig begabten, klassisch-philologisch gebildeten Lorenz Christoph Mizler und seine Beteiligung an der von diesem begründeten „Correspondierenden Societät der musikalischen Wissenschaften" bezeugen, durchaus Interesse an einer solchen Vertiefung auf die Antike hin.

Nun stellt in der Tat die antike griechische Musiktheorie aus heutiger Sicht ein Gebiet dar, für das es kaum noch Spezialisten gibt. Die für eine Aufklärung solcher Sachverhältnisse unbedingt erforderliche Verbindung zwischen Klassischer Philologie und Musikwissenschaft existiert fast gar nicht. Aus diesem Grunde mußten auch zahlreiche Einsichten in die geistesgeschichtlichen Entstehungsbedingungen der *Kunst der Fuge* verschlossen bleiben. Insofern bildet es ein nicht hoch genug zu veranschlagendes Verdienst der vorliegenden Untersuchung, daß sie diesen Problemkreis von beiden Seiten her adäquat erfaßt. Dadurch wurde es möglich, hier zum ersten Mal in der neueren Forschungsgeschichte einen inneren Zusammenhang zwischen Bachs musikalischem Schaffen und pythagoreischem Gedankengut klar zu thematisieren und aufzuzeigen. Das Resultat sind in der Tat bahnbrechende Erkenntnisse, die sich der überaus glücklichen Verbindung von künstlerischer Praxis der Musik und theoretischem Wissen, das neben dem unmittelbar musikologischen Hintergrund auch das Feld der antiken Bildung und Philosophie umspannt, in der Person des Verfassers verdanken. Man kann diesem Buch eine möglichst breite Leserschaft wünschen.

Prof. Dr. Georg Rechenauer
Universität Regensburg, Institut für Klassische Philologie

Bibliographie

Musikalische, philosophische und literarische Zeugnisse zu Pythagoras und pythagoreischem Denken

1. Quellen

Einzelschriften bzw. Einzelausgaben

Apollodoro, I Miti Greci (Biblioteca), edd. Paolo Scarpi, Maria Grazia Ciani, Fondazione Lorenzo Valla/Arnoldo Mondadori Editore, Milano 1996 (1997^{3})

Aristeides Quintilianus, Von der Musik, hrsg. Rudolf Schäfke, Max Hesses Verlag, Berlin 1937

Aristotele, Etica Nicomachea, ed. Claudio Mazzarelli, Rusconi, Milano 1993 (1998^{4})

Aristotele, Il cielo, ed. Alberto Jori, Rusconi Libri, Milano 1999

Aristotele, Fisica, ed. Luigi Ruggiu, Rusconi Libri, Milano 1995

Aristotele, Metafisica, ed. Giovanni Reale, Rusconi Libri, Milano 1993 (1994^{2})

Aristotele, Poetica, ed. Guido Paduano, Editori Laterza, Bari 1998

Aristotele, Politica, ed. Renato Laurenti, Editori Laterza, Roma/Bari 1993 (1997^{4})

Aristotele, Politica, ed. Carlo Augusto Viano, Biblioteca Universale Rizzoli, Milano 2002

Aristoteles, Metaphysik, hrsg. Franz F. Schwarz, Philipp Reclam jun., Stuttgart 1970 (1993^{3})

Aristoteles, Nikomachische Ethik, hrsg. Franz Dirlmeier, Fischer Bücherei; Lizenzausgabe des Akademie-Verlages Berlin, Frankfurt am Main und Hamburg 1957

Aristoteles, Poetik, hrsg. Manfred Fuhrmann, Philipp Reclam jun., Stuttgart 1982 (1996^{3})

Boethius, Anicius Manlius Severinus, Fünf Bücher über die Musik, hrsg. Oscar Paul, Franz Ernst Christoph Leuckart, Leipzig 1872; Georg Olms Verlag, 2. Reprint Hildesheim 1985

Calcidio, Commentario al „Timeo“ di Platone, ed. Claudio Moreschini, Bompiani, Milano 2003

Cicero, M. Tullius, Scipios Traum, in: Lesebuch der Antike, Band II, hrsg. Ludwig Voit, Heimeran Verlag, München 1980, S. 400 ff.

Cicero, M. Tullius, Tusculanae disputationes, ed. Karl Büchner, Artemis Verlag, Zürich und Stuttgart 1952 (1966^{2})

Cicerone, Marco Tullio, Delle Leggi, ed. Anna Resta Barrile, Nicola Zanichelli Editore, Bologna 1972

Cicerone, Marco Tullio, Il sogno di Scipione, ed. Andrea Barabino, Garzanti, Milano 1995

Cicerone, Marco Tullio, La Visione (Somnium Scipionis), edd. Gavino Manca, Carlo Carena, il melangolo, Genova 1994
Diogene Laerzio, Vite dei filosofi, ed. Marcello Gigante, I Classici del pensiero TEA, Milano 1991 (1993²)
Diogenes Laertios, Leben und Meinung berühmter Philosophen, hrsg. Otto Apelt, Verlag von Felix Meiner, Leipzig 1921
Eraclito, I Frammenti e le Testimonianze, edd. Carlo Diano, Giuseppe Serra, Arnoldo Mondadori Editore, Milano 1993 (1999²)
Giamblico, La vita pitagorica, introduzione, traduzione e note di Maurizio Giangiulio, testo greco a fronte, Biblioteca Universale Rizzoli, Milano 1991
Giamblico, Il Numero e Il Divino, ed. Francesco Romano, Rusconi, Milano 1995
Heraklit, Fragmente, ed. Bruno Snell, Heimeran Verlag, München 1965 (1976⁶)
Homerische Hymnen, ed. Anton Weiher, Heimeran Verlag, München 1970³
Homer, Odyssee, ed. Anton Weiher, Heimeran Verlag, München 1955 (1977⁵)
Homers Odyssee, übers. Friedrich Georg Jünger, Ernst Klett Verlag, Stuttgart 1979
Iamblichos, De vita Pythagorica liber, ed. Michael von Albrecht, Artemis Verlag, Zürich und Stuttgart 1963
Julian, Briefe, ed. Bertold K. Weis, Heimeran Verlag, München 1973
L'Empereur Julien, Lettres, ed. Joseph Bidez, Société d'Édition „Les Belles Lettres", Paris 1924 (1972³)
Macrobius, Commentarii in somnium Scipionis, Macrobii opera Vol. II., ed. J. Willis, B. G. Teubner, Leipzig 1963 (1994³)
Marziano Capella, Le Nozze di Filologia e Mercurio, ed. Ilaria Ramelli, Bompiani, Milano 2001, Libro II, § 107, S. 61 (Hinweis auf die Tetraktys)
Oracoli Caldaici, ed. Angelo Tonelli, Biblioteca Universale Rizzoli, Milano 1995
Pausanias, Graeciae descriptio, Liber VIII, recognovit Fridericus Spiro, II, In Aedibus B. G. Teubneri, Lipsiae 1903
Platon, Briefe, edd. Willy Neumann, Jula Kerschensteiner, Heimeran Verlag, München 1967
Platon, Phaidon, edd. Friedrich Schleiermacher, Andreas Graeser, Philipp Reclam jun., Stuttgart 1987 (1992²)
Platon, Politeia, ed. Karlheinz Hülser, Insel Verlag, Frankfurt am Main und Leipzig 1991
Platon, Timaios, in: Spätdialoge, Band II, hrsg. Olof Gigon und Rudolf Rufener, Artemis Verlag, Zürich 1969
Platone, Fedone, ed. Giovanni Reale, Rusconi, Milano 1997
Platone, Leggi, in: Tutte le opere, Vol. V, edd. Enrico V. Maltese, Franceso Adorno, Umberto Bultrighini, Enrico Pegone, Stefania Rubatto, Daniela Ternavasio, Newton & Compton editori, Roma 1997
Platone, Timeo, ed. Giovanni Reale, Rusconi Libri, Milano 1994

Platone, Timeo, ed. Giuseppe Lozza, Arnoldo Mondadori Editore, Milano 1994

Plotin, Ausgewählte Einzelschriften, ed. Richard Harder, Felix Meiner Verlag, Hamburg 1956 (unveränderter Nachdruck 1986)

Plotino, Enneadi, edd. Giuseppe Faggin, Giovanni Reale, Roberto Radice, Rusconi, Milano 1992 (1996[4])

Plutarch, De musica, ed. Konrat Ziegler, in: Plutarchi Moralia VI, 3, B. G. Teubner, Leipzig 1953

Plutarco, La Musica, edd. Giovanni Comotti, Raffaela Ballerio, Biblioteca Universale Rizzoli, Milano 2000

Porphyrius, Kommentar zur Harmonielehre des Ptolemaios, ed. Ingemar Düring, Göteborg 1932; Georg Olms Verlag, Reprint Hildesheim/New York 1978

Porphyrius, De antro nympharum, in: Opuscula selecta, recognovit Augustus Nauck, In Aedibus B. G. Teubneri, Lipsiae 1886

Porfirio, L'Antro delle Ninfe, ed. L. Simonini, Archè. Collezione Sebastiani, Milano 1986

Porfirio, Vita di Pitagora, edd. Angelo Raffaele Sodano, Giuseppe Girgenti, Rusconi, Milano 1998

Porfirio, Vita di Plotino, in: Plotino „Enneadi", edd. Giuseppe Faggin, Giovanni Reale, Roberto Radice, Rusconi, Milano 1992 (1996[4])

Proclus Diadochus, In Platonis Timaeum commentarii, 3 voll., ed. Ernestus Diehl, In Aedibus B. G. Teubneri, Lipsiae 1903–1906

Proclus Diadochus, In primum Euclidis elementorum librum commentarii, Ex recognitione Godofredi Friedlein, In Aedibus B. G. Teubneri, Lipsiae 1873. Mit Genehmigung des Verlages B. G. Teubner, Stuttgart, jetzt: Georg Olms Verlag, 2. Reprint Hildesheim 1992

Ptolemaeus, Claudius, Die Harmonielehre des Klaudios Ptolemaios, ed. Ingemar Düring, Göteborg 1930; Georg Olms Verlag, Reprint Hildesheim/Zürich/New York 1982

Quintiliano, Istituzione oratoria, Vol. I, edd. Simone Beta, Elena D'Incerti Amadio, Arnoldo Mondadori Editore, Milano 1997

Sophokles, König Oidipus, edd. Wilhelm Willige, Karl Bayer, Ernst Heimeran Verlag, München 1966

Theon Smyrnaeus, Expositio rerum mathematicarum ad legendum Platonem utilium, ed. Eduardus Hiller, In Aedibus B. G. Teubneri, Lipsiae 1878; Stutgardiae et Lipsiae 1995

Sammelbände

Capelle, Wilhelm, Die Vorsokratiker, Alfred Kröner Verlag, Stuttgart 1968

Colli, Giorgio, La sapienza greca, 3 voll.
Vol. I: Dioniso. Apollo. Eleusi. Orfeo. Museo. Iperborei. Enigma, gli Adelphi, Milano 1990 (1992^2);
Vol. II: Epimenide. Ferecide. Talete. Anassimandro. Anassimene. Onomacrito, gli Adelphi, Milano 1993 (1994^2);
Vol. III: Eraclito, gli Adelphi, Milano 1993 (1996^2)

Diels, Hermann und Kranz, Walther, Die Fragmente der Vorsokratiker, Griechisch und Deutsch von Hermann Diels, hrsg. Walter Kranz
Band I: unveränderter Nachdruck der 6. Auflage, Weidmann, Hildesheim, 1974^{17};
Band II: unveränderter Nachdruck der 6. Auflage, Weidmann, Hildesheim, 1972^{16};
Band III: unveränderter Nachdruck der 6. Auflage, Weidmann, Hildesheim 1975^{15};
Erstauflage von Band I und Band II: Weidmann, Berlin 1903;
Erstauflage von Band III: Weidmann, Berlin 1910

Gesner, Johann Matthias, Chrestomathia Graeca sive loci illustres ex optimis scriptoribus dilecti quam potuit emendate, Schuster, Lipsia 1731

Gesner, Johann Matthias, Prolegomena Orphica (1759), De veterum navigationibus extra columnas Herculis (1757), in: Orphica, recensuit G. Hermann, cum notis H. Stephani, A. Chr. Eschenbachii, I. M. Gesneri, Th. Tyrwhitti, Leipzig 1805; Georg Olms Verlag, Reprint Hildesheim 1971

Lesebuch der Antike, hrsg. Ludwig Voit, Heimeran Verlag, München 1980
Band I: Das Klassische Griechenland von Homer bis Aristoteles;
Band II: Griechischer Hellenismus und römische Republik von Menander bis Cicero;
Band III: Die römische Kaiserzeit von Augustus bis Boethius

Meibom, Marcus, Antiquae Musicae Auctores Septem, Graece et Latine, Apud Ludovicum Elzevirium, Amstelodami 1652; Broude Brothers Limited, Reprint New York 1977
Vol. I: Aristoxeni Harmonicorum Elementorum Libri III; Euclidis Introductio Harmonica; Nicomachi Geraseni, Pythagorici, Harmonices Manuale; Alypii Introductio Musica; Gaudentii, Philosophi, Introductio Harmonica; Bacchii Senioris Introductio Artis Musicae;
Vol. II: Aristidis Quintiliani De Musica Libri III; & Martiani Capellae De Musica Liber IX

Pitagora, Le Opere e le Testimonianze, edd. Walter Burkert, Maurizio Giangiulio, Mondadori, Milano 2000

I presocratici. Testimonianze e frammenti, 2 voll., ed. Gabriele Giannantoni, Editori Laterza, Roma/Bari 1979 (1986[4])

Wallis, John, Opera Mathematica, 3 Bände, Oxford 1693–1699; Georg Olms Verlag, Reprint Hildesheim 1972

2. Literatur

Adorno, Francesco, Studi sul pensiero greco, Sansoni, Firenze 1966

Arecco, Davide, Il Sogno di Minerva. La scienza fantastica di Athanasius Kircher (1602–1680), CLEUP, Padova 2002

Beierwaltes, W., Denken des Einen, Studien zum Neuplatonismus und dessen Wirkungsgeschichte, Frankfurt am Main 1985 (Pensare l'Uno. Studi sulla filosofia neoplatonica e sulla storia dei suoi influssi, trad. di Maria Luisa Gatti, introd. di Giovanni Reale, Vita e Pensiero, Milano 1991 [1992[2]])

Boehm, Beat und Andres, Musik im Mythos der Griechen, in: Antaios I, 3, S. 246 ff., Ernst Klett Verlag, Stuttgart 1959

Burkert, Walter, Weisheit und Wissenschaft. Studien zu Pythagoras, Philolaos und Platon, Carl, Nürnberg 1962

Centrone, Bruno, Introduzione a I Pythagorici, Editori Laterza, Roma/Bari 1996

Cerchio, Bruno, Il suono filosofale – musica e alchimia, Libreria Musicale Italiana Editrice, Lucca 1993

Dornseiff, Franz, Das Alphabet in Mystik und Magie, B. G. Teubner, Leipzig/Berlin 1925; Foto-Reprint Leipzig 1979

Düring, Ingemar, Ptolemaios und Porphyrios, Über die Musik, Wettergren & Kerbers Förlag, Göteborg 1934; Georg Olms Verlag, Reprint Hildesheim 1987

Eisler, Robert, Weltenmantel und Himmelszelt, C. H. Beck, München 1910

Garin, Eugenio, Umanisti Artisti Scienziati. Studi sul Rinascimento italiano, Editori Riuniti, Roma 1989

Georgiades, Thrasybulos, Musik und Rhythmus bei den Griechen, Rowohlt, Hamburg 1958

Girgenti, Giuseppe, Introduzione a Porfirio, Editori Laterza, Roma/Bari 1997

Haase, Rudolf, Neue Forschungen über Pythagoras, in: Antaios VIII, 5, S. 401 ff., Ernst Klett Verlag, Stuttgart 1967

Haase, Rudolf, Ein Beitrag Platons zur Tetraktys, in: Antaios XI, 1, S. 85 ff., Ernst Klett Verlag, Stuttgart 1969

Haase, Rudolf, Eine unbekannte pythagoreische Tafel, in: Antaios XII, 4, S. 357 ff., Ernst Klett Verlag, Stuttgart 1970

Hölderlin, Friedrich, Oedipus der Tyrann, in: Hölderlin, Sämtliche Werke, Große Stuttgarter Ausgabe, hrsg. Friedrich Beissner, 5. Band, Verlag W. Kohlhammer, Stuttgart 1952

Hölderlin, Friedrich, Edipo il tiranno, Introduzione di Franco Rella, Traduzione e cura di Tomaso Cavallo, Feltrinelli, Milano 1991

Hölderlin, Friedrich, Hyperion, in: Hölderlin, Sämtliche Werke, Große Stuttgarter Ausgabe, hrsg. Friedrich Beissner, 3. Band, W. Kohlhammer Verlag, Stuttgart 1957, S. 81 und S. 465, Anmerkung 145, 12.13

Jahoda, Gerhard, Identische Strukturen pythagoreischer Zahlenschemata, in: Beiträge zur harmonikalen Grundlagenforschung, Heft 3, Verlag Elisabeth Lafite, Wien 1971

Jünger, Ernst, Epigramme, in: Ernst Jünger, Sämtliche Werke, Band 12, Klett-Cotta, Stuttgart 1979, S. 507

Jünger, Ernst, Zahlen und Götter, Ernst Klett Verlag, Stuttgart 1974

Jünger, Friedrich Georg, Griechische Mythen, Dritte, umgearbeitete und durchgesehene Auflage, Vittorio Klostermann, Frankfurt am Main 1957

Kerényi, Karl, Pythagoras und Orpheus, in: Humanistische Seelenforschung, VMA-Verlag, Wiesbaden 1978, S. 15 ff.

Kremer, Klaus, Plotin, in: Klassiker der Religionsphilosophie, Verlag C. H. Beck, München 1995

Lévy, Isidore, Recherches sur le sources de la légende de Pythagore, E. Leroux, Paris 1926

Marrou, Henri Irénée, Geschichte der Erziehung im Klassischen Altertum, Deutscher Taschenbuch Verlag, München 1977; Titel der französischen Originalausgabe: Histoire de l'education dans l'antiquité, Editions du Seuil, Paris 1948

Nietzsche Briefwechsel, hrsg. Giorgio Colli und Mazzino Montinari, Band II, 1 und Band II, 2, Walter de Gruyter, Berlin/New York 1977

Otto, Walter F., Die Götter Griechenlands, Verlag G. Schulte-Bulmke, Frankfurt am Main 1961 (1970^{6})

Otto, Walter F., Theophania, in: Scheidewege, Beiheft 1, Vittorio Klostermann, Frankfurt am Main 1975

Parente, Margherita Isnardi, Introduzione a Plotino, Editori Laterza, Roma/Bari 1984 (1996^{4})

Ranke-Graves, Robert von, Griechische Mythologie, 2 Bände, Rowohlt, Hamburg 1960

Reale, Giovanni, Introduzione a Proclo, Editori Laterza, Roma/Bari 1989

Rilke, Rainer Maria, Sonette IX und XIX aus: Die Sonette an Orpheus, Erster Teil, in: Rainer Maria Rilke, Sämtliche Werke, edd. Rilke-Archiv, Ruth Sieber-Rilke, Ernst Zinn, Insel Verlag, Frankfurt am Main 1955

Rilke, Rainer Maria, Sonetti IX e XIX da: I Sonetti a Orfeo, Parte prima, in: Rainer Maria Rilke, I Sonetti a Orfeo, traduzione e cura di Franco Rella, Feltrinelli, Milano 1991

Rohde, Erwin, Die Quellen des Iamblichus in seiner Biographie des Pythagoras, in: Rheinisches Museum, 26. Band, Frankfurt am Main 1871, S. 554 ff. und 27. Band, 1872, Fortsetzung und Schluß

Schmalzriedt, Egidius, Peri physeos. Zur Frühgeschichte der Buchtitel, Wilhelm Fink Verlag, München 1970

Schulze, Werner, Tetraktys – Ein vergessenes Wort der Philosophie, in: Wahrheit und Wirklichkeit. Festgabe für Leo Gabriel zum 80. Geburtstag, hrsg. P. Kampits u. a., Duncker & Humblot, Berlin 1983

Schwabe, Julius, Arithmetische Tetraktys, Lambdoma und Pythagoras, in: Antaios VIII, 5, S. 421 ff., Ernst Klett Verlag, Stuttgart 1967

Vonessen, Franz, Der Mythos vom Weltschleier, in: Antaios IV, 1, S. 1 ff., Ernst Klett Verlag, Stuttgart 1962

Vonessen, Franz, Die pythagoreischen Symbole, in: Antaios IX, 3, S. 284 ff., Ernst Klett Verlag, Stuttgart 1967

3. Lexika

Georges, Karl Ernst, Ausführliches lateinisch-deutsches Handwörterbuch, 2 Bände, sechste fast gänzlich umgearbeitete und sehr vermehrte Auflage, Hahn'sche Verlagsbuchhandlung, Leipzig 1869

Passow, Franz, Handwörterbuch der griechischen Sprache, 2 Bände, vierte durchgängig verbesserte und vielfach vermehrte Ausgabe, Bey Friedrich Christian Wilhelm Vogel, Leipzig 1819 (1831[4])

Der Kleine Pauly, Lexikon der Antike in 5 Bänden, hrsg. Konrat Ziegler und Walther Sontheimer, Alfred Druckenmüller Verlag (Artemis), München 1975; Deutscher Taschenbuch Verlag, München 1979

Reclams Lexikon der Antike, hrsg. M. C. Howatson, Philipp Reclam jun., Stuttgart 1996; Titel der englischen Originalausgabe: The Oxford Companion to Classical Literature. Second Edition, Oxford University Press, Oxford/New York 1989

Johann Sebastian Bachs *Kunst der Fuge*: Bibliographie nach interdisziplinären Gesichtspunkten

BJ = Bach-Jahrbuch
NBA = Neue Bach-Ausgabe

Bach, Johann Sebastian, Die Kunst der Fuge BWV 1080, Autograph. Originaldruck, Faksimile-Reihe Bachscher Werke und Schriftstücke, hrsg. Bach-Archiv Leipzig, Band 14, Deutscher Verlag für Musik und Schott, Leipzig und Mainz 1979

Bach, Johann Sebastian, Die Kunst der Fuge BWV 1080, Ausgabe nach dem Originaldruck, NBA VIII, 2.1, hrsg. Klaus Hofmann, Bärenreiter, Kassel/Basel/London/New York/Prag 1995

Bach, Johann Sebastian, Die Kunst der Fuge BWV 1080, Ausgabe nach den autographen Quellen, NBA VIII, 2.2, hrsg. Klaus Hofmann, Bärenreiter, Kassel/Basel/London/New York/Prag 1995

Bach, Johann Sebastian, Die Kunst der Fuge BWV 1080, Kritischer Bericht zu NBA VIII, 2.1 und NBA VIII, 2.2, hrsg. Klaus Hofmann, Bärenreiter, Kassel/Basel/London/New York/Prag 1996

Bach, Johann Sebastian, Die Kunst der Fuge BWV 1080. Nach der Handschrift und dem Erstdruck, hrsg. Hermann Diener, Bärenreiter, Kassel/Basel/London/New York 1956

Bach, Johann Sebastian, Die Kunst der Fuge BWV 1080, hrsg. Davitt Moroney, G. Henle Verlag, München 1989

Bach, Johann Sebastian, Die Kunst der Fuge BWV 1080, hrsg. Christoph Wolff, Band I: Frühere Fassung. Erstausgabe, C. F. Peters, Frankfurt/Leipzig/New York/London 1987

Bach, Johann Sebastian, Die Kunst der Fuge BWV 1080, hrsg. Christoph Wolff, Band II: Spätere Fassung, C. F. Peters, Frankfurt/New York/London 1987

Bach, Johann Sebastian, Werke für 2 Cembali. Konzert C-Dur (Originale Erstfassung) BWV 1061a und 2 Fugen d-Moll (aus „Kunst der Fuge") BWV 1080/18, hrsg. Christoph Wolff, C. F. Peters, Frankfurt/New York/London 1987

Bach, Johann Sebastian, Gott ist mein König. Mühlhäuser Ratswechsel-Kantate 1708. BWV 71. Faksimile der autographen Partitur, hrsg. Werner Neumann, Faksimile-Reihe Bachscher Werke und Schriftstücke, hrsg. Bach-Archiv Leipzig, Band 9, Deutscher Verlag für Musik, Leipzig 1970[2]

Bach, Johann Sebastian, Schmücke dich, o liebe Seele. Kantate zum 20. Sonntag nach Trinitatis. BWV 180, hrsg. Reinhold Kubik, Hänssler-Verlag, Neuhausen-Stuttgart 1984

Bach, Johann Sebastian, Suites a Violoncello Solo senza Basso./composées par Sr. J. S. Bach./Maitre de Chapelle. Verkleinerte Facsimile-Ausgabe nach der Handschrift von Anna Magdalena Bach in der ehemaligen Preußischen Staatsbibliothek, Edition Reinhardt, München und Basel 1957

Bach, Johann Sebastian, Autographe Violinstimme zu BWV 1038, Nürnberg, Germanisches Museum, Archiv ZR 5354c. Praktische Ausgabe: Bach, Triosonate G-Dur BWV 1038, hrsg. Gerhard Kirchner, Bärenreiter, Kassel/Basel/London/New York 1987

Bach, Johann Sebastian, Konzert in c-Moll für zwei Cembali und Streichorchester BWV 1062. Faksimile der autographen Partitur, hrsg. Hans-Joachim Schulze, Faksimile-Reihe Bachscher Werke und Schriftstücke, hrsg. Bach-Archiv Leipzig, Band 15, Deutscher Verlag für Musik, Leipzig 1979

Bach – Palestrina, Johann Sebastian Bachs Bearbeitung der Missa sine nomine von Giovanni Pierluigi da Palestrina, in: Stuttgarter Bach-Ausgaben, Serie C, Supplement: Von Johann Sebastian Bach bearbeitete Werke, Giovanni Pierluigi da Palestrina, Missa brevis für Chor SSATTB, zwei Trompeten [Cornetti], vier Posaunen und Basso continuo, hrsg. Diethard Hellmann, Hänssler Musik Verlag, Kirchheim/Teck 1990

Bach Compendium. Analytisch-bibliographisches Repertorium der Werke Johann Sebastian Bachs, hrsg. Hans-Joachim Schulze und Christoph Wolff, C. F. Peters, Frankfurt/Leipzig/London/New York 1985 ff.

Bach-Dokumente, hrsg. Bach-Archiv Leipzig, Supplement zu NBA

Band I: Schriftstücke von der Hand Johann Sebastian Bachs, hrsg. Werner Neumann und Hans-Joachim Schulze, Bärenreiter und Deutscher Verlag für Musik, Kassel/Basel/Paris/London/New York und Leipzig 1963

Band II: Fremdschriftliche und gedruckte Dokumente zur Lebensgeschichte Johann Sebastian Bachs, hrsg. Werner Neumann und Hans-Joachim Schulze, Bärenreiter und Deutscher Verlag für Musik, Kassel/Basel/Paris/London/New York und Leipzig 1969

Band III: Dokumente zum Nachwirken Johann Sebastian Bachs 1750–1800, hrsg. Hans-Joachim Schulze, Bärenreiter und Deutscher Verlag für Musik, Kassel/Basel/London und Leipzig 1972 (1984[2])

Band IV: Bilddokumente zur Lebensgeschichte Johann Sebastian Bachs, hrsg. Werner Neumann, Bärenreiter und Deutscher Verlag für Musik, Kassel/Basel/Tours/London und Leipzig 1979

Bach-Werke-Verzeichnis. Thematisch-systematisches Verzeichnis der musikalischen Werke von Johann Sebastian Bach, hrsg. Wolfgang Schmieder, Breitkopf & Härtel, Leipzig 1950; 2. überarbeitete und erweiterte Ausgabe, Wiesbaden 1990[2]

Baker, Thomas, Bach's Revisions in the Augmentation Canon, in: Christoph Wolff (Hrsg.), Bach's „Art of Fugue". An Examination of the Sources. Seminar Report, in: Current Musicology 19, New York 1975, S. 47 ff.

Basso, Alberto, Frau Musika. La vita e le opere di J. S. Bach, I/II, EDT/Musica, Torino 1979/83

Basso, Alberto, L' invenzione della gioia. Musica e massoneria nell' età dei Lumi, Garzanti, Milano 1994

Basso, Alberto, Un' opera „scientifica" (Kunst der Fuge), in: Programma del Teatro alla Scala, Edizioni del Teatro alla Scala, Milano 6 febbraio 1995

Beißwenger, Kirsten, Johann Sebastian Bachs Notenbibliothek, in: Catalogus Musicus, Band 13, Bärenreiter, Kassel 1992

Bergel, Erich, Johann Sebstian Bach und die Kunst der Fuge. Ihre geistige Grundlage im Zeichen der thematischen Bipolarität, Brockhaus Musikverlag, Bonn-Bad Godesberg 1980

Bergel, Erich, Bachs letzte Fuge. Die „Kunst der Fuge" – ein zyklisches Werk. Entstehungsgeschichte – Erstausgabe – Ordnungsprinzipien, Brockhaus Musikverlag, Bonn 1985

Boyd, Malcolm (Hrsg.), Johann Sebastian Bach, in: Oxford Composer Companions, J. S. Bach, ed. Malcolm Boyd, Oxford University Press, Oxford/New York 1999

Breig, Werner, Bachs „Kunst der Fuge": Zur instrumentalen Bestimmung und zum Zyklus-Charakter, in: BJ 1982, S. 103 ff.

Bucher, Theodor, Einführung in die angewandte Logik, Walter de Gruyter, Berlin/New York 1987

Buscaroli, Piero, Bach, Arnoldo Mondadori Editore (I edizione Oscar saggi), Milano 1998 (nuova edizione aggiornata)

Butler, Gregory G., Leipziger Stecher in Bachs Originaldrucken, in: BJ 1980, S. 9 ff.

Butler, Gregory G., Ordering Problems in J. S. Bach's Art of Fugue Resolved, in: Musical Quarterly 69 (1983), S. 44 ff.

Candé, Roland de, Johann Sebastian Bach, Edizioni Studio Tesi, Pordenone 1990; Titel der französischen Originalausgabe: Jean-Sébastien Bach, Editions du Seuil, Paris 1984

Chailley, Jacques, L'Art de la Fugue de J.-S. Bach. Etude critique des sources. – Remise en ordre du plan. – Analyse de l'oeuvre, A. Leduc, Paris 1971

Chailley, Jacques, L'Art de la Fugue. À la recherche du plan perdu, in: Jean-Sébastien Bach. Contribution au Tricentenaire (1685–1985), La Revue Musicale, Nr. 381–382; 7, Place Saint-Sulpice, 75006 Paris

Croese, Michele, La Commedia come partitura bachiana. Osservazioni sul cielo del Sole e sul Sanctus della Messa in si minore, Edizioni ETS, Pisa 2001

Dammann, Rolf, Der Musikbegriff im deutschen Barock, Laaber-Verlag, Laaber 1967 (1995[3])

Dentler, Hans-Eberhard, L'Arte della fuga di Johann Sebastian Bach. Un' opera pitagorica e la sua realizzazione, Accademia Nazionale di Santa Cecilia – Skira, Roma/Milano 2000

Dequevauviller, Vincent, L'Art de la Fugue, un „Problème algébrique", Association Pour la Connaissance de la Musique Ancienne, 10, rue Guy de la Brosse, 75005 Paris, Paris 1998

Dürr, Alfred, Die Kantaten von Johann Sebastian Bach, 2 Bände, Deutscher Taschenbuch Verlag und Bärenreiter, München und Kassel/Basel/London 1971 (1985[5])

Dürr, Alfred, Johann Sebastian Bach, Seine Handschrift – Abbild seines Schaffens, Breitkopf & Härtel, Wiesbaden 1984

Eggebrecht, Hans Heinrich, Bachs Kunst der Fuge. Erscheinung und Deutung, Piper, München 1984

Einstein, Alfred, Mozart. Sein Charakter – Sein Werk, Fischer Taschenbuch Verlag, Frankfurt am Main 1978 (Lizenzausgabe S. Fischer 1968), S. 155–159

Fock, Gustav, Der junge Bach in Lüneburg 1700 bis 1702, Merseburger & C., Hamburg 1950

Forkel, Johann Nikolaus, Ueber Johann Sebastian Bachs Leben, Kunst und Kunst-Werke. Für patriotische Verehrer echter musikalischer Kunst, Hoffmeister und Kühnel, Leipzig 1802; Faksimile-Ausgabe, hrsg. Walther Vetter, Henschelverlag Kunst und Gesellschaft und Bärenreiter, Berlin und Kassel 1966 (1982)

Fux, Johann Joseph, Gradus ad Parnassum, Wien 1725, vgl. Mizler und seine deutsche Übersetzung des „Gradus ad Parnassum“

Geck, Martin, Johann Sebastian Bach, Rowohlt, Hamburg 1993

Geiringer, Karl, Johann Sebastian Bach, Verlag C. H. Beck, München 1971

Goldmann, Alfred, Meinrad Spieß. Der Musikprior von Irsee, Verlag Anton H. Konrad, Weißenhorn 1987

Graeser, Wolfgang, Bachs „Kunst der Fuge“, in: BJ 1924, S. 1 ff.

Groll, Klaus Michael, Musik – Insel der Glückseligen? Zum Musikverständnis in einer verrechtlichten Welt, Droste Verlag, Düsseldorf 1994

Haase, Rudolf, Leibniz und die pythagoreisch-harmonikale Tradition, in: Antaios IV, 4, S. 368 ff., Ernst Klett Verlag, Stuttgart 1962

Haase, Rudolf, Keplers Weltharmonik und das naturwissenschaftliche Denken, in: Antaios V, 3, S. 225 ff., Ernst Klett Verlag, Stuttgart 1963

Hafner, German, Bildlexikon antiker Personen, Artemis & Winkler Verlag, Düsseldorf/Zürich 1993 (1997[2])

Heidegger, Martin, Der Begriff der Zeit. Vortrag vor der Marburger Theologenschaft Juli 1924, Max Niemeyer Verlag, Tübingen 1996 (1995[2])

Heidegger, Martin, Was ist das – die Philosophie?, Verlag Günther Neske, Pfullingen 1956 (1972[5])

Heidegger, Martin, Der Satz vom Grund, Verlag Günther Neske, Pfullingen 1957 (1971[4])

Heidegger, Martin, Aus der Erfahrung des Denkens (geschrieben im Jahre 1947), Verlag Günther Neske, Pfullingen 1965[2]

Heidegger, Martin, Zur Frage nach der Bestimmung der Sache des Denkens, Erker-Verlag, St. Gallen 1984

Heidegger, Martin, Zur Seinsfrage, Vittorio Klostermann, Frankfurt am Main 1959 (1967^3)

Martin Heidegger im Gespräch, hrsg. Richard Wisser, Verlag Karl Alber, Freiburg/München 1970

Heinemann, Michael (Hrsg.), Das Bach-Lexikon, Laaber-Verlag, Laaber 2000

Helms, Siegmund, Johannes Brahms und Johann Sebastian Bach, in: BJ 1971, S. 13 ff.

Hemleben, Johannes, Johannes Kepler in Selbstzeugnissen und Bilddokumenten, Rowohlt, Hamburg 1971

Hildesheimer, Wolfgang, Der ferne Bach, Insel Verlag, Frankfurt am Main 1985 (1986^3)

Hoke, Hans Gunter, Zu Johann Sebastian Bachs „Kunst der Fuge", Beilage zu: Johann Sebastian Bach, Die Kunst der Fuge BWV 1080. Autograph. Originaldruck, Faksimile-Reihe Bachscher Werke und Schriftstücke, hrsg. Bach-Archiv Leipzig, Band 14, Deutscher Verlag für Musik Leipzig 1979 (Lizenzausgabe für B. Schott's Söhne Mainz)

Hoke, Hans Gunter, Lorenz Christoph Mizler, in: Die Musik in Geschichte und Gegenwart, Band IX, Bärenreiter, Kassel/Basel/London 1961, Sp. 388 ff.

Holschneider, Andreas, Zu Mozarts Bearbeitung Bachscher Fugen, in: Die Musikforschung 17 (1964), S. 51–56

Husmann, Heinrich, Die „Kunst der Fuge" als Klavierwerk. Besetzung und Anordnung, in: BJ 1938, S. 3 ff.

Jung, Hans Rudolf, Telemann und die Mizlersche „Societät der musikalischen Wissenschaften, in: Georg Philipp Telemann. Ein bedeutender Meister der Aufklärungsepoche, Konferenzbericht der 3. Magdeburger Telemann-Festtage vom 22. bis 26. Juni 1967 (2. Teil), Magdeburg 1969, S. 84–97

Jung, Hans Rudolf, Georg Andreas Sorge (1703–1778) und die „Societät der musikalischen Wissenschaften". Sämtliche Briefe Sorges mit Anmerkungen zum Leben und Schaffen. Zum 300. Geburtstag und 225. Todestag des Organisten, Komponisten und Musiktheoretikers, Kassel 2003, Manuskript (49 Seiten)

Jung, Hans Rudolf und Dentler, Hans-Eberhard, Briefe von Lorenz Mizler (1711–1778) und Zeitgenossen an Meinrad Spieß (1683–1761) mit einigen Konzepten und Notizen, in: Studi Musicali, XXXII, 1, Olschki, Firenze 2003, S. 73–196

Jünger, Ernst, Über die Linie, Vittorio Klostermann, Frankfurt am Main 1950 (1958^5)

Jünger, Ernst – Martin Heidegger, Oltre la linea, ed. Franco Volpi, traduzioni di Alvise La Rocca e Franco Volpi, Adelphi Edizioni, Milano 1989 (1993^3)

Kepler, Johannes, Weltharmonik, hrsg. Max Caspar, R. Oldenbourg Verlag, München/Wien 1939 (1982^4)

Keppleri, Ioannis, Harmonices mundi, Libri V., Lincii Austriae, sumptibus Godofredi Tampachii Bibl. Francof. excudebat Ioannes Plancus. Anno M.DC.XIX [1619]

Kircheri, Athanasii, Musurgia universalis, Romae, Ex Typographia Haeredum Prancisci Corbelletti. Anno Iubilaei. MDCL [1650]

Kirkendale, Ursula, The Source for Bach's „Musical Offering": The „Institutio oratoria" of Quintilian, in: Journal of the American Musicological Society 33 (1980), S. 88–141

Kirkendale, Warren, More Slow Introductions by Mozart to Fugues of J. S. Bach?, in: Journal of the American Musicological Society 17 (1964), S. 43–65

Kirkendale, Warren, Mehr Licht, in: Die Musikforschung 18 (1965), S. 195 ff.

Kobayashi, Yoshitake, Die Notenschrift Johann Sebastian Bachs. Dokumentation ihrer Entwicklung, NBA IX, 2, Bärenreiter, Kassel 1989

Kobayashi, Yoshitake, Zur Chronologie der Spätwerke Johann Sebastian Bachs. Kompositions- und Aufführungstätigkeit von 1736 bis 1750, in: BJ 1988, S. 7–72

Kolneder, Walter, Bachs „Kunst der Fuge", ein Lese- oder Hörwerk?, in: Deutsches Jahrbuch der Musikwissenschaft 11 (1966), S. 86 ff.

Kolneder, Walter, Die Kunst der Fuge. Mythen des 20. Jahrhunderts, 5 Bände, Heinrichshofen, Wilhelmshaven 1977

Kolneder, Walter (Hrsg.), Lübbes Bach-Lexikon, Gustav Lübbe Verlag, Bergisch-Gladbach 1982

Koprowski, Richard, Bach „Fingerprints" in the Engraving of the Original Edition, in: Christoph Wolff, Bach's „Art of Fugue". An Examination of the Sources. Seminar Report, in: Current Musicology 19, New York 1975, S. 61 ff.

Kreft, Robert, Johann Sebastian Bach. Die Kunst der Fuge und ihre B-A-C-H-Elemente. Werkanalyse, H. Schneider, Tutzing 1977

Kuhn, Thomas S., Die Struktur wissenschaftlicher Revolutionen, suhrkamp taschenbuch wissenschaft, Frankfurt am Main 1973 (1996[13]); Originalausgabe: The Structure of Scientific Revolutions, 1962; 1970 by the University of Chicago

Leibniz, Gottfried Wilhelm, Monadologia, ed. Salvatore Cariati, Rusconi, Milano 1997; im Anhang: Deutsche Version der Monadologie aus dem Jahre 1720 und lateinische Version der Monadologie aus dem Jahr 1721

Leibniz, Gottfried Wilhelm, Monadologie, hrsg. Hermann Glockner, Philipp Reclam jun., Stuttgart 1954 (1994[3])

Leibniz, Gottfried Wilhelm, Das Geheimnis der Schöpfung (Neujahrsbrief an den Herzog Rudolf August von Braunschweig-Lüneburg-Wolfenbüttel vom 2. Januar 1697), in: Antaios VIII, 2, S. 122 ff., Ernst Klett Verlag, Stuttgart 1966

Leibniz, Gottfried Wilhelm, Abhandlung über die chinesische Philosophie, in: Antaios VIII, 2, S. 144 ff., insbesondere S. 196: Hinweis auf „den verstorbenen

Herrn Erhard Weigelius“ und auf „die Vierzahl oder Tetraktys nach der Weise des Pythagoras“ (vgl. Mizlers „Musikalische Bibliothek“, Band I, Vierter Theil, S. 1)

Leonardo da Vinci, Pensieri sull'Universo, ed. Anna Maria Brizio, UTET (Edizione CDE spa-Milano su licenza della UTET), Torino/Milano 1952 (1989)

Leonhardt, Gustav, The Art of Fugue. Bach's last harpsichord work. An argument, Nijhoff, The Hague 1952

Lualdi, Adriano, L'arte della fuga di Giovanni Sebastiano Bach, Vallecchi, Firenze 1955

Mattheson, Johann, Der vollkommene Capellmeister, Faksimile-Druck der Originalausgabe Hamburg 1739, hrsg. Margarete Reimann, Bärenreiter, Kassel/Basel/London/New York/Prag 1954 (1991^5)

Mattheson, Johann, Der vollkommene Capellmeister, hrsg. Friederike Ramm (Bärenreiter Studienausgabe), Bärenreiter, Kassel/Basel/London/New York/Prag 1999

Mattheson, Johann, Grundlage einer Ehrenpforte, In Verlegung des Verfassers, Hamburg 1740

Meyer, Ulrich, Zahlenalphabet bei J. S. Bach? Zur antikabbalistischen Tradition im Luthertum, in: Musik und Kirche 51 (1981), S. 15 ff.

Mizler, Lorenz Christoph (Hrsg.), Gradus ad Parnassum oder Anführung zur regelmäßigen musikalischen Composition. Auf eine neue gewisse und bishero noch niemals in so deutlicher Ordnung an das Licht gebrachten Art ausgearbeitet von Johann Joseph Fux, weiland Seiner Kayserlichen und Königl. Catholischen Majestät, Carls des VI. Ober=Capellmeister. Aus dem Lateinischen ins Deutsche übersetzt, mit nöthigen und nützlichen Anmerkungen versehen und herausgegeben von Lorenz Mizlern, der freyen Künste Lehrer auf der Akademie zu Leipzig, Mizlerscher Bücherverlag, Leipzig 1742

Mizler, Lorenz Christoph (Hrsg.), Neu eröffnete Musikalische Bibliothek oder Gründliche Nachricht nebst unpartheyischem Urtheil von musikalischen Schriften und Büchern, 4 Bände, Im Verlag des Verfassers und bey Brauns Erben in Commission, Leipzig 1736–1754; Reprint Frits Knuf, Hilversum 1966

Mizler, Lorenz Christoph (Hrsg.), Sammlungen auserlesener moralischer Oden, Faksimile-Ausgabe, ed. Dragan Plamenac, Deutscher Verlag für Musik, Leipzig 1972

Mozart – Bach, Sechs Fugen mit langsamen Einleitungssätzen (KV 404a), hrsg. Adolf Hoffmann, Möseler Verlag, Wolfenbüttel und Zürich 1981

Mozart, Wolfgang Amadeus, Sechs langsame Sätze und dreistimmige Fugen, bearbeitet und ergänzt nach Werken von Johann Sebastian Bach und Wilhelm Friedemann Bach für Violine, Viola und Baß (Violoncello) KV 404a, hrsg. Johann Nepomuk David, Breitkopf & Härtel, Wiesbaden 1966, Heft I: EB 5678, Heft II: EB 5679

Mozart, Wolfgang Amadeus, Eine kleine Nachtmusik für zwei Violinen, Viola, Violoncello und Kontrabaß in G-Dur KV 525, Breitkopf & Härtels Partitur-Bibliothek Nr. 4956, Wiesbaden 1958 (1986[2])

Muratori, Lodovico Antonio, Della Perfetta Poesia Italiana, 2 voll., ed. Ada Ruschioni, Marzorati Editore, Milano 1972

Otterbach, Friedemann, Johann Sebastian Bach, Leben und Werk, Philipp Reclam jun., Stuttgart 1982

Petzoldt, Martin, „Ut probus & doctus reddar". Zum Anteil der Theologie bei der Schulausbildung Johann Sebastian Bachs in Eisenach, Ohrdruf und Lüneburg, in: BJ 1985, S. 7 ff.

Popper, Karl, Logik der Forschung, Julius Springer Verlag, Wien 1935; J. C. B. Mohr (Paul Siebeck), Tübingen 1994[10]

Popper, Karl R., Ausgangspunkte. Meine intellektuelle Entwicklung, Hoffmann und Campe Verlag, Hamburg 1979 (1995[3])

Raupach, Hans, Das wahre Bildnis des Johann Sebastian Bach. Bericht und Dokumente, Karthause Verlag, München 1983

Reallexikon zur Deutschen Kunstgeschichte, hrsg. Ernst Gall und L. H. Heydenreich, 40. Lieferung, Alfred Druckenmüller Verlag, Stuttgart 1955, Sp. 403 ff.: Dreieck

Reallexikon zur Deutschen Kunstgeschichte, hrsg. Zentralinstitut für Kunstgeschichte München, 69. Lieferung, Alfred Druckenmüller Verlag, München 1972, Sp. 993 ff.: Fackel als Attribut

Rechtsteiner, Hans-Jörg, Alles geordnet mit Maß, Zahl und Gewicht; der Idealplan von Johann Sebastian Bachs Kunst der Fuge, Lang, Frankfurt am Main/ Berlin/New York/Paris/Wien 1995

Riemann, Hugo, Katechismus 3. Teil, M. Hesse, Leipzig 1894

Schleuning, Peter, Johann Sebastian Bachs „Kunst der Fuge", Ideologien – Entstehung – Analyse, Deutscher Taschenbuch Verlag und Bärenreiter, München und Kassel 1993

Schlötterer-Traimer, Roswitha, Johann Sebastian Bach. Die Kunst der Fuge (Meisterwerke der Musik, hrsg. Ernst Ludwig Waeltner, Heft 4), Wilhelm Fink Verlag, München 1966

Schulze, Hans-Joachim (Hrsg.), Die Thomasschule Leipzig zur Zeit Johann Sebastian Bachs. Ordnungen und Gesetze 1634 · 1723 · 1733, Zentralantiquariat der Deutschen Demokratischen Republik, Leipzig 1985

Schulze, Hans-Joachim, Lorenz Mizlers „Societät der musikalischen Wissenschaften in Deutschland", in: Gelehrte Gesellschaften im mitteldeutschen Raum (1650–1820) = Abhandlungen der Sächsischen Akademie der Wissenschaften zu Leipzig, Philologisch-Historische Klasse, Bd. 76, H. 6, Leipzig 2002

Schwebsch, Erich, Johann Sebastian Bach und die Kunst der Fuge, Orient-Occident-Verlag, Stuttgart/Den Haag/London 1931; 2. erweiterte Auflage, Bärenreiter, Kassel/Basel 1955

Seaton, Douglas, The Autograph: An Early Version of the „Art of Fugue“, in: Christoph Wolff (Hrsg.), Bach's „Art of Fugue“. An Examination of the Sources. Seminar Report, in: Current Musicology 19, New York 1975, S. 54–59

Siegmund-Schultze, Walther, Johann Sebastian Bach, Verlag Philipp Reclam jun., Leipzig 1979; Wilhelm Heyne Verlag, München 1981

Terry, Charles Sanford, Johann Sebastian Bach, Insel Verlag, Frankfurt am Main 1929 (1985[4]); Titel der Originalausgabe: J. S. Bach, a Biography, Oxford University Press, London 1928

Theile, Johann, Musikalisches Kunstbuch, hrsg. Carl Dahlhaus = Denkmäler norddeutscher Musik I, Bärenreiter, Kassel 1965

Vetter, Walter, Mozart und Bach, Bericht über die Internationale Konferenz über das Leben und Werk W. A. Mozarts, Prag 27.–31. Mai 1956, S. 61–69

Vogt, Hans, Johann Sebastian Bachs Kammermusik, Philipp Reclam jun., Stuttgart 1981

Vonessen, Franz, Reim und Zahl bei Leibniz, in: Antaios VIII, 2, S. 99 ff., Ernst Klett Verlag, Stuttgart 1966

Walther, Johann Gottfried, Musicalisches Lexicon oder Musicalische Bibliothec (Leipzig 1732), hrsg. Friederike Ramm (Bärenreiter Studienausgabe), Kassel/Basel/London/New York/Prag 2001

Weiss, Wisso, Katalog der Wasserzeichen in Bachs Originalhandschriften, NBA IX, 1, Bärenreiter, Kassel 1986

Wiemer, Wolfgang, Die wiederhergestellte Ordnung in Johann Sebastian Bachs „Kunst der Fuge“, Breitkopf & Härtel, Wiesbaden 1977 (1986[2])

Wilhelmi, Thomas, Carl Philipp Emanuel Bachs „Avertissement“ über den Druck der Kunst der Fuge, in: BJ 1992, S. 101–105

Wöhlke, Franz, Lorenz Mizler. Ein Beitrag zur musikalischen Gelehrtengeschichte, Berliner Studien zur Musikwissenschaft, hrsg. Arnold Schering, Band III, Konrad Triltsch Verlag, Würzburg-Aumühle 1940

Wörner, Roland, Karl Richter – Musik mit dem Herzen. Eine Dokumentation aus Anlaß seines 75. Geburtstags, Panisken-Verlag, München 2001

Wohlfarth, Hannsdieter, Johann Sebastian Bach, Herder, Freiburg/Basel/Wien 1984

Wolff, Christian, Metafisica tedesca con le Annotazioni alla Metafisica tedesca, ed. Raffaele Ciafardone, Bompiani, Milano 2003

Wolff, Christoph, Der stile antico in der Musik Johann Sebastian Bachs. Studien zu Bachs Spätwerk = Beiträge zum Archiv für Musikwissenschaft VI, Franz Steiner, Wiesbaden 1968

Wolff, Christoph, Johann Sebastian Bachs „Sterbechoral“: Kritische Fragen zu einem Mythos, in: Studies in Renaissance and Baroque Music in Honor of Arthur Mendel, hrsg. Robert L. Marshall, Kassel etc. 1974, S. 283 ff.

Wolff, Christoph, The last Fugue: Unfinished?, in: Christoph Wolff (Hrsg.), Bach’s „Art of Fugue“. An Examination of the Sources. Seminar Report, in: Current Musicology 19, New York 1975, S. 71 ff.

Wolff, Christoph (Hrsg.), Bach’s „Art of Fuge“. An Examination oft the Sources. Seminar Report, in: Current Musicology 19, New York 1975, S. 47–77

Wolff, Christoph, Zur Chronologie und Kompositionsgeschichte von Bachs Kunst der Fuge, in: Beiträge zur Musikwissenschaft 25 (1983), S. 130 ff.

Wolff, Christoph (Hrsg.), Die Kunst der Fuge BWV 1080, Band I: Frühere Fassung. Erstausgabe, C. F. Peters, Frankfurt/Leipzig/New York/London 1987

Wolff, Christoph (Hrsg.), Die Kunst der Fuge BWV 1080, Band II: Spätere Fassung, C. F. Peters, Frankfurt/New York/London 1987

Wolff, Christoph (Hrsg.), Johann Sebastian Bach, Werke für 2 Cembali. Konzert C-Dur (Originale Erstfassung) BWV 1061a und 2 Fugen d-Moll (aus „Kunst der Fuge“) BWV 1080/18, hrsg. Christoph Wolff, C. F. Peters, Frankfurt/ New York/London 1987

Wolff, Christoph, Bachs Spätwerk: Versuch einer Definition, in: Johann Sebastian Bach. Spätwerk und Umfeld. Bericht über das wissenschaftliche Symposion anläßlich des 61. Bachfestes der Neuen Bachgesellschaft, Duisburg, 24. Mai bis 5. Juni 1986, hrsg. Christoph Wolff, Kassel etc. 1988, S. 104 ff.

Wolff, Christoph u. a., Die Bach-Familie, Verlag J. B. Metzler, Stuttgart/Weimar 1993

Wolff, Christoph, Johann Sebastian Bach, S. Fischer Verlag, Frankfurt am Main 2000

Wollny, Peter, Ein Quellenfund in Kiew. Unbekannte Kontrapunktstudien von Johann Sebastian und Wilhelm Friedemann Bach, in: Bach in Leipzig – Bach und Leipzig, Konferenzbericht Leipzig 2000, hrsg. Ulrich Leisinger = Leipziger Beiträge zur Bach-Forschung 5, Georg Olms Verlag, Hildesheim 2002, S. 275–287

Namenverzeichnis

Dank

Mein Dank richtet sich an all diejenigen, die direkt oder indirekt zur Verwirklichung dieses Buches beigetragen haben. Dazu gehören auch Persönlichkeiten, welche nicht mehr unter uns weilen. Ihnen gilt zuvorderst mein Gedenken. Denn sie haben mir jene Grundlagen des Denkens und Empfindens vermittelt, die ich als Voraussetzung für meine Arbeit betrachte. An erster Stelle sei Pater Dr. Josef Adamek S. J. genannt, dem ich meine Liebe und Kenntnis für die griechische Kultur verdanke, sodann Ernst Jünger, der als erster meine Aufmerksamkeit auf die Pythagoreer lenkte und in zahlreichen persönlichen Gesprächen (vgl. Siebzig verweht II, III, IV, V und Federbälle, II, Martin Heidegger in memoriam) ein dauerhaftes Interesse für die Vorsokratiker in mir weckte, sowie mein hochverehrter Lehrer Pierre Fournier, der meinen musikalischen Werdegang entscheidend beeinflußte.

Seit unserer Übersiedlung in die Toskana im Jahre 1985 und der Gründung der italienischen Bachgesellschaft „Associazione di Cultura – Johann Sebastian Bach in Toscana“ im Jahre 1989, deren Vorsitz meine Frau führt, haben viele Persönlichkeiten in Italien zur Verwirklichung dieses Werkes beigetragen. In erster Linie möchte ich bei dieser Gelegenheit Herrn Prof. Alberto Basso (Accademia Nazionale di Santa Cecilia Roma) herzlich danken, der als *vir ingentis spiritus* meine Arbeit von Anfang an mit großer Sympathie und Interesse begleitete und weiterhin begleitet. Seine wertvollen Ratschläge und Hinweise einschließlich der Zurverfügungstellung wichtiger Quellen lassen mich dankbar an jede einzelne Entwicklungsphase zurückdenken.

Ferner gilt mein Dank dem Präsidenten der Accademia Nazionale di Santa Cecilia, Herrn Prof. Bruno Cagli, welcher nicht nur eine Erstaufführung meiner neuen Fassung der *Kunst der Fuge* bewilligte, sondern auch ein gleichbleibendes Interesse am Fortgang meiner Arbeit bekundete. Ebenso danke ich Herrn Prof. Agostino Ziino (Universität Rom, Tor Vergata) für seine von Anfang an gezeigte Unterstützung sowie Frau Dr. Annalisa Bini und Herrn Dr. Roberto Grisley für ihre sachkundige und bereitwillige Hilfe bei der Fertigstellung der italienischen Ausgabe des vorliegenden Buches. Nicht vergessen möchte ich bei dieser Gelegenheit den anläßlich meiner ersten Studien brieflich festgehaltenen Zuspruch des Altmeisters der Musikwissenschaft Nino Pirotta †.

Des weiteren gilt mein besonderer Dank Herrn Prof. Maurizio Giani (Universität Bologna) für seine wertvollen Ratschläge bezüglich der Abfassung einer musikwissenschaftlichen Arbeit sowie für seine aktive Teilnahme an allen Vorstudien zu diesem Buch. Danken möchte ich auch herzlich Herrn Prof. Francesco Finotti (Konservatorium Pollini, Padua) für seinen Beitrag hinsichtlich der Instrumentalbestimmung der *Kunst der Fuge*. Ebenso danke ich Herrn Prof. Stefano Fiuzzi (Professor am Konservatorium Cherubini in Florenz sowie Gründer und künstlerischer Leiter der Klavier-Akademie „Accademia Bartolomeo Cristofori – Amici del Fortepiano di Firenze") für seine Überlegungen zu einer Ausführung der *Kunst der Fuge* auf dem Klavier.

Bezüglich meiner unmittelbaren Umgebung ist es mir nicht nur eine Pflicht, sondern auch ein Bedürfnis, all jenen Personen aus der Provinz Grosseto zu danken, die bezüglich der *Kunst der Fuge* Großartiges geleistet haben. Zunächst dem ehemaligen Bürgermeister von Grosseto, Herrn Loriano Valentini, für eine Erstaufführung in San Francesco (8. Juni 1996), sodann dem jetzt amtierenden Bürgermeister Herrn Dr. Alessandro Antichi für eine weitere Aufführung im Teatro degli Industri (14. März 1998) in Grosseto. Ein entscheidender Anteil an der Verwirklichung des Projektes *Kunst der Fuge* fällt aufgrund seines unermüdlichen Einsatzes in Presse und Fernsehen auf Herrn Dr. Giancarlo Capecchi, dem herzlich dafür gedankt sei. Besonderer Dank gebührt Herrn Senator Avv. Luciano Giorgi und Herrn Prof. Pier Cristoforo Giulianotti.

In Deutschland gilt mein besonders herzlicher Dank Herrn Prof. Dr. Günther Weiß. Seit den Vorbereitungen zur Realisierung einer Erstaufführung meiner Fassung der *Kunst der Fuge* im Münchner Prinzregententheater und seiner diesbezüglichen Fürsprache stand mir Prof. Weiß in beispielloser Weise mit seinem enormen Erfahrungsschatz als Musikwissenschaftler mit Rat und Tat zur Seite. Ihm allein ist zu verdanken, daß führende Persönlichkeiten der Bach-Forschung – Prof. Diethard Hellmann †, Prof. Dr. Martin Petzoldt, Prof. Dr. Hans-Joachim Schulze und Prof. Dr. Christoph Wolff – auf meine Arbeit aufmerksam wurden.

Herrn Prof. Dr. Hans-Joachim Schulze möchte ich an dieser Stelle nicht nur für manches klärende und hilfreiche Gespräch danken, sondern auch dafür, daß er jenseits aller eventuellen Kontroversen in echt wissenschaftlicher Haltung eine deutsche Publikation meines Buches von Anfang an für wünschenswert hielt und deshalb auch im Mitteilungsblatt Nr. 49 (Winter 2001) der Neuen Bachgesellschaft, Internationale Vereinigung, Sitz Leipzig, auf die italienische Ausgabe dieses Buches aufmerksam machte.

In diesem Zusammenhang will ich dankend erwähnen, daß zwischen dem Präsidenten der Internationalen Bach-Gesellschaft, Sitz Schaffhausen, Herrn Prof. Diethard Hellmann und mir zwei intensive Gespräche stattfanden, in welchem Prof. Hellmann den pythagoreischen Denkansatz bei der *Kunst der Fuge* für den einzig richtigen erklärte („Man wird gewaltig umdenken müssen."), mich dazu beglückwünschte und sich mehrfach bei mir dafür bedankte. Zentrale Gesprächsthemen waren die humanistische Schulbildung J. S. Bachs, das geistige Umfeld Bachs (insbesondere hinsichtlich Johann Matthias Gesner) und die Miteinbeziehung des Violone in den Stimmsatz, eine Tatsache – so Diethard Hellmann –, welche im Bachschen Œuvre auch anderswo, nicht nur bei der Bachschen Bearbeitung der „Missa sine nomine" von Giovanni Pierluigi da Palestrina vorkommt.

Danken möchte ich fernerhin all den Autoren, mit denen ich wissenschaftlich und künstlerisch in Kontrast stehe. Dies ist keine Höflichkeitsfloskel. Wer sich in seinem Leben erkenntnistheoretisch bemüht hat, weiß, daß gerade hier Respekt und Dank eine Selbstverständlichkeit sind.

Weiterhin sei besonders herzlich Herrn Dr. Rüdiger von Canal gedankt. Er hat sich nicht nur um die Erstaufführung meiner neuen Fassung der *Kunst der Fuge* im Münchner Prinzregententheater verdient gemacht, sondern schenkte meiner Forschungsarbeit von Anfang an kontinuierliches Vertrauen und Interesse bis hin zur tatkräftigen Förderung.

Ohne die besondere Hilfestellung von Herrn Prof. Dr. Georg Rechenauer (Universität Regensburg) stünde ein größerer Teil meiner Arbeit auf nichtprofessionellem Boden. Kaum ein griechischer Satz in dieser Arbeit, der nicht mit ihm besprochen worden wäre. Kein Gedankengang bezüglich der Antike, der nicht dem prüfenden Lesen des Klassischen Philologen standhalten mußte. Ich danke Prof. Rechenauer herzlich für seine Anteilnahme an meiner Arbeit und seine Ausführungen zur Pythagoras-Frage.

Herrn Prof. Dr. Carsten-Peter Warncke (Universität Göttingen) danke ich freundlichst für die Überprüfung meiner Symboldeutungen hinsichtlich der Sozietäts-Medaille und der Flammendreiecke. Herr Prof. Warncke fand in meiner Arbeit nichts, was gegen meine Erläuterungen der Symbole spräche, und bemerkte dazu wörtlich: „Ich kann sagen, daß ich Ihre neue Deutung und Zusammenstellung von Bachs *Kunst der Fuge* außerordentlich aufschlußreich und – was viel wichtiger ist – sehr schlüssig finde.“

Besonders herzlichen Dank schulde ich meinem Freund Herrn Prof. Dr. Michael Kratzer (Universität München) für das verständnisvolle Heranführen an die Erkenntnistheorien von Karl Popper und Thomas S. Kuhn sowie die Erläuterung der sinnvollen Anwendung derselben. Außerdem hat sich Prof. Kratzer um die Erstaufführung meiner Fassung der *Kunst der Fuge* im Münchner Prinzregententheater verdient gemacht.

Herrn Prof. Dr. Ulrich Prinz (Internationale Bachakademie Stuttgart) danke ich vielmals für manches wertvolle Gespräch und die freundliche Genehmigung der Wiedergabe des „Gruppenportraits von vier Musikern“. Ebenso gilt mein freundlicher Dank Herrn Prof. Dr. Werner Schulze (Universität für Musik und Darstellende Kunst Wien) für die Überlassung seiner wegweisenden Abhandlung „Tetraktys. Ein vergessenes Wort der Philosophie“.

Auch Frau Dr. Gertraut Haberkamp (Bayerische Staatsbibliothek München, Abteilung Musikwissenschaft), welche mir über viele Jahre hinweg mit fachkundigem Rat zur Seite stand, sei herzlich gedankt, ebenso Herrn Gerhard Stalla † (Bayerische Staatsbibliothek München, Abteilung Handschriften und Seltene Drucke) für seine großzügige und liebenswürdige Hilfsbereitschaft. Dank auch an die Herren Dr. Armin Brinzing und Frank Götz (Bayerische Staatsbibliothek, Abteilung Musikwissenschaft) für ihre Hilfsbereitschaft.

Herrn Dr. Markus Engelhardt, Deutsches Historisches Institut in Rom, meinen herzlichsten Dank für die präzise und fachgerechte Übersetzung des Geleitwortes von Prof. Alberto Basso.

Herzlichen Dank an alle Museen, Bibliotheken, Institute und Verlage, die für dieses Buch bereitwillig Bildmaterial zur Verfügung gestellt haben, so in Griechenland das Museum von Delphi bzw. das Kultusministerium Athen; in Italien: Accademia Nazionale di Santa Cecilia und die Musei Vaticani, Rom, sowie Fratelli Alinari, Florenz; und in Deutschland: Bach-Archiv Leipzig, Bachhaus Eisenach, Carus-Verlag in Stuttgart, Internationale Bachakademie Stuttgart, Kunstverlag Edmund v. König in Dielheim, Österreichische Nationalbibliothek, Staatsbibliothek zu Berlin, Staatsbibliothek München, Staats- und Stadtbibliothek Augsburg und Stadtgeschichtliches Museum Leipzig. Bilder trugen auch bei: Herr Prof. Dr. German Hafner, Mainz, sowie Herr Florian Lechner, Nußdorf am Inn.

Ebenso herzlichen Dank an den Verlag Arché, Mailand, für die Zurverfügungstellung der vergriffenen Ausgabe „L'antro delle Ninfe" von Porphyrios sowie an den Ehrenwirt-Verlag, München, für das Abdruckrecht des von Egloff Schwaiger mit Helmut Walcha geführten Gesprächs.

Ganz besonderen Dank meinem Freund Maximilian Glas, der mit unendlicher Geduld immer wieder Umschreibungen und Korrekturen vornahm, sich selbst mitunter in geistreicher Weise mit einbrachte, ergänzte, Bildmaterial besorgte und das Ganze in eine druckreife Form brachte. Einer der wenigen Zeitgenossen, die sich in der griechischen Gedankenwelt frei bewegen können.

Dieses Buch ist meiner lieben Karin gewidmet. Sie allein vermag zu beurteilen, welche Täler und Höhen ein Thema vom Rang der *Kunst der Fuge* mit sich führen kann. Sie hat als meine Frau Geburt und Wachstum meines Werkes miterlebt und unterstützt. Herzlichsten Dank dafür.

Hans-Eberhard Dentler
Monte Antico, November 2003